公共关系四步工作法

（修订版）

蒋　楠　著

图书在版编目(CIP)数据

公共关系四步工作法 / 蒋楠著. — 修订本. — 杭州 :浙江工商大学出版社，2015.10

ISBN 978-7-5178-1336-1

Ⅰ. ①公… Ⅱ. ①蒋… Ⅲ. ①公共关系学—方法 Ⅳ. ①C912.3

中国版本图书馆 CIP 数据核字(2015)第 244662 号

公共关系四步工作法(修订版)

蒋 楠 著

责任编辑 刘 颖 白小平
封面设计 林朦朦
责任印制 包建辉
责任校对 周晓竹
出版发行 浙江工商大学出版社
(杭州市教工路 198 号 邮政编码 310012)
(E-mail：zjgsupress@163.com)
(网址：http://www.zjgsupress.com)
电话：0571-88904980,88831806(传真)
排 版 杭州朝曦图文设计有限公司
印 刷 杭州五象印务有限公司
开 本 710mm×1000mm 1/16
印 张 19
字 数 327 千
版 印 次 2015 年 10 月第 1 版 2015 年 10 月第 1 次印刷
书 号 ISBN 978-7-5178-1336-1
定 价 49.00 元

浙江工商大学出版社营销部邮购电话 0571-88904970

PREFACE | 前 言

很庆幸,我们生活在一个长期和平而持续繁荣的中国！在这个时代,经济繁荣,社会稳定,文化成为最有价值的商品,媒体无处不在。手指在手机屏上触碰,人人都可能成为新闻的发布者或传播者;只要有机会,人人都能瞬间成名。在这样一个时代,公共关系成为越来越多组织甚至公众人物的“标配”。

这是一个无法脱离公共关系的时代。

当世界成为地球村,人与人、人与组织、人与国家的距离变得触手可及,沟通成为必须,公共关系走进了几乎所有领域。与其被“围观”,不如主动关注;与其被对话,不如主动沟通。热情拥抱公共关系,可以让组织分享世界的美好,活在适宜而顺畅的社会环境中;拒绝公共关系,就等于走向封闭,走向边缘。公共关系在中国经历了大起大落后,已经开始成为上到国家、下到个人的自觉意识。主动运用公共关系,增进公众对组织的了解,公共关系带来的价值与实惠显而易见。

这是一个智慧运用公共关系的时代。

进入21世纪以来,信息的交流与扩散速度远过以往,面对“长枪短炮”的媒体目光,各种机构的管理者或经营者们不得不将公共关系管理放在战略的高度予以重视。正如美国《公共关系实务》的作者弗雷泽·西泰尔所说:“今天如果有哪一个首席执行官大声叫嚷‘我不需要公共关系’,那他肯定是一个白痴。”用公共关系应对危机、化解危机、缔造组织声誉,其管理理论需要深刻认识与巧妙运用。

这是一个深刻领悟公共关系的时代。

在这个世界上,最难的事情不是上游宇宙、下探幽海,而是国与国、族与族、宗教与宗教、人与人之间的沟通。误解、偏见、成见、疑忌、仇恨自第二次世界大战后始终没有在地球上停止过。毫无疑问,实现沟通是一个世界性的难题。公共关系被认为是一种柔软的力量,如阳光般强大,如雨露般必需。想要化解矛盾,需要深入了解情况,需要精心设计策划,需要细致地实施,更需要进行严谨的事后评估。从表面看,公共关系是一种操作艺术,实际上,它需要集中人类多方面的知识与能力，对公共关系精神有深刻领悟，用极大的诚恳与耐心，才能够在复杂诡谲的环境中游刃有余。

那么，就让我们走进《公共关系四步工作法》，看一看如何运用公共关系吧。

CONTENTS | 目　录

评估篇

绪 论 公共关系四步工作法与组织发展

第一节 公共关系四步工作法的提出

一、公共关系四步工作法的提出

公共关系学形成于19世纪末20世纪初，美国新闻记者出身的艾维·李引领公共关系成为经济领域中的一个新型职业，他于192年提出的《原则宣言》以及公关信条，被后来所有公共关系从业人员奉为基本职业守则。爱德华·伯内斯出版的《舆论明鉴》与《公共关系学》教科书使公共关系学走进了学术的殿堂，成为一门实用性、多学科、综合性的科学。

公共关系学是与比较完善的市场经济相共生的，在竞争激烈的市场态势下，公共关系学被企业经营者所重视。第二次世界大战结束之后，公共关系学传播到世界各国，公共关系学理论体系进一步丰富、成熟。1952年《有效的公共关系》[①]第1版问世，其作者是斯科特·M.卡特里普(Scott M. Cutlip)与阿伦·H.森特(Allen H. Cent)，以及后来加入的格伦·M.布鲁姆(Glen M. Broom)。这部著作自出版之日起，每隔几年就重新修订一次，截至2012年，已修订至第11版。该书全面、系统地阐述了公共关系学的基本理论内容，对公共关系学体系进行了全面的构建，其系统性、完整性、严密性达到了当时公共关系学研究的顶峰。该书对公共关系实践予以了全面的总结，提出了公共关系职场的道德规范与职业化要求，特别是概括了公共关系的管理过程，俗称“四步工作法”。这本书被学术界尊为“公共关系圣经”，其影响力贯穿20世纪整个下半叶。

(一)公共关系四个管理程序的内容

《有效的公共关系》一书主要包括四个方面的内容：基本概念与从业人员及历史沿革、学科基础、管理过程、公关实践。在第三部分“管理过程”中，作者提出了四个内容，即俗称的“四步工作法”，并分别对之进行了全面深入的论述。

---

① 中文译名也有称《公共关系教程》(分别为第7、8版，华夏出版社1998年版与2001年版)或《公共关系》(英文版，第10版，中国人民大学出版社2013年版)，英文书名：*Effective Public Relations*。

1. 确定问题，又称调查，实际上就是对组织所处环境的了解。卡特里普认为，“监控社会环境不仅是该过程的第一步，也是最艰难的一步”。对组织问题的确定，需要进行大量艰苦的调查研究工作，这一工作主要是“对信息的系统搜集”。虽然调查不能找出全部问题的症结，“但是有系统的研究是有效公共关系的基础”。卡特里普认为，有效的调查开始于倾听，同时需要借助于正式与非正式的方法，由此定性或定量地确定组织的公共关系状况。调查研究不仅提供了解决组织问题必需的信息，而且也成为监控与评价公关项目有效性的基础。卡特里普认为，“研究将启动、监控和结束问题的解决过程。它是使公共关系成为一种管理功能和被管理功能的基本要素”。

2. 制定计划与方案，又称策划。这是公共关系工作的第二步，这一步对组织具有十分重要的意义，计划的制定不是简单的行动安排，而是组织在确定问题的基础上把握机会的一个战略管理。“公共关系的战略策划包括对方案的目的和目标做出决策，确认关键公众，制定选择战略的政策或规则，以及确定战略。”公共关系必须要成为组织整体管理的一个重要内容，公共关系人员要提交书面的任务陈述，在目标管理中与其他部门一样承担相应的责任，“而且必须显示出公共关系对于组织任务和目标的实现是怎样做出贡献的”。为落实目标与任务，需要起草公共关系的方案，界定目标公众，制定方案实施的总纲，预测可能潜伏的灾难与危机，建立信息中心，编制预算等，在这些工作完成后，为慎重起见，还可以进行方案的试点性测试，最后，应有能力去向组织决策层推销这个公共关系方案。

3. 采取行动和传播，又称公共关系活动实施，是公共关系工作的第三步。对组织来说，采取行动格外重要，因为今天的社会，是一个传播媒介十分发达的社会，组织对外说什么、怎么说与实际做了什么几乎已经同步了，而这些都是公共关系工作的范畴。在实施公共关系策划方案时，最高管理层与公共关系从业人员都不应该把公共关系仅仅看成是在做信息传播工作。在公共关系工作的实施时，卡特里普认为要把握的具体原则有：第一，“密切关注客户或雇主的地位和问题形成”；第二，“了解目标公众的需要、利益和关注点”。在传播信息中，应该以简单的形式，“通过从不同途径集中于受众的各种媒介”来反复影响公众，并注意使用准确的语言表达、简单易记的符号等，同时防范来自各个方面的沟通障碍及成见，在必要的情况下，组织可以发起公共信息运动，以扩大公共关系活动的影响力。在战略活动的实施中，还要特别注意信誉度、社会环境、清晰度、传播渠道和受众接受力等问题。

4.评估项目,又称活动效果评估。评估是公共关系工作的第四步,评估的目的不是要证明组织做了什么,而是"用来了解发生了什么和为什么发生"。卡特里普概述了评估的步骤,认为评估包括三个层次:准备评估、实施评估和影响评估。"准备评估是测评信息和战略性计划的质量和完备性。实施评估是要用文件证明策略和努力是否充分适当。影响评估则提供对项目结果的反馈。"在每一个评估层次上,都有不同的标准与方法。在开展公共关系评估时,"实践的原则就是收集最可能收集到的证据",这一工作依赖于参与人员的配合,所以卡特里普认为,"在公共关系实践中影响运用评估研究的众多结构性、过程性和组织性因素中,最高管理层的支持和从业人员的认可是最主要的"。卡特里普最后强调,要将公共关系评估工作作为"公共关系管理的核心"。因为"再没有什么主题能像项目评估——整个流程中的最后一步——这样在实践操作中起着那么大的主导作用了"①。

总之,四步工作法是指:在社会组织开展一项公共关系工作时,需要先从大量调查入手,在获取充分的一手与二手资料的情况下,进行富有创意的公共关系策划工作,之后依据策划方案,进行公共关系活动的实施,活动实施结束后,对活动效果进行科学的评估。因此四步工作法的内容可以简化为:调查、策划、实施、评估。

(二)卡特里普等人对公共关系学的贡献

《有效的公共关系》一书对公共关系学的理论体系建设做出了巨大的贡献,其思想精髓对公共关系学的未来发展有重要意义。

1.该著作在总结前人的基础上,对公共关系理论体系进行了完整的构建,使公共关系学具有了系统、全面的学科体系,为公共关系学的进一步发展,奠定了极为坚实的基础。该著作从概念与功能到人员定位与历史,从学科基础到传播与媒介,从管理过程到各类组织的实践,将公共关系学的理论、学科特色进行了富有逻辑性的阐述。

2.在公共关系学理论上,该著作突出的功绩是提出了公共关系工作的四个步骤,即确定问题、制定计划与方案、实施或传播、项目评估。这一工作方法的提出,廓清了公共关系工作的基本程序,明确了公共关系工作的具体步骤,规范了公共关系的工作内容,对公共关系实践起到了极大的指导作用,由此将公共关系

① 以上诸引用参见[美]斯各特·卡特里普等著,明安香译:《有效的公共关系》(第8版),华夏出版社2002年版。

理论和实践推上了程序化的轨道,具有划时代的重大意义。

3. 该著作对公共关系实践予以了全面的概括、总结,针对企业、政府、非营利性组织、协会等机构,提出了一系列具有经验性的实务信条,其对实践工作的理论阐述,给予公共关系理论工作者与实践操作者以极大的指导与启发作用,对指导社会组织的公共关系工作,具有十分重要的意义。

4. 该著作对公共关系与相关学科的界定和理论系统性的阐述,有力地推进了公共关系学教育的健康发展,同时以不断修订著作的形式适应了不同时期公共关系从业人员的专业化要求,为教育与培养社会需要的合格公共关系人才做出了难以估量的贡献,并为公共关系学的科学性确立其应有的尊严。

二、提出公共关系管理过程(四步工作法)的意义

公共关系四步管理程序,即四步工作法的提出对于组织的公共关系工作具有重大的指导性意义。

(一)它为公共关系工作人员开展公关工作提供了至为重要、正确的指导,使公共关系工作摒弃原来随意、感性的工作思路,进入严谨、科学的工作程序,明确了公共关系工作的具体步骤,对公共关系实践具有极大的指导作用。

(二)它首次明确了在进行公共关系策划工作时,先要进行大量、深入的调查工作,要对公共关系对象——公众进行了解,对组织自身情况进行摸底、分析,对公共关系活动时的宏观形势与微观态势以及时机选择等进行详细的了解,这样,就为公共关系策划的成功做了重要的铺垫。

(三)它将公共关系策划活动作为公共关系四步工作法的核心内容,对之进行了深入的论述,凸显了公共关系活动的主要工作内容是开展策划活动,通过策划活动,使组织以具有吸引力的行为吸引社会公众对组织的了解,提供组织向社会公众展示自身的机会,帮助社会组织实现自身的公共关系目标。

(四)它将公共关系实施工作作为一项必需的步骤列于策划活动之后,使公关工作具有连续性和鲜明的实践性,公共关系实施与公共关系策划活动既联系又独立的工作划分,为公共关系工作过程做出了明确的分工,使公共关系人员摆脱了简单的咨询与顾问的狭隘角色定位,为公共关系人员的工作开辟了广阔的工作领域。

(五)它创造性地提出了公共关系活动效果的评估问题,将之作为公共关系活动的一项重要内容,认为它对下一步公共关系活动的开展有重要的总结、归纳和自我校正作用,是公共关系活动的必要条件。这一理念的形成为公共关系工

作的效果管理及责任担当做了重要的控制,对未来公共关系行业的健康发展铺设了稳定与明朗的道路。四步工作法是公共关系学的核心主干,并成为公共关系学界重点关注的内容。

第二节 四步工作法与组织管理

一、公共关系的本质

美国公关学者伦纳德·萨菲尔(Leonard Saffir)曾提出,“公共关系已经成为一门有影响力而且系统完备的成熟学科,能够通过强大而温和的手段影响人们的观念”,“如果使用得当,公关能发挥双向作用,即提供反馈信息,预测公众舆论,同时制定计划,影响和引导舆论”。[①]

(一)公共关系是社会组织的一种主动行为

公共关系是一种动态的社会活动,是某一社会组织主动发出的一种社会行为。它不是静态的关系状态。对一个社会组织来说,只有主动地、有计划地与自身的公众开展沟通活动,公共关系才能有效展开,才能构建组织与周边公众良好的社会环境。社会组织与公众的公共关系不是无缘无故自然建立的,它是社会组织由内在需要与要求而发出的一种主动行为。

(二)公共关系的对象是目标公众

社会组织开展公共关系活动针对的是什么样的公众,这是一个十分重要的问题。公共关系的对象是公众,但并不是漫无目标。对一个组织来说,在开展公共关系活动时,必然有一个当前主要的目标和重点,针对的对象只能是目标公众,而不可能是任何公众。只有针对目标公众,社会组织的公共关系活动才能具有针对性、有效性,因此,社会组织在开展公共关系活动时,首先要确定的是目标公众。

(三)公共关系的传播是双向交流

社会组织开展公共关系活动,从本质上来说是传播活动,即通过大众传播媒

① [美]伦纳德·萨菲尔著,梁洨洁、段燕译:《强势公关》,机械工业出版社 2002 年版,第 4、8 页。

介或人际传播的形式,向自己的目标公众进行信息的传播。表面上看,这是一种单向的信息传输活动,实际上,这一传播活动要进行和维持下去,必须依赖于公众的反馈,因而,具有效率的公共关系活动一定是组织与公众平等的双向交流(Two-Way Communication)活动,双向沟通是公共关系活动的基本手段。美国著名的公共关系学学者詹姆斯·格鲁尼格认为,"卓越公共关系部门会持有更务实的观点,即认为公共关系是一种彼此协商和妥协的过程,而不是一种为了权力而展开的战争。从长远来看,对等的世界观更符合组织利益;当组织为了公众利益而放弃一些自己的利益时,反而能够获得更多"①。

(四)公共关系的目标是营造社会环境

对于任何一个社会组织来说,在其周围都存在着不同的组织或群体,它们与社会组织构成了一个相互依存的社会状态,组织要想生存,必须要与这些组织或群体处理好关系;组织要想发展,更需要这些组织或群体的支持。这些组织或群体实际上就是组织生存与发展的社会环境。因此,公共关系的目标,是营造组织生存与发展的良性环境。这是组织开展公共关系活动的内在动力。

(五)公共关系学是系统的科学

公共关系学在今天已被认定为是一门独立的学科。但是公共关系学由于其鲜明的实用性、跨学科的边缘性和多学科交叉的综合性特点,又使人们容易对其产生诸多误解,如有些人把公共关系看成是一种达到组织或个人私利的手段或技巧,也有人将它视为缔造组织宣传神话以愚弄公众的工具。其实,经过近100年的发展历程,公共关系学已经成为严密的科学,具有系统的知识体系与逻辑构架。要正确理解和运用公共关系,必须掌握其科学体系,否则,就会导致片面、偏颇,甚至走入误区。

(六)公共关系是组织的战略管理

社会组织运用公共关系手段来营造其生存与发展环境,使公共关系担当起了影响组织未来发展的战略性任务使命,从大量的实践经验来看,公共关系的成功会极大地帮助组织快速、顺利地发展;而公共关系的失败,则可能导致组织陷入寸步难行、难以自拔的困境,甚至永无翻身之日。因此,现代社会任何组织都需要密切关注自身的公共关系状态,积极进行有效的公共关系管理,从战略的高度重视公共关系活动的开展,为组织的生存与发展创造广阔的领域。

---

① [美]詹姆斯·格鲁尼格等著,卫五名等译:《卓越公共关系与传播管理》,北京大学出版社2008年版,第34页。

(七)公共关系的运用是一门艺术

公共关系的对象是目标公众,是社会关系中的某一特定群体。在开展公共关系活动时,组织需要针对不同人、不同时间开展恰当有效的信息交流活动。这一过程复杂多变。要高质量地实现这一任务,对组织公共关系人员的素质要求很高。公共关系从业人员不仅要掌握新闻传播与人际沟通的技巧,而且更需要具有缜密的思维、细密的心理体验、恰当的应对谋略、宏观的布局及周到的组织工作等。优秀的公共关系人员,应当能够以艺术的手法运用公共关系,达成公共关系目标。

从本质上来说,公共关系是社会组织为了营造自身有利的生存与发展的社会环境,针对目标公众,运用传播手段,开展双向沟通交流的战略性管理活动。公共关系是一门提高社会组织生存与发展能力的科学。

二、四步工作法是组织战略性的管理工作

公共关系是社会组织具有重要意义的战略管理工作,它对组织社会环境高屋建瓴般的管理,使其与组织内部其他管理活动体现出明显的不同,四步工作法是组织公共关系战略管理的基本手段,其对组织的价值意义表现为以下四个方面。

(一)主动营造环境

生存环境的营造是每个社会组织都必须面临的问题。在公共关系学形成之前,社会组织也要关照自身生存环境营造的任务,但不会设立专门的部门、配备专门的人员去实现它。公共关系学是研究如何使组织的生存发展将阻力降低到最小、能够顺利前进的学问,因此从这个意义上说,公共关系也是生产力。有人说,塑造形象是公共关系的最主要工作。其实不然,社会组织为了使自身发展得更快、令更多的公众对之关注,会注意塑造组织领导者及组织环境形象、努力增加媒体的曝光度、激发公众对其的好感,但是,塑造形象仅是组织大量公共关系工作的一个内容,绝不是社会组织开展公共关系活动的目的,因为没有行动力的组织、只说不做的组织,最终的形象在公众的眼里一定是过眼烟云。还有人说,公共关系重在适应环境而不是改变环境,诚然,对一个社会组织来说,首先是要了解环境,然后去适应现存的社会环境,但主动地营造组织生存与发展的环境,才能够奠定组织持续发展的基础,才是公共关系的根本目的。因此。主动营造环境是公关的重要工作内容。

（二）开放实现沟通

为了营造适宜组织生存的周边环境，社会组织要利用各种手段与公众进行交流沟通。在现代社会中，大众传播媒介的发达，使之充当了社会组织信息发布的生力军作用。但是，无论是大众传播还是人际传播，无论传播的速度是快还是慢，最终要实现的都是社会组织与目标公众的真正沟通。公共关系为各类组织开启了一扇通向社会的大门，它使现代各种组织（尤其是工商企业）认识到，封闭自我、将自身独立于社会之外或试图逃避社会的监督，都是十分愚蠢的，主动、积极地传递信息是组织顺利发展的明智之举，充分利用大众传媒及人际传播和其他传播手段，从各种渠道将组织需要公开的信息快速传播出去，积极打开组织大门，对媒体开放，让公众对组织有更多的了解，一定会使组织较快实现与公众的沟通，赢得公众的了解、理解和认同，减少发展障碍，最终推动组织顺利发展。这是公共关系具备的独特使命。

他山之石

首先也是最重要的，公关人员是职业沟通师。公关人员必须比组织中的其他人更加清楚如何进行沟通。

从根本上说，沟通是一个信息交流、观点传授和使自己被人了解的过程。沟通还包括对听众反应的理解和把握。事实上，理解是沟通过程的关键一环。如果有一个人误解了别人发出的信息，则不能称之为沟通；只有观众收到的正是发出信息的人想传达的信息，才能算是沟通。因此，一个向下属发送了大量电子邮件的老板并不一定是在与下属进行沟通。如果一个人所收到的信息并非发出信息者想传达的，则信息传达者想做的不过是一次词不达意的文字转录而已。

虽然我们每个人都或多或少地懂得一些沟通技巧，但公关专家在这方面显然更为擅长。事实上，公关专家的工作效果取决于其自身的沟通能力及指导他人加强沟通的能力。公关人员要想赢得组织中管理层的尊重，成为值得决策者信赖的顾问，必须显示出对大量沟通技巧的驾驭能力，如写作、表达、聆听、激励和建议。正如财务主管是一名熟练的会计、法律顾问应该是一名出色的律师一样，公关专家必须是组织中优秀的沟通者。[①]

---

① [美]弗雷泽·西泰尔著，潘艳丽等译：《公共关系实务》（第10版），清华大学出版社2008年版，第44页。

(三)尊重目标公众

现代公共关系的形成依托于全社会平等观念的普及与深入。公共关系的实践不仅强调对公众的重视,更体现对公众的尊重。公共关系双向对称沟通模式的提出是保证现代公共关系有效性的关键。对一个社会组织来说,不同时期、不同任务会确定不同的目标公众。目标公众是组织当前面临的最重要的环境。与过去旧时代的统治者或管理者不同,现代组织在开展传播沟通活动时,不能只追求组织自身的表达与说服艺术的展示,不能在与公众沟通时自以为是、不顾及周围公众的感受与反馈,把公众看得微不足道、甚至可以随便欺瞒,而是要真正的尊重公众,认真研究与审视公众的利益,选择公众习惯接受信息的方式,将真实的情况及时地告知公众,同时注意了解公众的反馈,虚心听取公众的意见,平等、真诚地与公众沟通,高度重视目标公众的意见诉求,以自身诚恳的行为与态度,赢得公众的支持与配合,如此,才可能实现组织的公共关系目标。

(四)持续公益双赢

注重公益,"以义生利"始终是企业经营的最高理想,实际上也是其他社会组织实现自身目标的追求。在现代市场经济条件下,公共关系可以为组织实现这一点。何谓义,即社会公益,亦即社会长远利益;何谓利,即组织自身之私利,抑或以满足服务对象需求而短期获取的利益。公共关系不是为直接创造组织的经济利益服务的工作,它的宗旨是营造组织有利的生存与发展氛围,为组织的长远发展提供坚实的基础。同时,公共关系又是可以为组织创造经济效益的,因为它在不断开展公益活动、为公众付出的同时,必然能够带给组织真正的实惠,甚至可能超越那些直接创造经济效益工作的更多的回报。公共关系关注的是与目标公众的相互沟通,它在为赢得公众的了解、理解和认同而以实际行动予以表现时(如投身社会公益事业等),它的目标是公开的、公益性的、多赢的,当它获得了公众的认同与支持后,所获得的回报一定是长远、稳定但又看似无形的。实际上,组织持续开展的恰当的公共关系活动应当既能够对社会承担其应有的责任,填补社会的某些缺失或不足,同时又能传输必要的新观念、新信息,体现组织的诚意,宣传组织文化,展示组织的实力,拉近组织与公众的距离,为组织的经济利益的实现创造条件,最终实现组织的义利双赢。因此,一个成熟的社会组织绝不会小觑公共关系。

三、四步工作法的具体职能

实现组织的战略管理工作,起步于简单、普通而又极为重要的基础性工作,公共关系四步工作法为组织社会环境的营造做了最恰当的落实。

(一)收集情报,监测环境

审时度势是组织公共关系人员战略管理的出发点,没有对组织所生存的社会环境的深入与全面的了解,组织的正确决策就成为无本之木。组织要了解自身所处的环境,收集与组织发展有密切关系的其他组织或群体的情况或信息,及时对自身及其周边环境有一个清醒、准确的了解。

情报收集的范围主要包括组织内部和组织外部两个方面。

1. 组织内部的情况

组织在经营发展中,内部的情况可能随时处在变化之中,组织必须始终对自身有足够的了解,随时掌握变化的情况。概括起来,组织内部情况主要包括两个方面:一方面,是相对显性的基本情况,如资金状态、机器设备、技术状况、人员数量、财务状况、供货情况、生产状况、销售情况等。这些基本状况虽然在不断地变化之中,但都是显性的,是可以通过直接收集而及时获得的;另一方面,是比较不稳定、隐形的情况,是很难快速了解到的,如内部成员的思想状况,领导和员工的观念、态度、心态、看法,班组的积极性,团队的士气,对组织的信心等。这些是表面看不到的,如果不用心是不容易察觉或明确定性的,但却又是较前者更重要的。在组织的成员中,领导层的情况较员工层的情况更加关键,而员工层的情况较领导层的情况更加重要。公共关系的首要职能就是要随时了解组织内部的情况,及时将组织的变化动态进行分析汇总,在组织决策时能够提供重要的咨询意见。

2. 组织外部的情况

收集组织外部情况,主要针对的是对组织的生存与发展有高度相关性或依存性的各种外部公众,亦即组织的外部环境。首先要收集的是目标公众的情况,他们是组织当前最重要的环境因素;其次应该收集有可能成为组织目标公众的公众信息。在收集信息时,适当扩大调查范围,掌握更多数据,会便于及早了解情况,借此预测可能发生的一些突然变化。组织外部情况的收集较组织内部信息具有涉及范围大、情况变化快、了解不及时的困难,因此,组织要安排专门的人员,做长期、艰苦、细致的调查工作,以便随时掌控公众变化情况,及时了解影响组织生存发展的重要信号,防患于未然。在市场竞争日趋激烈的情况下,各种组织所处的社会环境往往处于很大的变数之中,随时掌握这些变化,及时为组织提供足资参考的情况,保证组织始终处在一个较为适宜的生存环境中是非常重要的。因而公共关系第一步——调查研究、收集情报就成为公共关系的基本工作。

(二)沟通信息,建设环境

公共关系从诞生之日起就与传播媒介建立起了密切的联系,极为强调信息沟通的作用。现代社会是一个信息获取便捷、传递信息快速的社会,组织必须尊重公众基本的信息知晓权。可以说组织要建设适合自身生存与发展的社会环境,就必须依靠及时的信息沟通,而不是自我封闭。社会组织应努力保证让公众及时了解到组织的真实情况,对组织有一个全面的、正确的认识。可以说,组织如何在复杂的社会环境下争取公众、赢得公众,一定程度上取决于组织怎样对公众沟通信息。无论是内部公众,还是外部公众,社会组织都应该打开信息通道,及时、恰当、准确地将组织的情况告诉公众,让组织对公众处于开放、明朗的环境下,由此排除对组织不利信息的干扰。

沟通信息是公共关系的重要工作。组织在进行信息传播时,主要依靠以下三个途径:

1.大众传播媒介。即组织需要与社会上重要的新闻媒体进行主动、积极的合作,如新闻发布会、记者通气会、新闻报道、媒体公关广告等。

2.人际传播媒介。主要靠组织的对外沟通人员,如组织的领导者、销售人员、采购人员、公关人员等,与目标公众建立联系。

3.其他传播媒介。如组织的产品、宣传单、海报等,通过它们可以及时地向公众传递组织信息。

组织在传播信息的同时,还应该通过调查,了解公众的反馈信息,掌握信息传递的效果。在与目标公众的双向沟通中,组织能够及时发现问题、解决问题,对自身的环境进行积极的建设,构筑适合组织生存与发展的人际氛围。如此,组织才能在沟通中发展,在调整中前进,最终建立起一个和谐的生存空间。

(三)协调关系,维护环境

协调关系对每一个组织来说都非常重要,尤其是现代社会,社会组织与各种公众发生联系的机会较过去大得多,彼此之间的错觉与误解也随时可能发生,因此,协调好各方面关系就显得格外重要,对于维护好组织的现有社会环境具有重要的意义。公共关系承担着组织协调各方面关系的职责,组织的公共关系人员,不仅要注意协调组织内部各部门、上下级之间的关系,还要协调组织与外部重要的目标公众的关系。公共关系协调工作主要依靠公关人员的工作能力,同时更要借助于其他一些媒介条件,特别是大众传播媒介、互联网和组织内部的沟通网络等。

高质量的协调工作要求组织的公共关系管理工作专业而严谨,更对公共关系人员的素质提出了高水平的要求。一个组织的环境能否在日常维护好，与协调工作能否及时、有效有极大关系。有时，组织工作人员一个看似微不足道的误解，如果公共关系人员不能及时化解，则可能造成较大的隔阂，有时甚至会蔓延开来，导致组织的生存环境迅速恶化。在今天，危机的发生十分频繁，任何组织都不能置身其外。危机的发生往往"风起于青萍之末"，总是从看似很小的失误引起，因此，社会组织必须高度关注内部公众与外部重要公众的状况，及时协调各方面的关系，以高效率的公共关系工作维护好组织的社会环境。

(四)参谋策划，拓展环境

公共关系不仅要通过收集信息来监测环境、通过化解误解与矛盾来维护环境，而且还要利用信息为组织的战略决策，提出切实的参考方案或建议，以推动组织更快、更好地发展。在今天，组织要拓展新的发展区域，往往面临着十分艰难的排斥环境，如公众的心理拒绝、竞争者的干扰、组织曾经的失误等，这些困难仅仅靠广告的轰炸是难以消解掉的，唯有用公共关系的"润物细无声"的手法，才能化干戈为玉帛，将组织意欲开拓的新环境打造好。

公共关系着眼于组织所生存与发展的社会环境的构建，主要利用富有创意的公共关系活动引起公众的兴趣与好感，增进公众对组织的了解与认识，铺垫组织在该区域的公众基础，以形成良性的公众接纳氛围，促使组织各项目标的实现。公共关系的参谋策划工作主要是在大量调查的基础上，提出策划方案，并帮助组织实施好方案。所以公共关系的策划活动，不仅需要优秀的公共关系策划人员，更需要发挥公共关系工作人员的团队协作作用，同时，公共关系人员还要求与组织最高决策层进行融洽的沟通与协商，赢得决策层的支持，最终实现对组织发展环境的拓展任务。

(五)教育宣传，培育环境

对于一个组织来说，所处的环境往往是多变的、不稳定的，但是，又是可以通过自身的努力进行打造与建设的，或者说，是可以通过公共关系工作培育的。社会环境的培育依赖于长期的教育和宣传工作。一般地说，公共关系教育工作主要针对内部公众，如对内部员工要定期开展有计划、有目的的公共关系知识传授，逐渐使之形成正确的经营观念、公众观念、沟通观念、品牌观念、声誉观念等，提升员工的素质，从而增强组织整体的竞争力。公共关系宣传工作相对较多地用于外部公众。在进行公共关系的宣传工作时，强调对公众的平等沟通，反对利用媒体做虚假宣传。组织可以充分利用大众传播媒介及互联网、微博等各种手段，在日常生活中，将具有社会公益性的信息及时、准确地传递给社会大众，在公众中形成有利于组织的沟通氛围,逐渐构筑较稳定的、友好的公众关系。

培育组织的良性社会环境,要特别注意撇去功利性的色彩,在相当长的时间里,用心进行员工教育与社会公益宣传活动只有这样,才能为组织今后开展的各种公共关系活动,打下坚实的基础。

总之,组织的社会环境是一个无形而又有形的氛围,对它的监测、建设、维护、拓展和培育,是一项十分宏大、艰巨又重要的工作,这些工作正是公共关系四步工作法的基本职能,对组织的发展具有战略的意义。

第三节　四步工作法与卓越公共关系标准

一、管理学派的代表人物——詹姆斯·格鲁尼格

詹姆斯·格鲁尼格(James E. Grunig)1969 年起在美国马里兰大学新闻传播学院任教,其间曾在美国国家科学基金会、伊阿华州立大学 Harvester 国际公司、美国农业部工作等机构任职。

格鲁尼格从事公共关系教学 30 多年。由他主持的马里兰大学公共关系专业在 1996 年《美国新闻与世界报道》所做的调查中,名列全美院校公共关系专业排行榜榜首。格鲁尼格教授曾获多项美国公关教育和研究奖,也曾是美国公关协会一年一度颁发的“杰出公关教育奖”得主之一,为当今美国公关学术界的代表人物。2005 年,格鲁尼格与其夫人从马里兰大学荣誉退休。

格鲁尼格教授的主要著作有《公共关系管理》(合著)、《公共关系技巧》(合著)、《卓越公共关系与传播管理经理指南》(合著)、《卓越公共关系与传播管理》(主编)等。此外,还发表研究论文、文章和报告 150 多篇。他曾因从事卓越公共关系研究获美国公共关系学会颁发的探索者奖,因从事美国公共关系协会基金会资助的行为科学研究获杰克逊—瓦格纳奖。

格鲁尼格教授被认为是美国管理学派的代表人物。区别于美国的语艺—批判学派和整合营销传播学派,格鲁尼格教授认为现代公共关系的特征是实行双向对称的沟通模式,公共关系部门及其工作的努力目标是达到卓越公共关系(Excellent Publics Relation)。

二、双向平衡(对称)沟通模式的提出

从20世纪70年代开始,格鲁尼格开始对社会组织实行的公共关系形式进行研究,并予以系统归纳。1984年,格鲁尼格与合作者亨特最终确认公共关系历史上有四种模式,由此提出最佳的模式为双向平衡沟通模式。他们认为,在公共关系发展的过程中,四种模式先后发挥了其各自的作用。

(一)新闻代理人模式(Press Agent Model)

即职业的新闻代理人为企业撰写新闻稿,通过其在媒体上的发表来宣传企业,以此吸引公众注意,或赢得公众的青睐。这种形式最容易导致对公众的欺骗与愚弄。上世纪初的一个马戏团老板,美国人巴纳姆被认为是运用新闻代理人欺骗公众的典型代表。

(二)公共信息模式(Public Information Model)

即向驻地或当地新闻记者及大众媒体定期散发企业的业务通讯、介绍企业情况的小册子及其他邮件等,以此传播有利于企业的信息,进而影响媒体,说服公众。

格鲁尼格认为,这两种模式都是不平衡的传播模式,没有依据真正的调查与策划,只是单向地表白自己,最终结果只是"力图改变各种公众的行为,但是并不改变组织本身的行为"①。

(三)双向非平衡(对称)模式(Two-Way Asymmetrical)

指专业的公共关系人员,通过调查获取能够影响目标公众看法的信息来说服公众改变看法,实现组织自身的目标。这种方式比以上两种方式效果要好,但实质上仍然是单向和不平衡的沟通,"因为使用这种模式的组织相信自己是正确的,而且解决某些冲突所需要的任何态度转变必须来自公众,而不是来自组织"②。

(四)双向平衡(对称)模式(Two Way Symmetrical Model)

指组织通过认真的调查研究,运用沟通主动解决冲突,并与战略公众不断增进相互的理解。双向平衡强调以协商来解决问题,"由于双向平衡模式将公众关

① [美]詹姆斯·格鲁尼格:《美国公关研究的发展及其在传播学中的地位》,转引自于里编译:《国际公众关系原理与实务》,工商出版社1996年版,第82页。

② [美]詹姆斯·格鲁尼格:《美国公关研究的发展及其在传播学中的地位》,转引自于里编译:《国际公众关系原理与实务》,工商出版社1996年版,第82—83页。

系(即公共关系,编者注)置于协商与妥协的基础之上,一般来说它比其他模式更合乎道德。""而双向平衡模式是使某一组织有效的最可靠的模式"①。

格鲁尼格等人通过研究还发现,在实际工作中,一些组织会将新闻代理人模式与公共信息模式混合使用,也会将双向非平衡模式与双向平衡模式混合使用,而卓越公共关系部门则是能够混合使用双向非平衡模式与双向平衡模式,并在尽可能的情况下,"依照双向平衡模式来创造自己的公众关系(公共关系)。"②

三、卓越公共关系理论的形成

1985 年,詹姆士·格鲁尼格研究团队承担了国际商业传播者协会(IABC)关于"卓越研究"的任务,着力开展商业传播与公共关系问题的研究,项目预算经费高达 40 万美元,历时 15 年结出硕果,提出了"卓越公共关系"的新见解。该课题被认为是"迄今为止国际公关界耗时最长、影响最大的一个研究项目"③,该课题成果主要体现在《卓越公共关系与传播管理》(1992 年出版)、《卓越公共关系与传播管理经理手册》(1995 年出版)和《卓越公共关系与有效的组织:三个国家的传播管理研究》。卓越公共关系思想的提出将公共关系学提升到了一个新的高度,也使格鲁尼格教授成为美国公共关系学界的重要代表人物。

在格鲁尼格卓越公共关系的思想中,比较典型的是对界定是否为卓越公共关系工作及部门,提出了十个原则标准:

(一)战略性。卓越的公共关系部门应参与组织战略计划的制定,帮助组织了解那些影响组织实现目的与任务的环境。"战略性地开展公关工作的组织,能够策划针对给组织带来巨大威胁和机遇的内外战略公众的传播沟通计划。"通过这一工作,减少组织与周边环境——重要公众的摩擦,赢得战略公众的支持,那么,公共关系部门就对组织管理做出了贡献。

(二)直接性。"公共关系的战略管理必须是组织整体战略管理的一个不可分割的组成部分",公共关系人员在组织的决策层中有发言权或向组织最高管理者报告的权利。高级公共关系人员应属于拥有实权的决策层中的一员或可以随时接近这个群体。

---

① [美]詹姆斯·格鲁尼格:《美国公关研究的发展及其在传播学中的地位》,转引自于里编译:《国际公众关系原理与实务》,工商出版社 1996 年版,第 83—84 页。

② [美]詹姆斯·格鲁尼格:《美国公关研究的发展及其在传播学中的地位》,转引自于里编译:《国际公众关系原理与实务》,工商出版社 1996 年版,第 84 页。

③ 郭惠民:《卓越公共关系在中国》,转引自[美]詹姆斯·格鲁尼格等著,卫五名等译:《卓越公共与传播管理》,北京大学出版社 2008 年版。

(三)整合性。“卓越的公共关系部门能把各种公共关系功能整合到一个部门内或建立这样一种机制以协调组织各部门的公共关系工作”,发挥集合效益,针对组织所面对的环境,实施公共关系的战略管理。

(四)独立性。“公共关系人员可以向组织其他管理部门就其与相关公众的传播沟通和关系问题提供建议,但它如果要这样做,它就必须独立于这些管理功能。”如果公共关系部门从属于其他管理部门之下,公共关系工作就不能发挥其战略管理的作用。

(五)专门性。公共关系工作须由专门的管理人员来承担,而不是由技术人员来担当。

公共关系工作的首要任务是战略性地策划组织的传播沟通计划,其次是完成制定传播沟通材料的技术工作。卓越的公共关系部门应有一位高级经理或赢得领导集团成员的支持,来综合规划指导公共关系工作。

(六)平衡性。公共关系工作采用双向平衡的模式。这是卓越公共关系最突出的特点。公共关系工作应建立在调查的基础上,社会组织要与公众平等沟通,不断增进彼此了解,它不仅要改变公众的行为,而且也要改变组织的行为,这使卓越公共关系最终超越了公共关系历史上新闻代理、公共信息、双向非平衡三种模式,形成了双向平衡的第四种模式,而且是最好的一种模式。

(七)内部民主性。在组织内部构建平衡沟通氛围,使内部员工参与决策。“组织与员工的平衡传播交流提高了员工对工作的满意度”,有助于提高组织的高效管理质量。

(八)专业知识性。担任管理角色和开展双向平衡公共关系工作的人员需要有足够的知识背景,系统掌握公共关系理论,同时还需要外部专家予以支持和指导。

(九)多样性。公共关系人员应具有宽阔的包容性,接纳不同种族、姓别等的各类公共关系人员,以此完成与多样公众进行交流沟通的任务。“从全球来看,公共关系职业的女性化现象正日益突出,这也加剧了对多样性的要求。”

(十)职业道德与责任感。“工作有成效的组织有责任与受其影响的公众进行交流沟通。”在工作中忠实执行职业道德,自觉拥有社会责任感,同时监测组织对社会责任的落实情况[①]。

卓越公共关系的十个原则为公共关系部门及其工作带来了十分重要的标准

① 以上十点引文均来自郭惠明:《关于公共关系学若干基本问题的国际对话》,《国际关系学院学报》2000年第4期。

与努力方向,对公共关系行业的健康发展与提升公共关系人员素质具有深远意义的推动作用。

四、中国式卓越公关的提出

1996 年 10 月,詹姆士 · 格鲁尼格受邀来中国参加"'96 中国国际公关大会"。会议期间,国际关系学院郭惠民教授、中山大学廖为建教授与格鲁尼格就公共关系的一些基本问题交换了看法,并在会议结束后的电子邮件往来上,继续进行关于公共关系深度问题的研究与交流。不久,中山大学廖为建教授在深入研究中国公共关系特性的基础上,提出了中国卓越公共关系的三个方面、15 项标准。

(一)从公共关系在组织中的地位和作用机制来看

1. 组织的领导者高度重视公共关系:公共关系的目标能够被纳入组织的发展战略之中,中长期的公共关系工作处于领导的考虑范围之内,日常的公共关系工作得到最高领导层的支持。

2. 公共关系在组织中的职能明确:即有具体部门大力地执行这项职能(并非一定称作"公共关系部"),并且该部门由一位有经验、有能力的高层管理者负责,对最高决策层有直接报告、建议的权利和通道,有进入决策的能力和机会。

3. 公共关系有资源的保障:组织有明确的预算机制和比例支持公共关系的运作,大中型企业的公共关系预算额不低于总产值的 5%~8%,公共关系部门有参与制定预算机会的权利,并具备保障预算弹性的能力。

4. 组织具备良好的全员公共关系意识:在组织内其他部门均具备公共关系意识,并理解和支持公关部的工作。

(二)从公共关系在组织中的运作能力和专业表现来看

1. 公共关系的职能完整、全面:公共关系在组织中能够发挥它的各种主要职能,而不偏颇哪个方面。

2. 公共关系工作贯穿于全过程:从时间序列和工作程序来看,公共关系贯穿组织运作的始终,其中包括从组织筹建、制定目标、发展过程等多方面,公共关系都可以发挥它的特定作用。

3. 高质量的公共关系运作:公共关系部门的策划水平、执行能力和服务效率上乘,其人员素质能够保证出品高质量的公关项目,工作水准得到领导和各部门的肯定。

4. 规范化的公共关系管理:公共关系工作的各个环节有目标、有计划、有控制、有监督、有评估,资源配置合理、操作程序规范、工作细节专业。

5.积极主动:公共关系部门应充分发挥主观能动性,积极进取,主动开拓,对环境和时间保持高速的反应能力和应变能力。

6.配合默契:公共关系人员在组织内部保持良好的沟通,熟悉组织的整体情况和其他部门的情况,能够根据各种具体情况提供技术、有效的公共关系服务。

(三)从公共关系效果来看

1.有助于组织目标的实现:如促进企业的经济效益、扩大市场或帮助政府有效地推进政策、动员公众等。

2.有良好的社会影响:应该有助于组织树立良好的社会形象,使组织的政策、产品或行为在社会上得人心、受欢迎,形成良好的社会知名度和社会美誉度,使政府满意、媒介满意、公众满意。

3.低投入高产出:以较低的传播成本,获得较高的传播效益。

4.社会资源利用的最大化:能够尽可能地开发和利用各种无形的社会财富,如良好的关系、畅通的渠道、灵通的信息等。

5.兼容和创新:既能够享受西方的经验,又能够融合中国文化的精髓,能够将这两个方面很好地结合,使经验和实践既有浓厚的中国特色,又有强烈国际化色彩。

对于廖为建的15条标准,格鲁尼格认为"廖教授的回应很精彩,它为中国的组织如何建设公共关系机构,开展公共关系工作提供了一个重要的框架"①。

对此,廖为建自我评价认为,"说实话,格鲁尼格教授和他的团队的研究成果,是在量化和质化研究的基础上形成的,其结论有大量数据的支撑,而'15条'缺乏这种支撑,所以不能算作严格意义上的研究结论,只能说是从'应然'角度提出的一种理想化的标准","实际上,当时公关学术界和实务界已有不少此方面的探讨。在此基础上提出的'15条',是对中国公共关系实践的建议和教训的总结和反思"。廖为建认为,之所以提出中国化的卓越公共关系标准,是因为"'15条'中的每一条都可以从逆向思维的角度去思考,实际上谈的是制约中国卓越公共关系的现实问题。从这个角度看,'15条'可以促使中国公关界对曾经一时的公关热进行例行的冷思考"。②

---

① 参见郭惠明:《关于公共关系学若干基本问题的国际对话》,《国际关系学院学报》2000年第4期。

② 廖为建:《卓越公共关系的理想与现实》,《国际公关》2006年第5期。

五、卓越公共关系对公共关系四步工作法的升华

卓越公共关系的提出，对公共关系四步工作法是一个重要的提升与推动，其针对组织及其公共关系部门和人员框定出的更高要求，为四步工作法的贯彻与落实做了重要的铺垫。

(一)关于公共关系部门在组织中的地位

在一个重视公共关系的单位，公共关系应该居于何种地位？公共关系工作到底是一种什么样的工作？这其实并不是一个简单的问题，从深层次看，实际是考验一个组织领导者公共关系观念的问题，正如廖为建所指出的，组织领导者如果高度重视公共关系，就会把公共关系工作纳入组织的长期战略规划，因为公共关系不是推销的替代品，不是“拉关系”的代名词。毋庸讳言，现在在一些组织中，公共关系虽然被重视，但其实只是作为某一时期工作的临时性补充工作，如为需要审批的事项进行提前的拜访，为实现销售额做些临时性地公益活动，或为一个纪念日搞一些小型纪念活动等，这些应景性的活动，其实并非按部就班的公共关系工作，虽然公共关系工作有成效，但直接的效益往往无法体现出来。格鲁尼格提出，把公共关系工作提升到组织战略管理的高度，如果组织能够实现这一点，那么，公共关系四步工作法的推进，就成为影响组织全局的重要工作，赢得的支持与取得的效果就完全的不同了。

(二)公共关系人员的专业化与独立性

卓越公共关系理论中提出的公共关系人员的职业标准，对于公共关系四步工作法的影响也具有直接的意义。公共关系四步工作法如何开展、开展的质量情况，有赖于公共关系人员的素质。高质量的公共关系工作，必须由公共关系专业人员策划和负责，公共关系工作必须能够实现独立化和专业性，由此保证公共关系四步工作法的开展。在实际的运作中，公共关系工作经常面对的是非专业人员策划并负责公共关系工作，参与公共关系工作的人员往往没有经过专业的培训，有些人认为，公共关系工作不需要什么专业的知识，随便找人临时帮忙就可以完成，更有甚者，公共关系工作仅被作为一个单位的辅助性工作来开展，大型活动的开展也是作为某些工作的配合，自身的独立性难以保证，公共关系工作的专业化自然不被重视了。因而，保证公共关系人员的专业化和工作的独立性，对顺利开展公共关系四步工作具有重要意义。

(三)公共关系工作对组织内部氛围的贡献

良好的公共关系工作，对组织文化的推进、组织内部人性化氛围的营造会起

到积极的作用，这一点其实很早就存在，但并未得到认同，卓越公共关系理论对公共关系的价值做了十分重要的肯定，并明确卓越的公共关系工作应该拥有对组织"内求团结、外求发展"的职能，帮助组织实现内部的集体凝聚力。在今天组织内部，公共关系的信息沟通、尊重公众、倡导公益、开放自身的理念可以有效发挥内部公众对组织的理解与好感，增强组织内部公众的好感度与信任度，实现内部员工对组织的信赖。可以说，一个有竞争力的组织，内部公共关系工作一定是成功的，反之，内部公共关系工作一定是不令人满意的。

（四）公共关系的职业道德

从公共关系职业诞生之日起，职业道德问题就成为一个极为敏感而重要的问题。巴纳姆的"凡宣传皆好事"早已被世人所诟病，"公关之父"艾维·李的"说真话"在历经百年风雨后，仍然是一个放在全世界公共关系从业人员面前的重大课题。卓越公共关系理论对职业道德与社会责任的强调，为今天一个优秀企业公共关系工作的职业规范与操守，以及公共关系人员所在组织的社会担当提出了重要的要求，这一要求应该被贯穿在公共关系四步工作的全过程，成为每一个公共关系部门及人员工作的基本守则。虽然社会在进步，文明在普及，而文明与道德的遵守却仍然显得极为艰难，在经济大潮的裹挟下，道德往往显得十分软弱。然而，必须看到，道德的失守就意味着对公共关系行业职业性与持久性的打击，没有了职业道德的维持，没有了社会责任的承担，就意味着公共关系行业的自我亵渎。因此，卓越公共关系的理论为未来公共关系四步工作的健康顺利发展提供了重要保障，坚守职业道德与责任感，其实就是维护行业自己存在的地位。

调查篇

第一章 公共关系调查的意义

第一节 公共关系调查的含义与特点

一、什么是公共关系调查

任何一个社会组织都存在于大社会之中,自觉不自觉地与其他各种各样的组织发生着不同的联系,这种联系会给这个社会组织带来程度不同的影响,对这种影响的清醒了解,就是一般意义的公共关系调查。

调查是一种历史久远的社会活动,它主要是通过收集信息或反馈,明了所关注对象的状况、反映或态度。调查是一项基础性的工作,既需要大量的人力投入,也需要相当的时间过程,科学的调查工作是建立在缜密的组织、严密的范围控制以及持续性的坚持基础上。

公共关系是社会组织为了营造组织良好的生存与发展环境,针对目标公众开展各种沟通工作的一种战略性活动。在现代社会,市场经济条件下,很少有组织可以不顾及自身生存的社会环境去低头做自己的事情,否则只能被环境所制约,无法生存。组织所依存的社会环境不是自然而然生成的,而是组织自主的能动行为,上至国家政府,下至几个人的合伙企业,面对周边的各种公众均要主动或被动地去对公众开展一定的沟通工作,这使公共关系成为任何组织都不可或缺的重要工作内容。因此,在公共关系工作开展之前,公共关系调查必然要先行一步。

公共关系调查对象主要针对的是组织所面临的,或与之发生关系的各种公众。公众是组织公共关系的对象,是与组织发生各种联系的群体。根据与社会组织联系的紧密程度,公众可以有多种划分,主要有重要公众、次要公众、当前公众、潜在公众、亲和公众、对立公众、固定公众、临时公众、内部公众、外部公众等。公共关系调查是社会组织在一定时期的公共关系目标中,针对各类公众收集相关信息或获得相关信息反馈、为社会组织提供决策参考的基础性工作。这一工作既艰苦、琐碎,又极其重要、不可或缺。准确、科学地把握公共关系调查,会对社会组织的公共关系工作起到极为重要的决策参考作用。

二、公共关系调查的特点

公共关系调查不同于一般的调查工作,它的主要特点有以下四个。

(一)面广

公共关系调查不是就一时一事予以深入探究,而是对社会组织所发生关系的主要对象——公众展开的了解和认识,调查的开展往往面广、人多、成色庞杂。一个社会组织,无论是政府、企业,还是事业单位或宗教团体,只要是意欲针对目标公众开展传播工作,对之先行进行全面深入的了解,我们就称之为社会组织的公共关系调查。在公共关系基本理论中,社会组织、传播、公众常被称为公共关系三要素。三要素中,最需要关注的就是公共关系对象——公众。对一个社会组织来讲,它所面对的公众往往不是一个人、一个机构,而是一群人、一些相关机构,如政府面对的是各个阶层、各个民族的国民,也是变幻莫测的国际社会;企业面对的既有各种顾客、客户或消费者,也有政府主管机构、银行、律师事务所、公关公司、广告公司以及周边的社区、学校等,因此,公共关系调查的面特别广。

(二)目的性强

公共关系调查是社会组织进行的一项基础性工作。组织根据不同时期的工作重点,调查的内容和具体对象都会改变,组织所进行的调查工作绝对不是无目的、随意的,而是极有针对性,组织开展调查工作,既有长期计划,又有短期安排,每一次调查的开展,从严格意义上来说就是一项公共关系活动,因为组织不仅要通过调查获得重要的信息数据为决策工作服务,而且也是通过调查在公众中传递组织正确信息,表达组织对某些问题关注的态度,因此,公共关系调查一定要经过精心安排、周密操作,切实达到设定的目标。

(三)信息性

公共关系调查的着重点在信息上,组织开展公共关系调查意在针对组织及与公众有关的某一方面问题,来了解公众的基本情况、基本态度及基本意向,获得的信息一般情况下是表层意义上的,而非深层次的;是公开性、大众化的内容,而非个人、隐私性的内容;了解的信息偏重于公众对组织的了解程度,而不探究有争议的社会问题,在获取信息过程中,着重于传递组织的文化以及声誉,同时会涉及一些社会公益性话题。

(四)公众性

公共关系调查的对象是公众,要求在开展公共关系调查前必须对公众进行准确的划分与界定,即确定目标公众,如公众的特定区域、数量、范围、类型等,整个公共关系调查均要在严格控制目标样本的情况下进行。对于非公众或潜在公众,公共关系调查时可以不予考虑。只有这样,组织的调查才有意义,调查的结果才会对组织的决策有所帮助。任何一个特定的社会组织,都会有特定的公众,组织对特定公众把握得越准,公共关系调查就越能帮助解决问题,这是每一个开展公共关系调查的社会组织首先要明确的问题。

第二节　公共关系调查原则

对于具体的工作而言,需要一定的原则予以制约和规范,所谓“没有规矩,不成方圆”。任何无原则的行事,终究会使所为之事一事无成。公共关系调查也不例外。要搞好公共关系调查需注意把握以下原则。

一、周密计划

如前所述,公共关系调查在某种程度上是组织的一次公共关系活动,它是组织整体公共关系工作中的重要组成部分,开展公共关系工作忌讳随意和无组织性,更不可凭拍脑袋想当然来预测目标公众的看法,或者是到外面走马观花式地转上一转,就认为进行了调查,也不能在设计调查方式、内容、对象、调查人员培训等方面随心所为,不经过认真审视,贸然出击,结果可能事倍功半,一步错,步步错。错误的调查必然导致错误的决策,而错误的决策会产生失败的结果。故而,在组织进行公共关系调查时,必须予以周密的计划安排,从调查方式的选择、内容的设计、人员的培训和组织、调查对象和范围的确定等方面均应认真酝酿、斟酌,每一环节努力做到扎实有序,追求完善,在社会组织向某一公众进行调查之前,静若处子,细致安排;在开展调查时,动如脱兔,全面铺开,努力用最经济的时间和方式取得最佳调查结果。

二、尊重事实

公共关系调查是一件反映真实世界的工作,来不得敷衍和含糊,要把这一工作做好,就必须有捍卫神圣事实的勇气:在调查工作开展时,要深入、到位,每一环节步骤不跳过,按部就班地完成调查,尽力获得最真实的事实信息;在调查工作统计时,不擅自更改调查结果,仔细甄别调查事实,不虚报数字,以求实态度把调查结果整理好;在撰写调查报告时,对数据分析不臆断,不妄测,在合理误差范围内,分析其应有的准确率,尽量让分析的理论接近实际的情况。把握好这几个阶段,做到对事实的充分尊重,就会为随后的决策参考提供有益的资料。以上任一环节的失误,都可能导致组织领导层决策失误,失之毫厘,谬以千里,最后全盘皆输。长期以来,由于一些不良作风的恶劣影响,在许多人的观念中,对事实有一种轻视的看法,觉得事实是一个弹性的东西,说大即大,说小即小,说无即无,统计数字往往带有水分,擅长报喜不报忧。在向上报告时,夸大事实,为我所用,主观推论,事实仅是"药引子"而已。这种观念的影响在各行各业均有反映,因此,在公共关系调查时,必须把握好事实不可擅改、尊重原始数据的原则。

三、亲身为先

公共关系调查是一件采集信息、处理信息的工作,主要有两个途径:一手资料的采集和二手资料的归纳,某种情况下也可以是二者的结合。在大多数情况下,一手资料的采集更具有价值。作为进行公共关系调查的社会组织,或者是受委托的公共关系调查公司,高质量的公共关系调查应该是公共关系调查人员甚至公共关系调查工作的组织者亲自前往第一线参与调查,这样便于把握调查对象,控制调查数量、质量,保证获得真实、准确的信息,及时处理调查中的意外情况。如果调查人员对调查工作的重要性认识不够,只是"认认真真走过场",把调查活动的过程委托被调查者自己完成(如留下问卷自己填答),或草草地问一问、看一看,没有亲自认真地完成每个步骤,那么即使调查的工作完成了,调查的结果也毫无意义。由于公共关系调查与其他调查工作不一样,是一项艰苦、琐碎、劳心耗力的工作,所以任何享受思想和偷懒行为都会影响调查的结果。高素质、训练有素的公共关系调查队伍要求每个人必须亲自深入调查,领导直接把关、监控,最终保证调查工作的质量和水平。

四、科学控制

公共关系调查是一项严肃、严密的工作,必须讲究科学性。在调查的人数、控制区域选择、方法运用、数据统计等方面应有计划、有步骤、有时间规律地进行,不能随意和无章法;在人数的控制上,要根据统计学理论考虑误差率和准确度;在区域选择上,要明确调查对象的分布、层次及代表性,符合组织公共关系调查的目的;在方法运用上,要讲求效率和质量以及调查对象本身具有的规律性,保证必要的时效性,获得的数据能够反映真实的情况;数据统计上以人工统计为基础,关注交叉统计的分布,从多方面反映调查的结果。在调查工作中如果违背科学的严肃性,不尊重被调查者的现实情况,浅尝辄止,则获得的调查就会造成误导。公共关系调查是社会组织一项重要的基础性工作"没有调查,就没有发言权"。要拥有说服力的发言权,调查人员必须以科学的调查做保证,亲身参与或督查来完成,尊重事实为至要,周密计划去实施。如此,公共关系调查才算有了正常进行的前提条件。

第三节　公共关系调查对组织的意义

公共关系是 20 世纪 80 年代传入中国的舶来品,在 30 余年的发展历程中,许多组织积极地接纳了这一新式管理理念,推动中国公共关系事业如火如荼地向前发展。但是,毋庸讳言,在公共关系实践中,许多企业偏重于公共关系策划,热衷于 CIS(组织识别系统)引入,对扎实严谨的公共关系调查不予重视,甚至某些策划专家在创意时,把公共关系调查视为可有可无,对目标公众的情况凭经验和感觉判定,往往导致公共关系活动收效与预估的承诺相差甚远。由此看来,公共关系调查对组织有着重要的意义。

一、公共关系调查对社会组织公共关系活动有基础性铺垫作用

公共关系调查是组织公共关系活动中四步工作法的第一步。对一项公共关系的策划活动来说,首先要做好的就是公共关系调查,因为组织只有对现存社会环境即公共关系的状况有清楚的了解,获取充分的数据信息,才能正确判断形势,将公共关系策划工作做到准确到位,也才能获得公共关系目标的效果。公共关系调查的基础性工作是公共关系策划的前提条件,可以说公共关系策划活动没有大量细致的调查做铺垫,就无法保证策划活动的目标与主题是正确的,施加于公众的公共关系活动是恰当的,实现的公共关系活动效果是符合预期的。成

功的公共关系活动对组织的发展起着重要的作用。但是,无论多么炫人眼目的、看似成功的活动,如果因为调查不充分而策划判断失误,这样的公共关系活动的效果就会像肥皂泡般迅速地化为乌有,隆重的场面会变为哗众取宠的花招,好心变成了坏事,不仅得不到美誉,恐怕还会留人笑柄。

二、公共关系调查对社会组织的决策有重要指导作用

公共关系调查并不仅仅服务于组织的公共关系策划活动,它是组织重大决策的重要前提。组织的发展依赖于每一个重大或较大决策的正确,一步对,步步对;一步错,步步错。组织决策的基础是调查,公共关系是组织整体战略管理的重要内容,组织与周边公众相互依存性问题,深刻影响着组织未来的发展,都需要公共关系部门参与监督,及时监控。公共关系调查是组织决策参考的重要来源。对组织来说,尽管其他部门或机构也有相关的调查工作,但是,公共关系调查是站在组织全局高度、着眼长远发展与社会影响力的角度来进行的,因此,公共关系调查对组织的决策、决断起着重要的参谋、咨询作用。

三、公共关系调查对社会组织环境有重要的监控作用

公共关系的功能中重要的一项是监测环境,这一职能只有公共关系调查可以完成。在当今世界,风云变幻、诡谲险恶,政府各项法律机制逐步完善、规范、全面和严格,市场竞争更加激烈,大众传播媒体和个人媒介前所未有的发达,任何信息都可以瞬间传递到无数人手中,公众的消费观与鉴别力日渐成熟和理智,组织的生存环境,需要更多的理性判断和清晰权衡。任何不当的管理,或头脑发热的行为,都可能将社会组织抛入难以预知后果的境地,因此,公共关系调查成为组织环境管理的重要武器。在一般情况下,公共关系是组织管理的重要组成部分,组织的公共关系部既是组织的情报部、外交部、也是组织的环境监测部、咨询参谋部,专业公共关系公司在需要的情况下,亦即是组织重要的智能部门,因此,公共关系调查对环境的预警管理,可以有效帮助组织及时对所生存的处境有清醒的了解,在做出行动之前,判断准确,有的放矢,在最大可能的情况下,为组织营造有利的社会环境。

第二章　公共关系调查内容

第一节　公共关系目标与调查指标

一、公共关系目标是什么？

在进行公共关系调查之前，必须明白两个问题：为什么而调查？调查什么？前述内容已经解决了第一个问题，公共关系调查是为了组织的健康发展，为了给组织提供决策参考数据，为了之后的公共关系策划活动。要回答调查什么，则需要解决公共关系的目标问题。

关于公共关系目标，长期以来，中外学者百家争鸣，众说纷纭，仁者见仁，智者见智。在格伦·M.布鲁姆看来，公共关系的目的是组织的管理，他认为，"Management in all organizationgs must attend to public relations"①。格鲁尼格则进一步推进为"一个组织与其公众之间的传播管理"②。在国内，长期有一种观点，认为公共关系是"社会组织为了塑造组织形象"③；也有人认为公共关系是"营造具有公众性、公开性、公益性和公共舆论性的关系生态"④，以保持组织和公共利益的和谐。近年有一种新观点认为，公共关系"为对话而生"⑤。笔者以为，公共关系说到底是一种关系营造，每一个组织均与周边有密切依存性的公众或组织构建起一种社会环境，公共关系的目标就是营造这种社会环境。

(一)营造环境先要认识环境

每一个社会组织都无例外地存在于一定的社会环境中，这个社会环境实际上就是各种各样的社会关系。开展公共关系是社会组织的主动行为，组织在行动之前，首先要了解环境。对组织周边社会环境的了解，并不是一件简单的工作，因为对社会环境的认识，不像我们生存的自然环境，只要过去看一看，找几个

---

① [美]格伦·M.布鲁姆:《公共关系》(英文版)，第10版，中国人民大学出版社2013年版，第7页。

② [美]詹姆斯·格鲁尼格等著，卫五名等译:《卓越公共关系与传播管理》，北京大学出版社2008年版，第4页。

③ 熊源伟主编:《公共关系学》，安徽人民出版社1990年版，第16页。

④ 陈先红:《公共关系生态论》，华中科技大学出版社2006年版，第206页。

⑤ 胡百精:《公共关系学》，中国人民大学出版社2010年版，第34页。

人问一问，拿几本书翻一翻就可以知道得差不多。组织周边的社会环境，始终处于有形而又无形的状态，组织面对的公众既是活生生的个体或群体，又是抓不住、摸不透的影子；组织面对的其他组织，既可能因为利益或目标的一致而合作，又可能因为地位的差异而难以接近。因此，组织要开展公共关系工作，认识环境实在是一件重要的事情。

（二）营造环境是为了影响环境

公共关系对环境的营造，是一个能动的过程，营造环境不仅仅是为了适应环境，否则会使公共关系工作陷入被动或消极的状态。成功的组织，无论是一个政府，还是一个商店，一定是通过公共关系来影响或改变环境，这为公共关系工作赋予了一定的社会责任。从公共关系发展过程到今天广泛地被社会组织青睐，公共关系对社会进步的推动作用有目共睹，公共关系所倡导的说真话、信息公开、尊重公众、践行公益等，使公共关系在受到一些误解的情况下仍然能坚定的前行，被接纳为组织重要的管理行为。美国前总统尼克松在被国会弹劾而提出辞职时，曾说这“是公共关系的失败”，说明若不善于营造环境，就必然被环境所淹没。在今天传播媒介极为发达的社会，媒介即是环境，如果组织对自身所处的环境熟视无睹，毫不理会，那这个组织距离被环境淘汰已经不远了。其实，人类对于自然环境也不是被动的适应，也是在破坏环境的同时建设着环境。公共关系作为组织战略管理的组成部分，当然也可以对自身的生存环境进行有为的营造，春风化雨，义利皆顾，天地人和，化干戈为玉帛，最终实现组织良好的生存与发展。

二、公共关系调查的目的

为了实现公共关系的目标，需要将公共关系调查的目的具体化。

为什么要搞公共关系调查？目的有三：组织环境的监测、组织良好声誉的打造、组织危机的纾难。

（一）组织环境的监测

在组织的日常公共关系管理工作中，组织生存与发展环境的营造是公共关系的根本目的，因此对组织环境的监测，是公共关系调查的第一目的。

有人认为，组织为加快发展、吸引公众的注意而开展公共关系调查是必要的，但是，组织无喜无灾之时，似乎没有必要非要搞公共关系调查，因此在开展公共关系调查时，一些调查人员目的模糊，工作积极性不是很高，对公共关系调查的重要性认识不足。实际上，公共关系调查是组织日常管理中的重要内容，是组织每时每刻需要关注的工作内容。定期常规性的公共关系调查,会让组织在任何时候都能清醒地明白自我,冷静审视自我状态,对内部公众的看法和外部公众的评价能有一个及时、准确的了解,使组织随时知己知彼、从容应对内外状况,让组织“健康”生存。

以监测组织环境为目的的调查更加基础,也更重要,它需要调查工作如流水般日积月累地进行,对于收集情报、处理信息、综合分析、提供决策,其间工作虽辛苦乏味,但极有价值。

(二)组织声誉的传播

从某种意义上来说,公共关系调查不是单纯意义上的调查,而是一次公共关系宣传活动,或者可以说是组织公共关系总体活动中的一个组成部分。一方面,调查的过程就是组织传播声誉的过程,看似平常的公共关系调查,随着周密的组织和深入开展,被调查公众会从组织调查者身上获得对组织的初步了解,调查活动组织得越好,这一作用就越明显,调查的过程就如和风细雨般把组织的文化、组织开展的工作传递给了目标公众;另一方面,公共关系调查的内容设计往往是以组织声誉打造为核心,它包括:组织的基本情况、组织近期的工作、组织的品牌影响、组织希望公众了解的其他信息等。公众在回答调查问题的同时,其实已经对组织有了一定的认识。

(三)组织危机的纾难

当组织突然遭遇重大危机时,公众对组织的看法会迅速发生逆转,原来的信任可能会因为不实的传言而荡然无存,原来的了解会很快转化为误解——事情的发展可能会严重不利于组织,最大的变化莫过于合作伙伴和信任公众的离去,组织陡然间变成了孤家寡人。要扭转危机,首先需要了解目标公众对组织的看法,然后有针对性地开展公共关系活动,挽狂澜于既倒,此时公共关系调查就成为解困组织危机的第一行动。这时的调查以解困组织危机为目的,调查需要组织更加慎重,调查方式更加合适,调查态度更加诚恳,调查对象更加宽泛和确定。以纾难组织危机为目的的调查,可以有力地帮助组织明确所处状态,清醒而有的放矢地处理各种事变,尽快地从危机中走出来。

第二节　调查知晓度

明确了公共关系调查的目的,公共关系调查就可以开始了。公共关系调查可以围绕两个指标来进行:知晓度和信赖度。而这其中又包含四个内容:知道、了解、信任、忠诚。

以下分别阐述。

一、何为知晓度

"知"即知道,从公众接受的信息看,也可以指"听说过",即知道或不知道,听说或没听说过,亦即最粗浅的感知;"晓"即了解,即对组织的了解程度,表示获得组织方面的信息比较全面与丰富。

在一般的情况下,人们不会将"知"、"晓"明确地区别开来,但是"听说过"某事与"了解不了解"某事之间确实存在很大程度的差别。

在公共关系调查中讲知晓度,指的是组织意欲通过公共关系调查了解目标公众对组织相关信息的认识程度。对此情况的准确把握,对组织的决策非常重要。

开展知晓度的调查,往往从两个大的方面着手,即组织内部和外部的目标公众。

二、调查内部知晓度

这是对组织内部公众开展的调查。内部公众是组织的第一公众。内部公众对组织的了解、关注、认同会对组织的团结及凝聚力带来重要意义。只有内部公众明晰组织的基本情况、重要信息、奋斗目标和决策目的,才可能使组织内部人心安定,信心增强。组织通过调查了解情况,可以及时分析问题,随时进行自我修复和调整,实现内部良好运行。因此常规性的公共关系调查往往先从内部开始。

(一)内部公众构成

每一个组织内部其成员构成一般均有三个层次,即上、中、下三级,人数由少至多。第一层次是领导或决策层,人数最少,对组织最重要,就如一个人的大脑。

这一层次的人员往往对组织的发展目标、任务规划、组织规模、组织风格、价值观念、组织文化等进行决策，最终构成组织特色。第二层次是管理层，人数较少，对组织很重要，发挥上下沟通的桥梁作用，就如一个人的内脏器官。这一层次人员是组织大政方针和下层状况传达流通的执行环节，人员的素质极为重要，高素质的管理队伍既能修复决策层的失误，又能舒缓下层人员的不满情绪，对组织的自我完善和发展起着至关重要的作用。如果管理队伍不完善，就如人的某一脏器出现问题，会对组织整体机制的运转带来不利影响。第三层次是员工层，人数最多，是组织的基石，如一个人的手足，他们接受组织决策层的指示，服从组织管理层的安排，是组织生存、发展的根本所在。组织员工层表面看往往不被重视，显得微不足道，但他们整体力量十分巨大，他们对组织的感知程度会深刻影响其工作效率。

(二)调查内部公众的知晓度

1.“知”的调查

对一个正常的组织来说，应该始终让内部公众有“自己人”的感觉，感受到自身的主人翁地位，如此才可能做到“内求团结”。因此，组织调查首先要对内部公众开展“知”的调查，即员工对组织的了解粗浅程度，如“知道不知道有这回事儿”(暂不关注对“这回事儿”的完整了解)。对于组织全体人员来说这是必须要达到的，即组织的每一项决定，都应该通报全部人员。尤其对员工层来说，不必知道决定过程甚至决定的详细内容，但应该知道有“这么一会事儿”。因而公共关系调查要随时了解全体员工对组织信息的一般了解是否达到了100%，如没有达到，就可以预警组织及时弥补这方面的失误，校正组织的不恰当做法。

2.“晓”的调查

显而易见，组织内部不同层次的公众对组织信息的了解程度会有所不同。对于组织的决策层来说，组织信息应该是100%的了解，即达到“晓”，如果在调查中发现有些决策层成员对组织的各方面情况没有完全知晓，则恐怕会对组织的决策产生影响，易于导致组织管理出现漏洞；对于组织的管理层，对组织信息的知晓程度至少应该达到80%，亦即对主管的工作要全面了解，对非主管的工作做一般的了解；对于第三个层次即员工层来说，了解组织信息的程度达到50%就可以了，即对组织重要信息能够及时了解即可。

三、调查外部知晓度

即针对外部公众进行的知晓度调查。在组织内部环境安全稳定的情况下，关注外部公众对组织的影响就成为公共关系工作的重点了。

(一)外部公众划分

对于外部公众,学者们根据不同的标准和情况有着不同的划分。笔者根据组织公共关系的目标和工作对象,将公众划分为目标公众、潜目标公众和非目标公众。

1. 目标公众

当社会组织进行公共关系调查时,首先要确定调查的对象,对象的确定,依据于组织公共关系的工作目标。任何一个“无的放矢”的公共关系调查,只会使调查结果毫无意义。因此,组织公共关系调查的对象就是目标公众,也是组织当前最重要的外部公众。由于组织面对社会是一个多棱镜式的全方位状态,因此,在组织的不同时期,必然会有不同的目标公众,在不同的公共关系活动中,也会针对有不同的目标公众,此乃“此一时,彼一时也”。总之,当组织意欲开展公共关系活动时,它所确定的目标公众,就是组织最重要的公众,也是公共关系调查的对象。

2. 潜目标公众

指社会组织开展公共关系活动时可能的目标公众。一种情况下,组织未必能清晰地判断出当前外部公众哪些是最重要的公众,哪些是不太重要的公众时,组织开展的公共关系调查,就需要把调查范围扩大至可能的目标公众,即潜目标公众,通过公共关系调查,组织有可能从中发现真正的目标公众;在另一种情况下,潜目标公众也指尚未形成的目标公众,即在不远的将来,可能会发展成为目标公众。如企业针对尚未入学的儿童开展的“做一个读书郎”活动、政府针对45岁以上的人群进行的老年保健宣传等,因此,潜目标公众也是社会组织需要一定关注的公众,并要注意了解这一类公众的演变。

3. 非目标公众

指目前不可能与组织发生直接或重要联系的公众。对这类公众,组织表示应有的尊重就可以了,在开展公共关系调查时,没有必要将这类公众放入调查对象的范围。

(二)调查外部公众的知晓度

在组织调查外部公众时,需要明了被调查公众对组织知晓的程度是怎样的,也需要明了哪些公众应该对社会组织的信息予以一般的“知”,哪些公众应该达到“晓”,因此对外部公众的调查内容分为两个程度级别。

1. 对组织“知”的调查

组织在针对目标公众进行调查时,首先要在“知”的层面进行了解,即目标公众对组织的基本情况有没有感知,主要包括几方面:对组织的名称是不是听说过、对组织的产品或服务是否接受过、对组织所在区域是不是知道、对组织的行业性质是不是明白等。如果调查发现,目标公众对组织连听都有没听过,或完全不知道组织的基本信息,那么,组织今后的公共关系活动就只能先集中在沟通一般情况上了。

2.对组织"晓"的调查

对于组织来说,要调查目标公众对组织是否有较为全面的了解,可以从以下三个方面展开:

(1)组织基本情况

包括组织历史、规模、性质、经营项目或工作内容、行业地位、厂容厂貌、领导者情况等。

(2)组织现状

包括生产或经营状况、组织业绩、技术水平或实力、管理水平、组织体制、组织领导者事迹等。

(3)组织重大事件信息

包括组织对外发布的消息,举办的活动,突发的危机事件等。

精心设计的公共关系调查既要了解目标公众、潜目标公众对组织情况的了解程度,又要通过调查把组织的一些信息传递给被调查公众。一个组织如果能够把对公众的调查长期不断地进行下去,则在竞争中就容易赢得先机,会为组织今后的公共关系活动开展打下坚实基础。

第三节　调查信赖度

一、信赖度含义

信赖度是指公众对组织相信的程度。在这里,"信"指信任、相信;"赖"指依赖,在此引申为忠诚。合起来说,公共关系调查的另一个指标信赖度,指的就是组织的公众对这个组织信任、忠诚的程度。比较而言,信任是浅层次的,是短时间或持续时间较短的,忠诚是深层次的,是相对长时期的。与知晓度的指标相比,公共关系信赖度的调查更加深入,也更加重要,获得的结果自然更有价值。

对公众信赖度的调查也分为两个方面,内部和外部。

二、调查内部信赖度

(一)内部公众对组织信赖的意义

组织要营造良好的生存环境,在内部社会环境上说,即要实现全体员工的紧密团结,必然要构筑在相互信任、永久忠诚的基础上的。因此,内部公众对组织的信赖有着重大意义。

1. 可以顺利推行组织的各项工作计划

一个组织无论是政府、事业单位或工商企业,要将自己的事情做好,必然需要全心依靠内部公众的支持。要让组织各项计划高质高效地完成,内部公众对组织的信任是最基本也是最根本的条件,如果没有了内部员工之间的信任,不仅制定的计划不能完成,还可能随时出现意想不到的问题。

2. 可以有效传递组织声誉

组织声誉的确立,是公共关系对组织的重要贡献,声誉的缔造不是靠组织宣传出来的,一定是依靠全体员工长期、精心打造出来的。在缔造组织声誉时,内部员工相互的信赖是其前提条件,只有上下一心,同心同德,每一位员工都视组织的声誉如生命,组织的良好声誉才能从这种整体的团结精神中体现出来,如若不然,组织内部不团结,离心离德,则组织声誉自然难以建立。

3. 可以帮助组织尽快脱离难关

天有不测风云、世事难预料。当组织突然遭遇灾难时,最大的支持力量就是内部的高度团结,亦即全体员工对组织的高度信赖。有了信赖,就没有战胜不了的困难,再大的灾难也能扛过去,但如内部存在猜忌、怀疑,则可能千里之堤溃于蚁穴,即使没有危机,也会酿成危机,或者小小的冲击会迅速演变成灭顶之灾,这样的例子不胜枚举。

(二)调查内部公众信赖度

对组织内部的三个层次,可以通过公共关系调查了解内部公众的信赖度指数。在这里,组织可以通过提出信赖度标准,来监测组织内部环境状况是否达到了比较适宜的水平。

1. 组织决策层相互之间的信赖度要达到 100%

组织决策层是这个组织的大脑,全部的决策均出自这一层次。他们的人数少,地位关键,对组织现在与未来的发展起至关重要的作用。因此,组织决策层成员之间,应该是完全相互信任和忠诚的,不能有丝毫的疑忌或外心,如果在他们的合作中掺杂进了不信赖的因素，则组织的决策制定就会潜伏下危机，组织的前途就会岌岌可危。组织决策层成员的信赖，并不是表面上的一团和气，唯唯诺诺，而是心与心的充分交流沟通，彼此之间为某些问题可以持有异见，可以妥协，但不可以有疑心或有异心，孔子说的“君子和而不同”正是如此。因此，为了组织的健康发展，必须在高层成员间形成通畅的沟通环境，就如人的大脑是健康而非存在血栓和肿瘤一样。组织决策层成员间的信赖度应是完全的，百分之百的。

因此，在开展内部公共关系调查时，要对这一点予以高度重视和严格要求，发现问题，及时调整解决，尽快将问题解决于萌芽之中。

2.组织管理者对决策层与被管理者的信赖度要有所差别

如前所述，管理层是组织重要的桥梁环节，搭建组织上层与下层的沟通线路，管理者对上层的信赖度应该是100%，这是保证组织正常信息传达的基本条件。管理者与被管理者的信赖度，要区别对待，其中原因有二：

(1)管理者对被管理者必须信任

在一个组织内部，管理者只有充分信任被管理者，才会有效地传达上层指示，将组织的各项工作任务不遗余力地贯彻下去，但同时，管理者对下层被管理者又有一种监督的职能，他们要督促被管理者高效高质地完成上层安排的任务，因此信任是必需的，但忠诚似乎并不强调。

(2)被管理者对管理者必须忠诚

被管理者之所以忠诚于管理者，是因为管理者是组织的代表和象征，忠诚管理者不是忠诚于他(她)个人，而是忠诚于组织，员工层在组织中兢兢业业工作，服从管理者的安排，这是对组织信任的报答，可以说每一个组织必须拥有忠诚的员工。但是，被管理者却不需要完全信任管理者，因为，管理者在行使管理职能时，毕竟带有其个人的色彩，管理者上传下达的效率会因人而异，无形中被管理者也对管理者有一种反监督作用，被管理者对管理者的过度信任有时会因管理者自身的失误而导致部门工作的过失，因此组织并不追求被管理者与管理者的信任达到多高程度，但实现全体员工对组织的忠诚却是需要追求的目标。通过公共关系调查，组织可以有效地了解这方面的情况，为组织环境监测起参考作用。

3.组织员工层之间要有信赖度

在组织内部，实现员工与员工之间平等、友爱的合作关系，极为重要，建立融洽和谐的内部工作氛围是每一个组织所追求的目标，员工之间各司其职、相互配合，他们合作愉快，配合默契，双方之间的信任可以逐渐培养形成，并且通过长期的磨合与配合，最终实现较高的信任度，这对组织来说是一件有益的事情。

公共关系调查能够及时了解员工对组织信赖度和员工相互信赖度情况，对组织内部管理和重大决策具有重要意义。

三、调查外部信赖度

(一)外部公众信赖组织的意义

如果说内部公众如同人的身体大脑、内脏和四肢的话，外部公众就如一起的家庭成员了，彼此关系好则心情愉快、身心健康，关系差则影响心情，甚至难以正常生存，以致危及生命。因此外部公众对组织是否信赖，有着比知晓度更深的意义。

1. 外部公众对组织的信赖可以使组织顺利地发展

花儿离不开太阳，鱼儿离不开水，一个组织的顺利发展，也离不开外部公众的信任和忠诚。当公众信任和忠诚于组织时，组织的各项工作就会如期开展，组织的经营或业务也会迅速展开。如医院有了大量病人的信任和忠诚，其运营状况就会十分顺利。一般情况下，当社会组织发展顺利时，也往往是外部公众对它的信赖度很高的时候，组织必须充分意识到这一点，守住这一点。

2. 外部公众对组织的信赖会使组织发展得更快

组织发展的速度快慢是靠外部条件的状况来决定的，在组织不断壮大、升级的过程中，不论遇到怎样的波动与问题，只要拥有外部公众的信任和忠诚，则这样的波动就会平稳渡过，如中国政府在三十多年的改革开放进程中，由于全国民众一如既往的支持，因此尽管其间有重重困难，但最终都能克服，实现了经济快速稳定的发展，取得了令世界瞩目的成绩，赢得了世界人民的尊重。

3. 外部公众对组织的信赖使组织遭遇危机时损失减少到最小

一个组织在经营中，难免会遇到各种问题，当组织发展中突遇重大打击时，最明显的表现就是众叛亲离，招致信任危机。在这时，如果外部公众仍然信赖组织，理解或同情组织，这对组织来说就如天降甘露，可以在有效应对危机的时刻，将危机的损失降低到最小。一个组织如同一个人在社会上一样，顺利时，少一个朋友没有什么；困境时，多一个朋友却格外珍贵。组织在危机中如有外部公众的信赖，那么，组织就没有什么难关闯不过去。

(二)调查外部公众信赖度

对外部公众信赖度的调查，应该把握目标公众、潜目标公众和非目标公众三个层次，进行分别对待。

1. 组织对目标公众的信赖度应长期关注

由于不同时期组织会有不同的目标公众,因此,公共关系调查不必将目标公众固定在某一群体上。但由于目标公众的信赖度水平对组织发展是如此重要,因而,组织应根据不同时期的不同目标公众,对公众的信赖度予以长期的关注,随时了解,及时反馈组织决策层。一旦发现信赖度有明显降低,就要快速查找原因,积极提出对策。组织应把公共关系调查的重点放在对目标公众信赖度的长期监测上,建立数据库,进行定期的动态分析,因为这对组织的社会环境维护意义极大。

2. 组织对潜目标公众的信赖度应定期了解

由于潜目标公众的不稳定性,组织对潜目标公众应适时制定调查计划,予以定期了解。尽管潜目标公众对组织的影响看似不大,但他们对组织信赖度水平却会影响目标公众的看法,而且在某些时候潜目标公众还可能转变成目标公众,因此对这类公众不可等闲视之。

3. 组织对非目标公众信赖度调查可以偶尔为之

非目标公众一般情况下不会与组织发生直接或间接联系,组织不必关注他们对组织的信赖度,但组织对外部公众的划分不一定是准确的、正确的,因此,有时组织可以对非目标公众的信赖度进行一定的了解,这从长远的角度看也是必要的。

第三章 公共关系调查方法

在确定了公共关系调查的目标之后，公共关系调查方法的使用就成为完成公共关系调查的重要手段。公共关系调查的方法有许多种，最常见也最有效的，一般有三种：访谈调查法、问卷调查法和观察法。在使用恰当的调查方法时，对调查取样的控制也要关注，同时，还要对调查人员进行必要的培训，要求其具备应有的素质。

第一节 访谈调查法

一、访谈法特点

访谈调查法，简称访谈法，是一种古老而十分常见的调查方法，也是一种十分简便易行的调查法。它有如下特点。

（一）不择时空

在开展访谈时，不用选择时间、空间，如有必要，可以在任何时间、任何地点进行访谈，不受外在条件的过多限制。如在访谈时，只要被调查者同意，可以在早晨、中午，甚至深夜进行访谈，也可以在家里、办公室、会议室、大街上进行访谈，甚至可以边走边谈，边干活或边吃饭边谈，在访谈的时段上也可以根据被访人情况，有话则长，无话则短，能谈则谈，不能谈就不谈，具有较大弹性，因此访谈法被普遍使用。

（二）不择人群

用访谈法调查，不必选择特定的人群，只要是组织的目标公众，不论性别、年龄、文化程度、职业、健康状况、职务等，都可以成为访谈对象。这使访谈法比较易于大范围开展。

（三）费时费力

这是访谈法的最大弊端。社会组织在没有庞大的调查队伍的条件下，不可能在大范围内使用这种方法,同时访谈法还需要有力的资金支持,对一些特殊人群的访谈,需要创造一些物质条件才能完成,如访谈老红军,需要事先查阅大量资料,然后确定老红军居住地,之后能够有资金支持找到老红军本人,然后才能访谈。故而一些组织在资金与人员有限的情况下会把访谈法作为辅助的调查方法使用。

(四)问题不易规范

由于用访谈法调查时,被调查者回答问题是口语式的,有较大随意性,或者模棱两可,因此在进行统计工作时有较大难度,一些调查人员面对厚厚的访谈笔记,常感到无从下手,难于处理。

(五)受操作因素影响

在使用访谈法时,除了电话访谈属特殊情况外,一般的访谈,都是调查人员与被访谈者面对面进行的,因此,访谈员的访谈方式会对访谈结果有较大的影响。访谈员的性别、年龄、访谈时间、访谈地点、如何提问、如何展开等均会对受访谈者带来影响,使访谈调查获得的结果有较大差异。

二、访谈步骤

一般情况下,完成一个完整的访谈调查过程,有四个步骤:选择被访者,约见被访者,访问被访者,整理访谈记录(如图 3-1 所示)。

选择被访者 → 约见被访者 → 访问被访者 → 整理访谈记录

图 3-1 访谈步骤

(一)选择被访者

公共关系调查的访问人员在准备访谈时,首先要考虑的是选择谁作为被访者。从一般意义上讲,被访者的范围应划定在目标公众之内,但目标公众也往往人数颇多,不可能一一访谈,因此就需要调查人员对被访者进行选择。

1. 性别

对被访者,一般来说女性较男性易于作为访谈对象,因为多数女性容易接近,也比较健谈,善于表达,能提供调查者需要的信息,访谈的过程往往比较愉快。而多数男性被访者则比较理性而显得拘谨,有时也不愿意接受访谈调查。

2. 年龄选择

通常,中老年人和少年儿童易于作为访谈对象,青年人不易对访谈调查合作。因为中老年人生活节奏慢,休闲时间多,对生活体悟深刻,很多人也愿意与人交谈,故而能积极配合访谈。少年儿童单纯活泼,喜欢回答新问题,对人真诚坦荡,不隐瞒真实情况,在与态度和善的调查人员交谈中感到愉快。而青年人大多独立自主,有反抗叛逆精神,不轻易暴露自己真实想法,对与陌生的调查人员交谈怀有戒心,故而调查结果的真实性不容易保证。

3.经济状况选择

对被访者来说,经济状况越不好,越易于接受访谈,经济状况良好的被访者,往往不易配合访谈。另外被访者也会根据访谈的地点不同而对访谈有不同的表现,如在工作场所进行访谈,则经济状况好的易于接受访谈,经济状况不好的羞于接受访谈;如访谈选在居住地(家里),则经济状况不好的易于接受访谈,而经济状况好的访谈者不希望在家里被打搅。

4.文化程度选择

文化程度的高低在外表上是看不出的,但只要访谈一开始,这一点就很明白了。文化程度低的人愿意接受访谈,回答问题真实性高,受访态度也比较好;文化程度高的人,往往不愿接受访谈,回答问题容易轻描淡写,受访态度比较冷淡,不过谈及问题比较深刻,对调查结果分析很有帮助。

另外职业、心理等方面都会影响到受访者接受调查的效果,此处不一一赘述。

(二)约见被访者

当根据组织公共关系调查重点,初步选择了受访者后,就开始了真正的访谈调查。对被访者进行访谈,无论在什么样的场所,都应该事先约见,突击访谈,当属例外。事先约见的益处是可以给被访者预先的心理准备,并帮助回顾有关事项和准备相关资料,便于访谈更深入、有效,同时也体现了访谈者应有的礼貌修养。

1.当面约见

在条件允许的情况下,访谈人最好能当面约见受访者,这样双方有了初次的见面接触后,真正的访谈开始就不显得陌生和紧张,便于访谈进行;或者访谈人也可事先交代一下访谈目的和内容,便于受访者有所准备,提前安排和考虑。

2.电话约见

在无法当面约会的情况下,常用的方式是电话约见,在电话里应交代清楚访谈人的基本情况和访谈目的,约定好时间、地点、结束的时间等,并对访谈给对方造成的干扰表示一定的歉意。

3.托人约见

在特殊的情况下也可托人转告,进行预约。这一般指熟人或重要的中间人受访谈人委托,对受访者进行约见,确定好时间、地点,然后准时进行访谈调查。

(三)访问被访者

这是访谈调查最重要的环节,完成访谈调查就在这一过程中。

进行访谈前,访谈者应拟好提纲,明确访谈目的。访谈开始时,寒暄一下,然后开门见山,直入主题,不拖泥带水,浪费时间。在受访人回答问题时,访谈人应认真听讲、及时记录,鼓励对方陈述,但同时密切关注受访者回答问题的内容,注意控制时间,基本围绕调查主题,善于适时拉回受访者的话题,不要把访谈变成漫无边际的拉家常。在访谈问题均被受访人回答后,及时起身告别,不做过多逗留,给受访者留下良好印象。

访谈问题主要包括以下几方面内容。

1. 受访者的基本情况

如年龄、家庭成员、经济状况、职业、个人经历、文化程度、籍贯,婚姻状况,甚至个人爱好、生活学习习惯等。

这些问题不能连珠炮式地提出,否则就像警察审问犯罪嫌疑人一样。访谈时应该在问询其他问题时,巧妙了解或从观察得知,访谈人应充分尊重受访人隐私,不做过多探究性了解,同时注意获得一些基本信息,便于随后分析。

2. 访谈的主要问题

访谈的内容应围绕两个大的方面,即组织的知晓度和信赖度。但是如果受访人对组织的知晓度仅停留在“知”的层次上,则信赖度的调查就显得多余了。

对知晓度和信赖度的调查可以通过多个角度、多种问法来了解,访谈人对问题的把握应尽量达到将访谈变成愉快谈话的程度,不要干巴、生硬、毫无生气地去提问,影响彼此的心情。因为访谈调查的过程,是组织通过访谈人宣传组织信息、打造组织声誉、营造组织外围社会环境的机会,它绝不仅仅是一个简单的谈话。访谈人一定要认真对待每一次访谈,让受访人从访谈人的综合表现上,了解和感受到组织的文化、访谈人的诚意,把访谈调查变成一次真正意义上的公共关系活动。

3. 其他收获

在访谈调查中,访谈人与受访者有大量信息的碰撞交流,常会从中发现一些新的信息,特别是受访人对组织的希望、期待、要求,对此,访谈人应认真抓住这一机会,留心记录,以备以后用于决策参考。另外,在访谈中,访谈人也可以从受访人的说话中了解到受访人的一些潜在需求,便于组织今后在工作中找准问题,开发新的工作内容。

总之,访谈的过程,其实是访谈人向受访者虚心学习、请教的过程,访谈人一定要利用这一活动,了解大量信息,为组织的公共关系活动提供充分的策划依据。

(四)整理访谈记录

在访谈人结束访谈后,调查工作进入到整理访谈记录阶段。由于访谈记录因人而异,受访人对同一问题的回答各有千秋,因此,整理、规范、统计访谈结果是一件难度较大的工作。但从另一角度看,受访人在谈某一问题时往往给予充分的信息,用相关问题予以佐证,因此也给推断某一问题的归类提供了方便。在统计和分析这些回答时,调查人员不应受受访人个人倾向或判断的影响,应尽量冷静、客观、独立地推断问题,给问题的结论以准确的定性,以便为调查工作提供准确的结论,为组织公共关系目标提供有效的信息支持。

三、把握访谈

由于访谈法调查的特殊性,调查人员在进行访谈时,需要把握以下几点。

1. 把握主题

访谈法是调查人员通过访谈的形式进行的调查活动,调查的信息采集,是由受访人口头表达提供的,因此调查人员在听取受访人陈述时,要特别注意将话题引到所要调查的问题上来,不能任由受访人漫谈,否则即使调查记录很全面、充分,但却与主题没有相关性,则调查得来的信息利用价值就很低。

2. 把握效率

在进行访谈时,调查人员要注意把握时间、调查问题、进展程度等,尽量将费时费力的访谈变成比较高效率的调查活动。这需要在访谈前做好充分的准备工作,让受访人明确调查的问题,在访谈中直入主题,不拖泥带水,保证在较短时间获得较多信息,以较少问题了解到较充分的信息。

3. 把握真实

在访谈调查进行过程中,调查人员应注意听和观察,核实访谈人陈述的真实性,尽量使调查的结果可信、可用,注意甄别谈话的逻辑性,观察谈话信息与受访人一些物质因素的协调性,保证访谈信息真实、有效。

4. 把握礼仪

由于访谈法受访谈人操作因素的影响,因此,访谈调查人员要特别注意礼貌、仪表,如言谈、举止、衣着等,将影响调查工作的个人因素降低,努力给受访人创造一个舒心、自由、愉悦的访谈环境，使调查工作顺利进行。在条件允许的情况下，访谈人尽量由男女两人结伴开展，减少因性别因素造成的干扰，使访谈调查工作进行时既彬彬有礼，又轻松自然。

第二节　问卷调查法

一、问卷调查法的特点

问卷调查法是现代社会中开展调查使用最多的方法，组织开展公共关系调查常选此法。它有如下一些特点。

（一）调查信息全面规范

一个调查问卷，往往包括相当全面的内容：从被调查者的基本情况到需要调查的问题。问卷版面虽小，但包罗内容十分丰富而精当，问题设计规范，便于统计，利于分析，十分适合于对一些公共性问题的了解。

（二）调查开展省力省钱

设计好问卷后，只要用较少的费用印制所需要数量的问卷，就可以在相当大范围的目标公众中予以散发，展开调查，也不过多受到调查者个人操作因素的影响，调查人员到时回收问卷即可，因此，此法有成本低的好处。

（三）不适合文化水平较低的人

由于问卷调查是以文字为载体进行的，因而文化水平成了接受调查的基本条件，对于文盲群体、老人和小学生就不适合。要填答问卷还要具备工具才能完成，因此问卷调查必须在特定的场所如办公室、家里等才能完成，这为调查某些特殊人群带来一些不便。

（四）问卷回收率低

因为开展问卷调查，数量大、范围广，不可能由调查人员亲自上门坐等填答问卷，只能是先发放问卷，过一段时间再回收，或邮寄出去等待对方回寄，这就使问卷的回收变得被动。如果被调查者（填答问卷者）没有配合调查，则调查的工作就会受到较大影响，问卷回收率低的问题是困扰问卷调查的主要原因。

(五)问卷真实性难保证

一般情况下对问题的填答是被调查者的自主行为,调查人员无法知道所填答问卷的真实程度,这为调查问卷的统计和分析带来了较大的风险。调查人员需要事先通过填答问卷前后答案的逻辑性来甄别问卷填答的真实性,因而对问题调查的最后分析结果,在推断时应十分慎重,不可妄下定论。

二、问卷调查的进行

公共关系问卷调查的进行,一般要经过四个过程,即问卷设计、发放问卷、回收问卷、问卷统计,调查人员在每一个环节上都要认真运作,保证调查工作高质量进行。

(一)问卷设计

问卷设计是一项十分精细和复杂的工作,这一环节的质量,决定着整个调查工作的成功与否,成熟的调查人员绝不会看轻这一环节。

问卷设计一般包括三个内容,即题目、说明语、提问。

1.题目设计

题目是一份调查问卷的眼睛,被调查者是否愿意填答问卷,首先就要看他(她)接受不接受问卷的题目,因此,问卷的题目有以下要求。

(1)简单明白

让被调查者一看就懂,不发生歧义理解,也不必费心体悟,便于尽快填答问卷。

(2)巧妙而有公众性

题目字义简单,但却要讲究些技巧,不能调查什么,题目就说什么。题目设计应拙中藏巧,不要让题目给人不感觉是组织仅仅为自己的利益而做的。好的问卷调查者的题目,应该以公众共同关注的话题为引子,巧妙埋入组织的调查目的,让公众感到组织关心社会、关心大众利益,因而愿意配合问卷调查,被调查者因此能够真实反映自己的情况。在调查某些较敏感问题时,就更要有所隐讳,努力唤起被调查的合作感,不至于一见题目就予以拒绝。

2.说明语设计

说明语是一份调查问卷中对填答问卷的目的、填答方法、组织调查的机构等的解释。说明语往往由称呼、组织调查意图、由什么机构组织调查及落款等构成。

说明语字数要求精练,在100—200字左右。语气要有鼓动性,语言亲切、解释合理,内容要突显社会公益目的,重在赢得被调查者的合作感,有时结尾要有组织机构、时间、公章等。如果说明语没有感召力,被调查者就可能不会再理睬这份问卷了,因此说明语要起到促成被调查者认真填答问卷的作用。

3. 提问设计

对调查问卷中提问的设计,主要包括三个部分。

(1)被调查者基本情况

这是问卷调查中必须具备的要素,对今后调查结果的分析,具有极为重要的意义,如果这一部分的内容不充分、不全面或不真实,就会令整个调查工作的质量下降,使调查结果的分析难以展开。

(2)要调查的问题

根据公共关系调查的内容,提问的设计要围绕两大方面,即目标公众对社会组织的知晓度和信赖度的了解情况。因此提问要根据组织的特殊情况和要求从各个方面展开。在提问的角度上一般有两个方面:事实部分和意图部分。事实部分指的是目前存在的实际情况,如是否听过这个组织的名字等,意图部分指的是被调查者的倾向或态度,如你对这个组织的文化是否认同等。与事实部分比较,意图部分更加重要。“题目的设计与其说是门科学,还不如说更像是门艺术。要有技巧、练习、耐心与创造力。”①

美国学者劳伦斯·纽曼认为题目的设计要注意避免行话、俚语、简写和技术名词;避免用词模棱两可或含糊不清;避免情绪化的语言和声望偏见,尽量使用中性语言;一道提问里不要有多个问题;避免诱导性提问;避免问超过被调查者能力的提问;避免错误的前提和询问未来的意向;避免双重否定;答案之间应有区别、互斥及穷尽等。这些研究结论对提问的设计有一定帮助。

问卷设计时,与提问同样重要的是答案的设计。答案一般是两种,即给定答案和留空答案。给定答案的问题叫封闭式问题,如“你是否用过该组织的产品:a. 用过　b. 没用过　c. 记不得”留空答案的问题叫开放式问题,如,你对该组织的期望是________。对于封闭式问题,给定的答案最多可以有七个等级(如图 3-2 所示),常用的是五个等级(如图 3-3 所示),有些简单问题会设计成三个等级,如“同意、不同意、无所谓”等,这种等级指标有时被称为强度指标。

---

① [美]劳伦斯·纽曼著,郝大海译:《社会研究方法——定性和定量的取向》(第五版),中国人民大学出版社 2007 年版,340 页。

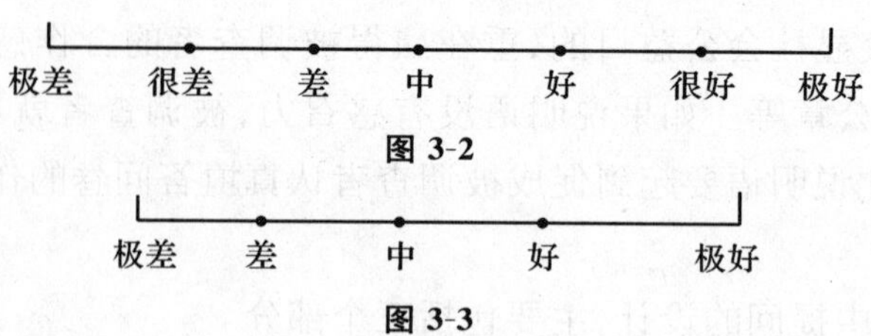

图 3-2

图 3-3

(3)结束语

一般问卷的最后部分,都要写有结束语内容,以便给被调查者以清晰的结束概念,也能感知填答问卷的时间量度。另外,在结束语之后,还要有调查地点、调查员的签名栏等内容,以备组织在问卷统计分析时明确调查员所调查的区域和开展调查的情况,对调查员的工作予以一定的监督。

(二)发放与回收问卷

设计好问卷后,就要进行问卷的印制和发放,发放的方式一般有两种:邮寄发放和投递发放。

1. 邮寄发放

如果由于距离较远或不便于当面发放问卷,调查人员就会选择邮寄发放。邮寄发放的优点是简单省事,缺点是难以向被调查者当面说明相关情况。在邮寄问卷时,确定目标公众准确的通信地址是一件难事,如果通过其他渠道获得了准确的通讯方式,也会使被调查者感到有突然被打扰的不快,影响问卷的填答和回寄。问卷寄出后,最大的困扰是回收问卷难,因为对被调查者来说,需要有成本付出,如购买信封、邮票和递送邮局等。因此有些组织如企业,则通过销售产品来附送问卷调查表,希望购买商品的消费者能够回寄问卷,但如果没有事先的物质激励,又没有附送信封及邮票,则问卷回收仍然难以保证。

2. 当面发放

主要指当面送到被调查者手中或家中的发放问卷方式。这需要调查人员选择好发放点或发放区域,向每一位被调查者说明来意,交代填答方式,最好能当面等待,发放一张调查表,收回一张,有问题随时解答,这种投递发放,看似有些费事,实则能保证较高的回收率,不用被调查者有费力投递之苦,因而不失为一种上乘的问卷调查法。但实行此法,必须要有一定的激励手段,否则难以唤起被调查者的合作以及保证答卷的真实性。从组织角度来看,要从被调查者即目标公众那里获得关于组织重要的意见反映,应该付出一定的代价,包括人力和物质方面,以真诚的态度上门征询意见,并能给被调查者一定的物质回报,有助于顺利地实施调查工作,获得有价值的调查结果。

(三)问卷统计

问卷调查表回收后,调查人员要做的就是统计问卷。统计问卷有两种方法,一种是人工统计,一种是电脑统计,人工统计主要是按编号、项目分别归纳登记。如果问卷数量大,则问卷统计的任务量就很繁重,难以进行交叉统计;使用电脑统计需要一定的程序软件,可以进行交叉统计,这样便于对问卷进行全面、多角度的分析。

三、组织好问卷调查

(一)把好问卷设计关

在进行问卷调查时,首先要把好问卷设计关。问卷设计要注意从题目、说明语到提问内容的整体统一,问卷调查篇幅不能太大,语言应亲切、平实,一般掌握在五分钟左右回答完问卷,意思表示清晰、明白,没有双关语或明显启示引导性语言,给被调查者以客观的答题氛围,不对个人隐私或敏感性问题予以触及,以获得被调查者真实意见内容为目的。题目的巧妙性、说明语的感召性和提问与答案的客观性要全面考虑,使被调查者无压力感,便于顺利推进调查。

(二)把好问卷发放关

把设计好的问卷送达到目标公众的手里,是一件很不容易的事情,如何让被调查者认真而真实地填答问卷,依赖于问卷发放的方式和调查人员的工作态度、组织能力。在进行邮寄发放与回收时,对未曾谋面的被调查者要在文字上做必要的说明;对于当面的投递,调查人员要真诚地予以解释和鼓励。前期的工作做得越细,调查工作才能越顺利进行。不管怎样,调查人员要明白一点,请目标公众填答问卷是一件比较冒昧的请教工作,必须要赢得对方的谅解和合作,社会组织要有真诚的谦虚态度,才能获得有重要价值的调查结果。

(三)把好问卷统计关

问卷统计是一项艰苦、细致的重要工作,这一关把好,才能保证整个调查工作的高质量。首先要甄别问卷,剔除无效问卷,把前后矛盾、答案离谱的问卷排除出去,还要把严重缺项或过多空白的问卷排除,最后也要把雷同的问卷除去,以免影响调查结果的分析。其次是对项目的归类,这一工作琐碎而繁重,无论是人工还是电脑统计,都要进行,所以要格外细致,保证统计工作的质量。

第三节 观察法

一、观察法的特点

在进行公共关系调查时，观察法也是一种重要的调查方法，它与访谈法、问卷调查法相结合使用，可以有效地补他法之缺，进行优势互补。

观察法有以下特点。

（一）调查直接

观察法是组织调查人员直接在调查现场通过目击而获得的调查结果，所以，调查过程直接，没有中间环节，因而调查过程简单，对调查人员要求也不高，只要默默留心注意即可。

（二）结果真实

用观察法进行调查，一般不会通知被调查者，调查是在被调查者不知情的情况下进行的，因此调查结果真实可靠。只要选准目标公众，对其在特定场合下的言行予以留心注意，就能得到对本组织真实的情况反映。

（三）存在偶然性

由于观察法不要求被调查者的配合，调查过程全凭目标公众的自然流露或某时某刻的外在显示，因而这种反映存在一定的偶然性，有时会令调查人员得到错误的结论。如一群人自始至终认真观看组织的开业庆典，实则是竞争对手的观察员。或者一位客户盛赞组织的产品，只是这位客户当日中彩，一时心情好所致。所以观察法必须具有较宽泛的观察对象，或进行一定时间的观察积累才能有可信的说服力。

（四）信息不充分

由于观察法常常不能长期坚持进行，因此，它所体现的信息往往不够全面充分，被观察者无意流露或展示的可能是某一方面的情况或特殊时期的表现，因此切忌以偏概全，以讹传讹。为避免这种情况发生，在条件允许的情况下，调查人员可上前“闲聊”，对信息进行确认，尽量获得全面的信息，避免妄下结论。

(五)缺乏代表性

观察法最忌“见风就是雨”,即从几个人身上推断出大多数人的看法。如果调查人员能结合访谈法,还是可以了解到更加充分全面的信息,否则仅从一点一滴的表现就推定某些结论,往往容易犯主观主义的错误,最终导致错误的推断。因此观察法在调查中往往不能作为主要甚或唯一的调查方法,如果能与访谈法或问卷调查法结合使用,则调查过程会更客观、更准确、更科学。

二、观察法的运用

在公共关系调查中运用观察法,主要是为了从一个客观的角度对组织的知晓度和信赖度予以了解,如观察公众对组织行为的反应,对组织产品的看法,对组织形象的印象及对组织某些人员的评价等。对于工商企业来说,使用观察法主要是通过企业举办的促销活动或商品陈列来观察了解公众对组织的反映;对于政府及事业单位等,则是利用这些组织人员的行为、活动等观察公众对其的看法。

为了将观察法运用得当,一般有四种类型可以选择。

(一)定时定点蹲守

即公共关系调查人员在某一特定的时间和地点,对公众予以观察,了解公众对组织的反映。如产品制造商的观察人员每日在售货的高峰期滞留在本企业的展销点附近,留心观察和听取公众对其产品的反映;高考结束后在网上了解网民对自己高校的评价及声誉看法等。这种方法主要针对具有某些规律性高峰聚集的公众活动时段公众行为或情绪表现的情况,定时定点的观察便于集中收集信息,又相对有一定的代表性。

(二)定时不定点观察

即公共关系调查人员在某一固定时间在一定区域对公众予以观察,以此了解目标公众对组织的反映。如调查人员每次在吃午餐时间在数个职工食堂留心观察员工对组织的意见。这种方法适合于在较大区域进行调查,可以获得相对广泛的公众信息。

(三)定点不定时观察

指公共关系调查人员在不同时间对某一地点的公众进行的调查活动。如某企业调查人员在组织的新雕塑面前,从早到晚或从周一至周五观察来往的公众中对这一雕塑的关注程度。这种观察适合于组织在某一固定地点或物体上发生情况的调查，调查人员借此可以便利地了解这一地点或物体与组织的相关事宜。

(四)非定时定点观察

即公共关系调查人员在较大区域和一定时间内对某事、某物所进行的观察调查，这种观察有时被斥为“走马观花”，因为它表现为调查人员的随意性。一般的公共关系调查，不提倡此法，但在时间紧、人手不够的情况下，组织可能会采取此种方法进行调查。

三、观察的着眼点

公共关系调查人员对目标公众的不公开观察要注意以下几个着眼点。

(一)着眼于“眼”

对公众的观察应从注意被调查人员的眼睛开始。因为目标公众对组织是否知晓，信赖度如何，常可以从公众的眼睛里“读”出来。如当售货员提到调查人员所在的企业时，顾客“眼睛”一亮，很注意听，则说明组织在公众心目中有一定印象。又如，当小区公众经过组织所贴的宣传海报时，公众眼睛会停留于此，则能说明公众对组织的关注问题，因此调查人员在观察时，一定要格外关注被调查者的面部表情。

(二)着眼于“言”

调查人员对公众观察不仅要善于用眼看，还应该善于用耳朵去听，对公众进行无声调查。调查人员要能留心倾听被调查者的坦言表白，适当或必要情况下，可插话于其中，引导公众“知无不言，言无不尽”尽情吐露对组织的真言，令组织“闻者足戒”，另外要边听边用脑记，随后用笔将要点记下，以防遗忘。公众对组织的无心吐露，往往十分珍贵，公共关系调查人员应有能力引导公众讲出心中的话。

(三)着眼于“行”

公共关系调查人员在着眼于所的时候，还要注意目标公众的身体语言，让体语说出公众的内心，进一步强化或佐证公众对组织的态度。一般说，体语是不会欺骗人的，更不要说是公共关系调查人员的不公开观察。公众往往会用他们的体语表达自己内心的真正感受，如公众对某组织的广告音乐表示出兴趣，边听边舞，情不自禁，这反映公众对组织的好感。公共关系调查人员应事先了解基本的体语知识，准确把握公众的态度倾向。

总之，在运用观察法调查时，组织公共关系调查人员既要留心，又要用心，更要细心地完成调查工作,从目标公众的自然表现中把握他们对组织的真实看法。

第四节 调查过程控制

在组织进行公共关系调查时,无论是采用访谈法、问卷调查法或者是观察法,以及其他别的方法,绝大部分情况下都不可能做到对每一个被调查者进行全面普查。因此,组织只能对要进行调查的目标公众中的部分个体进行调查,即选取一部分目标公众作为调查的样本,以此来代表或反映被调查者的全部情况,这种通过选取样本以对调查工作进行控制的过程,我们称之为抽样技术,因此抽样技术指的是在调查工作中对样本抽取的方法。

一、抽样技术的随机性

在公共关系调查中,抽样技术的运用必不可少。但是,必须在抽样技术运用时,要贯彻随机性原则,即所有被调查的对象(亦即所要抽取的样本),每一个都有同等的机会被抽中。

随机性原则是抽样技术的基本原则,在公共关系调查活动中,必须始终把握好这一原则,即在调查选取样本时,不能事先做故意的安排,或划定缺乏代表性的区域作为调查的样本区。随机性原则可以有效保证调查选取对象(或样本)的全面性、普遍性,使调查工作更趋准确和科学。

二、抽样方法

调查抽样的方法有很多种,具体来说有以下四种。

(一)纯随机抽样(简单随机抽样)

即在调查中,对所调查的对象不加任何分类、分组,从中选取一定数量的对象作为调查的样本。这种方法针对的是被调查区域的目标公众差异性小的情况。社会组织在普通居民小区或公共场所开展的调查,常使用纯随机抽样调查的公众也可具有一定的代表性。

(二)等距抽样

即公共关系调查人员对所调查的对象按一定编码排序,以相等间隔抽取样本的调查方法。如对商户开展调查时,选取摊位排序是偶数的作为调查对象,对居民户登门访谈选取每单元的三层住户作为对象等。等距抽样有时会因为排序问题带来样本的非代表性,因而等距抽样一般适合于目标公众同质性高的情况,与纯随机抽样有相近之处。对于固定居所的调查对象适合采用此法,对不固定或流动性较大的调查对象则采用纯随机抽样,更好一些。

(三)分层抽样

即公共关系调查人员对差异较大的目标公众予以分类,然后再进行分别抽样的调查方法。在不同情况下,对被调查区域的公众可以根据某些标准分成不同的群体,如,根据年龄分为中老年、青年、少年儿童;根据职业可以分为公务人员、职员、职业经理人、农民、军人等;根据受教育程度可以分为大学以上,高中毕业、初中水平、小学文化等。这样分类,可以使被抽取的样本更能全面反映目标公众的情况,使调查对象更具代表性。

(四)整群抽样

指公共关系调查人员选取被调查区域的某一整体部分作为调查的对象,将这一整体的每一个体作为调查的样本。这种方法就是我们所俗称的选择试点。如调查人员将某几个大型商场作为这一城市商业单位情况的样本,然后对这一商场中的各方面情况进行逐一调查,就基本可以完成了对这城市商业情况的了解。还有如某一县对全县百姓的调查可以选取几个有代表性的乡作为样本,这样被选取的这几个乡中的每一位百姓就成为调查的对象。这种方法不一定准确,但操作比较简单,在不适宜大范围开展公共关系调查时,用这样的方法比较合适。

对一个社会组织来讲,在开展公共关系调查时,要根据组织的实际情况,选择不同的抽样技术,采取恰当的调查方法,将公共关系调查开展好,控制好。

三、抽样的误差性

在组织开展公共关系调查时,调查结果的准确是最重要的,而选取样本是保证调查质量的根本,因此开展公共关系调查时,选择恰当的抽样方法保证调查的便利又能顺利进行,就显得十分重要。每一种抽样方法总有误差性,因此,需要研究抽样方法的误差性问题。

(一)抽样的数量和误差。

在调查人员选取样本时,首先要确定样本的数量与误差的大小。一般说,样本间差异性越大,需要抽取的样本就越多,样本越多,误差则相对越小;反之,样本之间差异越小，需要抽取的样本就相对较少。

从简单随机抽样调查与样本数目、误差率之间关系来看（见表3-1）组织要追求高可信度、低误差率，就要控制好恰当数量的样本数。

表3-1 简单随机抽样样本数目与误差率、可信度的关系

简单随机抽样样本数 / 容许误差（%）	可信度	
	95%	99%
1%	96000	16589
2%	2400	4147
3%	1067	1849
4%	600	1037
5%	384	663
6%	267	461
7%	196	339

由于简单随机抽样是其他抽样方法的基础，因此其他抽样方法也可参见表3-1确定抽样数量。总之，组织在确定样本数目时，既要根据自身财力、人力情况决定，又要考虑被调查者的实际情况，更要考虑选取调查样本多少所带来的误差率问题。

（二）抽样方法与误差

对于以上所讲的抽样方法来说，每一种方法都有一些优点，也有一些缺点，它们都会因此而影响调查的结果，因此有必要分析其误差状况。

1. 简单随机抽样有较大偶然性

由于简单随机抽样不做任何分类，对目标公众的调查具有随意性，选取调查的对象有较大的偶然性。如果目标公众之间差异性较大，则这样的抽样方法就会带来很大的误差。

2. 等距抽样有一定的片面性

选择等距抽样进行调查，常会因事先编码的不恰当带来较片面的误差结果。组织在进行样本选择时，往往会事先对调查对象进行一定顺序的编号排列，当选择等距抽样方法时，就有可能错过了最具代表性的样本，而选出了不太有典型意义的对象作为调查样本。如在组织调查居民户时，只选择每幢楼二层住户作为调查对象，这就可能将真正有价值的某些对象忽略了。

3.分层抽样的划分要把握恰当性

对于这种方法的运用,关键是划分的标准要恰当,能真正体现出目标公众的差异性。如有的组织的公共关系人员在对组织的信赖度调查时,根据目标公众的性别来考虑,则难以真正体现出公众的差别来。因此,分层抽样一定要把目标公众对某些调查内容的重要差异作为前提予以划分,推动调查的误差变小。

4.整群抽样要避免主观性

整群抽样的重点是要选好“试点”,即整体性样本。在选择上要考虑该样本的综合性和代表性,努力使选取的样本真正能代表所调查区域的全部情况,起到抽样技术省时省力又相对科学的作用。切忌从主观偏好出发选取样本,专拣自己有了解或好感的区域作为调查样本,这样的调查结果就可能给组织造成错觉,从而形成错误的决策。

第五节　调查人员素质要求

一个社会组织,在开展公共关系调查时,需要选择使用一定的方法,但是,不论使用哪种方法,都是由公共关系调查人员亲自操作完成的。尽管不同的调查方法,与调查人员关系的疏密程度不一,但是调查人员素质的高与低,会极大影响公共关系调查的结果,因此必须对公共关系调查人员进行专业培训,使其具有较高的素养水平,以保证公共关系调查的高质量。

一、善于沟通

这是对公共关系调查人员语言表达能力的要求,在访谈调查法中这一方面要求尤其高。公共关系调查人员要善于与被调查者尽快缩短人与人之间的距离,巧妙打开对方心扉,获得真实准确的调查内容,推动组织的调查工作顺利进行。有些刚开始从事调查工作的人员,在采用访谈法调查时,语言表达迟缓,见陌生人后,未说话自己先脸红、结巴,或不善于引导对方向被调查的主题发展,结果,时间浪费不少,调查结果空空,事倍功半。在问卷调查法和观察法中,也需要公共关系调查人员适时用语言促成调查完成,因此,善于沟通、较强的语言沟通能力,是公共关系调查人员的基本素质要求。

二、文字功底

这是开展问卷法的调查人员需要具备的素质要求。虽然在问卷调查法中，问卷的设计仅需要调查人员中的少部分人或个别人完成，但每个调查人员都应是问卷设计的监督者，没有较高的文字功力、良好的逻辑思辨能力，就无法及早发现问卷设计中存在的问题，就会直接影响到问卷调查的质量。另外，一些组织在设计问卷时，要求每一个调查人员先根据日常积累初步拟定一份问卷，再由组织调查部门从中筛选、综合、集成一份恰当的问卷，因而每个调查人员均应具有较高的文字水平，有能力设计出一份合适的问卷。

三、失败历练

由于调查人员在调查中主要接触的是陌生的被调查者，因而调查中遭遇拒绝是常有的事，因此，失败磨炼是对调查人员的意志考验，一个合格的公共关系调查人员必须要有吃苦耐劳、勤奋敬业的品德素质，否则难以很好完成调查任务。只有具有百折不挠、不畏艰难困苦之决心，才能圆满完成组织公共关系调查的任务。

四、平等礼人

古语云："敬人一寸，人还一尺。"指的是尊重别人就能赢得别人的尊重。在公共关系调查活动中，调查人员一定要确立正确的平等待人观。不论老小、无论男女，不嫌贫贱、不谄尊贵，都应和风细语，热情开展调查，对人礼貌有加、谦虚诚恳，但也不卑不亢、不低三下四。要深知调查人员的一言一行都体现着组织的整体形象，一次调查活动，本身就是一次极好的公共关系活动，每一位调查人员就是组织的公共关系人员，是组织的形象大使，因而待人之道，礼上先行。

五、善解人意

公共关系调查人员应该通晓一点心理学知识，具备及时体悟被调查者心理变化的基本能力。在开展调查工作时，有些被调查者会有较强的戒备心理，也有些被调查者会恐惧陌生人。因此调查人员要善解人意，摸准对方心理，努力消除目标公众的防范或疑虑心理，主动上前联络，逐渐化解对方的心理防线，以心换心，使被调查者认真配合调查，完成调查工作。

六、粗中有细

公共关系调查工作的开展看似是一件粗线条的工作，不需要特别细心雕琢，但是，在进行最终的统计工作时，调查人员却不得有丝毫的粗心大意，必须仔细甄别，细心归纳计算，将调查的最后工作做好。同时，在每一种调查方法的运用上，都需要粗中有细地把握，如访谈中细心捕捉有用的信息；问卷调查中细心审核问卷，留心问卷的有效回收；观察法中从被调查者的细微处发现信息，确定某些重要的细节问题；等等。每一个人应精心对待手头工作，认真、踏实地把握调查过程，把调查做到位、干圆满，这样才能使调查活动对组织的下一步工作起到指导作用。

第四章　公共关系调查报告使用

当公共关系调查结束之后,完整的公共关系调查工作还没有完,还需要进行大量的案头工作,来分析调查结果,撰写调查报告,确证公共关系调查报告对组织的意义。这一工作的意义丝毫不亚于前期第一线的调查工作,甚至对组织更重要,因为对组织决策层来讲,他们关心的并不是过程,而是结果。

第一节　调查结果分析

一、统计结果的审核

当公共关系调查的统计工作结束后,调查人员面对的不再是大量的目标公众,而是一堆数据,这些数据是大量调查工作的结晶,弥足珍贵。但绝不能以为统计结果一出来,就万事大吉了。实际上,调查人员需要花费一定的时间认真审视这些统计数字。

(一)统计数字的准确性

对于统计好的数字,调查人员首先需要认真核验其准确性,要通过合计总数、抽查统计原始资料等方式,来论证其数据的准确性。有时,常会在最后统计上发现各数字的总数不统一,或比例错误,由此证明统计上存在着一定的误差,当然,当调查工作结束时,核实统计数字常会使人感到不胜烦劳。

(二)统计数字的合理性

有时调查人员会发现,整个统计数字没有问题,但统计结果却不甚合理,这同样说明统计工作上有问题。如统计发现,“知道某组织名字”的公众有 850 人,但认为“该组织可以信任”的公众却有 990 人,这就说明统计上出了问题,因此必须仔细核实原始材料,并对统计数字予以重新审查,直到其正确、合理为止。

(三)统计数字的真实性

面对已统计好的调查数据,组织的公共关系调查人员还要认真考虑另一个重要问题,即真实性。真实性的考查是对前期调查工作的反思,如果感到某些调查结果虽然表面看来无懈可击,但深究却感到不真实,这就需要认真审视整个调查工作的全过程。如组织调查人员发现所调查小区共有居民12000人,但接受调查的公众数目却是18000人,那么就可以推断有些样本是不真实的。因此组织调查人员,特别是负责人要格外认真地审查调查统计结果,不要被粗略的调查数据冲昏头脑。以为只要数据一统计出来,就能说明问题,实际上还需要慎重对待。

二、处理调查结果的原则

(一)实事求是原则

审核之后的调查数据,公共关系调查人员应该如何处理呢?应该把住一些基本原则,首先是实事求是原则。即尊重事实,不擅自改动数字。有些调查人员在调查结果出来后,会根据领导的意图或本人的期望将数字改动,这是严重的错误行为,是决不允许发生的。负责任的调查人员一定要遵守实事求是原则,尊重事实,尊重原始数据。

(二)避免臆断原则

面对已统计完毕、审核正确的数字,调查人员在对数据的分析时,一定要避免对数据妄下定论,主观臆测,一定要忠于事实,细心揣摩,参考其他数据,慎重得出结论。对于没有调查的某些情况,更不能主观捏造,自下论断,否则会导致严重的误导。如所调查公众对组织厂庆时间知道的有58%,于是推断60%的被调查公众对组织信任,这就是不合适的主观臆测,在数据分析上这方面要十分注意。

(三)适当推断原则

在数据完整、旁证充分的情况下,调查人员可以予以一定的合理推断,使调查结果有更大的价值。在很多情况下,调查的数据不可能面面俱到,根据已有调查数据对某些结果予以适当和慎重的预测,是完全可以的,也是必需的。不论以什么调查方法获得的数据,往往有多个数据可以作为结论的支持,因此只要以一定基本数据为基础,不主观臆测,进行必要的结论推断就是合理的。

第二节 调查报告撰写

调查报告撰写一般包括三个基本方面:调查开展情况概括、调查基本情况综述和调查结论分析。下面分别论述。

一、调查开展情况概括

这是调查报告的第一部分。主要内容包括开展调查的目的、主题、时间、范围(或区域)、方法、调查人数(或访问、观察人数)及调查结果等。通过这些内容的陈述,使阅读者或公司决策者对调查的开展情况有一个基本了解,也可增加调查可信度及对调查工作的基本考核依据,这是每个调查报告不可或缺的一个内容。

二、调查情况综述

这部分内容主要包括调查的具体问题,如每一提问的回答人数,所占比例数,并对这些情况进行初步分析。这是调查报告的主体内容。本次公共关系调查的主要情况、存在问题、意欲方向、公众期望等,均在这一部分得以反映。这一部分写作也往往分成被调查者基本情况、调查事实问题分析和调查意向问题分析等几个内容。写作上要求陈述清晰、层次分明、不要数字罗列或图表堆砌,让人坠入云雾之中不知所言。

三、调查结论分析

这部分内容是调查报告最重要的部分,是整个调查活动的结论,因此这部分内容是报告阅读人最关注的部分。这部分的写作要有理有据、合理推断、分析得当、结论令人信服,足以成为决策者的参考。调查报告全文要用事实说话,用数据说服人,所提出的问题要论之有据,发人深省,能够最终实现公共关系调查目标,这是调查报告的价值所在。

第三节 调查报告对组织的意义

组织开展公共关系调查,最后凝练在调查报告上,调查报告对组织的管理工作以及进一步的公共关系活动有着重要的指导意义。

一、公共关系调查报告可以帮助组织策划公共关系活动

对一个社会组织来说,不定期地开展公共关系活动,着力营造组织生存与发展的环境,为组织声誉的缔造铺垫坚实的基础,是这个组织管理工作中的重要内容之一。公共关系活动的开展,依赖于公共关系的调查,公共关系调查活动的结果体现在调查报告上,优秀的公共关系调查报告可以充分地提供公共关系活动的合理依据,为成功的公共关系策划工作做充分的准备。可以说,没有公共关系调查报告,公共关系策划活动就失去了开展的基础。

二、公共关系调查报告可以帮助组织及时发现问题

通过一次调查活动,能发现组织在环境管理上存在的问题,如果长期不间断地进行调查活动,组织就可以随时发现问题、解决问题。有些组织一时发展顺利,赞誉一片,往往感到万事遂心,认为可以高枕无忧。公共关系调查可以帮助组织及时清醒地意识到,组织有什么问题、严重程度、源头在哪儿。公共关系调查报告在分析基本准确数据或事实的基础上,推断组织存在问题的主要症结,可以使组织决策层及时调整工作重点、校正工作中不恰当的做法,关注目标公众的情况、恰当进行公共关系工作,让目标公众对组织更了解、更信赖,使组织发展得更快,因此,公共关系调查报告对组织决策层具有重要的参考价值。

三、公共关系调查报告可以帮助组织了解自身环境状况

诗云:"不识庐山真面目,只缘身在此山中。"组织对自身社会环境优劣的感知,常常未必准确、清醒,要监测环境靠的是扎实严谨的调查工作。公共关系调查报告能够为组织的决策层提供有效而及时的意见。它能够随时让组织了解目标公众对自身的评价,关注组织存在的问题,在面对公众发生的一些小变化及突发性事件时,处变不惊,冷静估计自身地位,清楚目标公众对自己的支持力度,及

时调整工作方针，选择恰当的沟通手法快速应对，使组织能够以有效的措施为自身营造良好的生态环境，实现组织的公共关系目标。公共关系调查报告有效地完成了这一职能，对组织的环境监测具有极为重要的作用。

策划篇

第五章　公共关系策划概述

第一节　公共关系策划与四步工作法

一、公共关系策划是四步工作法的核心

在公共关系四步工作法中，公共关系策划占据着核心的位置。公共关系调查是公关策划的铺垫，公共关系活动的实施是对公共关系策划的运用，公关活动效果评估是对公关策划的检验。公关策划本身是一项十分复杂的工作，也可以说是一项系统工程。

一般来说，公共关系策划分为小型活动的策划和大型活动的策划。面对一项大型活动，需要进行周密的计划与安排，也要动用大量的人力与物力，活动往往影响某一区域的大量公众，并通过大众传播媒介予以传播，影响更多的社会公众。因此，公共关系策划对社会组织具有重要的意义。活动组织的好，有良好的效益，就会对组织未来的发展产生长久的影响力，活动搞得不好，带来了不好的影响，则会很快波及组织的各个方面，对组织今后的工作产生不良的、甚至是深远的影响。

同时公共关系策划又离不开四步工作法中其他内容的配合。

二、公共关系策划需要其他工作的配合

在公关策划之前，必须要进行周密的调查研究，调查进行得深入细致，会对公关策划起到重要的指导作用，也决定了公关策划的创意及其策划活动的效果，如果策划活动进行的粗糙、肤浅，则有可能导致对策划活动的目标公众判断失误，也会直接影响公关策划活动的议程安排及活动形式不恰当或出现偏差，由此带来的后果可能不堪设想。

公关策划的结果往往表现在公关文案上，活动是否可行，还得看公共关系活

动的实施。公关活动实施与公关策划是两个不同的阶段,公关活动的实施不是简单地将策划方案放到实际的工作中去,而是对公关策划方案的再创造,一个优秀的公关策划也需要一流的实施者将之恰当地应用到实际的工作中去。公关策划主要是对组织活动的框架、内容、程序、形式等进行了规定,但具体的现场布置、人员安排、计划落实、物资调度,以及突发事变、临时机动等问题,都需要公关活动实施来完成。

而公关活动效果的评估,则是对公共关系策划的最好检验。虽然影响一项公关活动最后的效果有多种因素,但是,溯源起来还是与公共关系策划有直接的关系,公共关系效果的评估,会对下一次的公共关系策划有重要的指导与警示作用。如果没有科学的活动效果评估,那么,公共关系策划的质量就无法得到检验与评价,组织开展公关活动的意义也就难以得到体现或引起必要的重视,由公共关系策划活动而带来的组织收益或永久的利益回报就可能被忽略,如果没有评估,也更可能会导致组织优势的表现会继续保持,软肋始终难以得到弥补,甚至反复重犯同样的错误,这对一个组织的发展是非常不利的。因此,公共关系评估实际上为公共关系活动画上了一个圆满的句号,形成了一个相对封闭的良性循环,推动社会组织螺旋式地上升,在公众中不断提升自身的声誉。

第二节 历史上的各种策划

一、策划的由来

何谓策划?策划即谋划,指对某一事件有创新性的一种想法或安排。关于公关策划,曾有不同的表达方式,或认为可称公关计划,如在我国最早的公共关系学著作中,作者把公共关系工作程序的第二步称为公共关系计划[①],在汪秀英早期所著的《公众关系原理与应用》中,也认同这样的提法[②];也有叫公共关系规划的,如在王乐夫主编的《公共关系学》中,称公共关系程序的第二步为“形象规划”[③],在后来廖为建主编的《公共关系学简明教程》中则使用“公共关系策划”的

① 明安香主编:《塑造形象的艺术——公共关系学概论》,中国科学普及出版社1986年版。

② 汪秀英:《公众关系学原理与应用》,中国商业出版社1991年版。

③ 王乐夫、廖为建、郭巍青等:《公共关系学》,辽宁人民出版社1986年版。

说法[①];卫五名翻译的《卓越公关与传播管理》中,译者认为将“plan”译作“规划”更合适些[②],在台湾地区则常称公关策划为“企划”。

有人认为策划有些功利性,也显得比较随意,但是,策划体现了主体明确的目的性与鲜活性,这一点恰恰体现了公共关系策划的内涵,反映了公关策划的特色。使用“计划”一词在中文的语义上显得比较具体,缺乏一种创新性的内涵,用“规划”一词则又显得时间跨度长,规模有些宏大。因此,称“公关策划”比较恰当。

策划自古有之。在几乎任何事情上都有策划的存在。不同领域、重大事件的策划给我们留下了宝贵的精神财富。

下面分别述之。

二、政治策划

指在政治争斗之中对立的一方通过使用非常高明的手段,战胜对方或置对方于死地的计谋。从古至今、从中到外,在一个国家建立、王朝更迭、权力博弈、利益争夺之中,策划常常是高频率被使用的手段。善于使用策划手法,可以使争斗中的一方以最小的付出获得最大的回报。

经典历史故事

“二桃”杀三士[③]

春秋时期,齐国有三名勇士公孙捷、田开疆、古冶子,皆万人敌,曾为国家立下许多功劳。但这三个勇士自恃功劳过人,非常傲慢狂妄,就是国君也敢顶撞。当时晏婴在齐国做相,对这三位勇士很是担心。因为他们勇武过人,又没有什么头脑,对国君也不够忠诚,万一受人利用教唆,则必成大患。晏婴便与齐景公商议,要设计除掉这三人。

一日鲁昭公来访,齐景公设宴招待,晏婴献上一盘鲜美的大桃子。宴毕,还剩下两个桃子,在晏婴的建议下,齐景公决定将这两只桃子赏给三位勇士。三勇士各摆功劳,互不相让。公孙捷说,自己曾空手制服野猪、捉住老虎;田开疆说自己曾手持长矛两次杀退一队敌人,于是二人均拿了一个桃子。古冶子急了,说自己曾跟随国君横渡黄河,大鳖咬住车左边的马,拖到河中,自己潜到水里,逆行百

---

① 廖为建主编:《公共关系学简明教程》,中山大学出版社1989年版。

② [美]格鲁尼格等:《卓越公共关系与传播管理》,北京大学出版社2008年版。

③ 根据曹峰:《先秦政治中的智慧和谋略》改编,浙江人民出版社1991年版,参见该书第65—67页。

步顺流九里，才抓住大鳖将它杀死，带回左骖之马，人称为河神。这样的功劳，难道不应该得到桃子?！公孙捷、田开疆面对此景，惭愧地说："我们勇敢不及您，还与您争功，拿桃子也不谦让，只有以死一洗羞愧。"于是，他们二人都交出了桃子，刎颈自杀。古冶子看到这种情形十分内疚，道："他们两个都死了，唯独我活着，这是不仁；用话语去羞辱别人吹嘘自己，这是不义；悔恨自己的言行，却又不敢去死，这是无勇。他们两个人若是同吃一个桃子，我独自吃另一个桃子，也是应该的。可现在只有以死相报了。"说完也刎颈自杀。景公派人将他们按照勇士的葬礼埋葬。

齐国的宰相晏婴仅仅用两个桃子就将国家的心腹大患除掉，不能不承认这一政治策划的精妙。

政治策划主要有以下几个特点。

(一)策划的发起者为政治团体或意欲维护或夺取权力的某几个人

政治斗争，是一个国家或地区最高权力集团之间进行的力量博弈，斗争的双方往往在几个人之间进行。如策划篡夺王位，赵高唆使李斯杀害秦始皇继承人扶苏推胡亥继位；如设计将专横的奸臣除掉，康熙亲政后除掉专权的鳌拜；或将政权中的危险因素消除，如晏婴与齐景公二桃杀三士；等等。政治策划往往十分隐秘，参与政治策划的人数量非常有限，整个策划过程即使事后也不会公开。因此，政治斗争历来被认为是十分残酷的。

(二)策划的目的是将权力的威胁者打倒或制服

政治策划具有明确的目的，就是将权力的威胁者或争夺者消灭，因此，策划使用的计策往往无所不用其极，策划者会精心准备，一切围绕将对方制服为目的，如伪造诏书、苦肉计、美人计等。历史上为肃清对立者的政治影响力，往往会因之株连成千上万的人。

(三)采取的手段是宫廷内外的攻心与小规模武力配合

在政治策划中，采取的手段主要是攻心之术，活动区域围绕政坛内外展开，往往还要配合一定的武力支持。如指鹿为马、杯酒释兵权、玄武门之变、康熙灭鳌拜等，因此，政治斗争易于演化为军事的较量，或需要动用武力来配合解决。

(四)策划的结果只对政权更迭有影响，与社会公众的生活没有直接关系

政治斗争是在涉及权力争夺的人之间进行的博弈，基本不影响普通百姓的生活，对于社会公众来说，只有结果对他们有意义。因此，公众是政治斗争的旁

观者或评说者。在政治争斗的最后,赢家往往是解释争斗原因与结果的唯一发言者,但时间却成为最终结果的无情评价者。刘少奇曾说“好在历史是人民写的”,其意也在此。

三、军事策划

军事策划可以说是政治策划的延伸,因为军事是政治的继续。军事策划又被称为战争策划,主要体现在一些重要战役上。军事策划的事例指军事指挥者通过借助外在条件、在战场上排兵布阵,以高超的战略战术,投入较少兵力战胜较大敌对军事力量的战例。在古今中外的战争史上,曾创造了无数辉煌的军事战例,而善于进行军事策划的一些优秀的指挥家也往往最终赢得了政治上的权力,成为国家的领导者或重要功臣,这样的例子举不胜举。

经典历史故事

奥斯特里茨战役①

1804 年 3 月,波旁王室的安茹公爵被法国政府以叛国罪处决,英国和俄罗斯对法国极为不满。4 月,英国首相威廉·庇特和俄罗斯沙皇亚历山大一世签订圣彼得堡协议,结成新的反法同盟。奥地利因不满拿破仑·波拿巴的做法也与翌年 7 月加入此同盟。第三次反法同盟形成。

大战拉开序幕。反法同盟的主攻方向是巴伐利亚。1805 年 8 月底,俄奥大军向巴伐利亚的乌尔姆地区进逼。拿破仑迅速调遣部队,在乌尔姆包围奥军,迫使奥军投降。俄军闻讯仓皇撤退,法军乘胜追击,兵不血刃占领奥地利首都维也纳。撤退的俄军摆脱追击,与俄奥增援部队会合,兵力超过法军。法军此时远离后方,后勤供应紧张。因此拿破仑需要迅速歼灭俄奥联军,一举确立胜局。11 月 21 日拿破仑率领三个军 53 000 人进驻奥斯特里茨,面对 85 000 名俄奥联军,决定采取一系列迷惑手段诱使对方进攻。拿破仑先是在谈判中故意示弱,接着让部队做出准备撤退的假象,最后又走出大胆的一步:主动放弃位于战场中央的战略要地——普拉钦高地,将自己的右翼彻底暴露在联军面前。与此同时,另外增援的两个军正在路上,他们一旦到达,法军总兵力将达到 73 000 人,足以和联军匹敌。12 月 2 日凌晨 6 点,俄奥联军在弥漫的大雾中开始移动。激战首先在南线爆发,5 000 奥军组成的左翼前锋部队进攻塔尔尼兹村,被法军击退。随后,

① 据 http://news.xinhuanet.com/mil/2008－12/02/content_10445180.htm 改编。来源:中国网,责任编辑:陆原,编者有删节。

联军乘混乱又发动反击，再次攻下塔尔尼兹村。与此同时，22 000 名俄军也先后投入了对索科尔尼兹村的进攻，索科尔尼兹村反复易手。在北线，13 000 名俄军与 4 600 名奥地利骑兵进攻桑顿山。联军发动了数次猛烈的攻势，但在法国步兵、骑兵和炮兵的协同防守下，都被打退，上午 10 点 30 分，法军发动反击，一举将联军赶出北方战场。

在南线和北线展开激战的同时，16 000 名法军乘着浓雾的掩护，推进到普拉钦高地脚下静静潜伏，等待着进攻的信号。上午 8 点半，由 24 000 名俄奥联军组成的第四纵队开始离开普拉钦高地，加入对南线的攻击，南线吸引了超过 5 万人的联军主力。中央的普拉钦高地变得兵力空虚。上午 9 点，拿破仑下达了进攻的命令。此时，红日终于透出云层，驱散了浓雾。蛰伏已久的法军精锐士兵敲着鼓点，挺着刺刀，一举冲上普拉钦高地。法军轻易地粉碎了驻守俄军的抵抗，占领了高地。11 点 30 分，法军完全控制了普拉钦高地。随后，拿破仑将大本营移到了普拉钦高地，同时命令北线增援。俄罗斯近卫军做了孤注一掷的反攻。战局一时呈胶着状态，但拿破仑手下还有完整的一个军，到下午 2 点，普拉钦高地上尸横遍野，拿破仑完成了他分割联军的计划，联军的中路彻底被击溃。自此大局已定，联军的溃败已成不可逆转之势。下午法军反击开始，联军各支部队纷纷夺路而逃。挡在联军撤退线路上的是冰封的扎钱湖，俄奥士兵试图从结冰的湖面逃离。炮弹呼啸而下，落在湖面，数千人葬身湖底。更多的联军士兵只能在湖边等待被俘。奥斯特里茨战役以法军的辉煌胜利告终。

奥斯特里茨战役中，联军损失超过 26 000 人，其中 15 000 人战死，超过 10 000人被俘。法军伤亡 8 500 人。1805 年 12 月 4 日，奥法会谈达成停火协议。同年 12 月 27 日，奥地利和法国签订普雷斯堡和约。奥地利退出反法同盟，弗兰西斯二世取消自己“神圣罗马帝国皇帝”封号。至此，第三次反法同盟瓦解，拿破仑成为欧洲霸主。

恩格斯在《奥斯特里茨》一文中曾这样评价奥斯特里茨会战和拿破仑的才能：“奥斯特里茨被公正地认为是拿破仑最伟大的胜利之一，它最为有力地证明了拿破仑的无与伦比的军事天才。因为，尽管指挥失误无疑是同盟国失败的首要原因，但是他用以发现同盟国过失的洞察力、等待过失形成的忍耐力、实施歼灭性打击的决断能力和迅速摆脱失败困境的应变能力——这一切是用任何赞美之词来形容都不为过的。奥斯特里茨是战略上的奇迹，只要还存在战争，它就不会被忘记。”

军事策划体现了与政治策划不同的特点。

(一)策划一般有一个以英明的领导者为主的策划团队

每一次的军事行动,都需要进行认真、周密的策划布置,否则,必然逃脱不了被对手消灭的命运。在重要的军事行动中,必然会有一个类似司令部的机构来总体设计、指挥整个战事的进行。而创造青史留名的战例,往往仰仗个别十分英明、果敢的指挥官,其别出心裁的布局,会对战争的胜利发挥极为重要的作用。如法国的拿破仑,中国汉朝的韩信、张良,三国时期的诸葛亮,唐朝的李世民,元朝的忽必烈,清朝的努尔哈赤,现代的毛泽东、朱德等人。在战争中,技高一筹会鲜明地体现在双方的胜败博弈中。

(二)策划内容会在小范围内布置

战争的策划,不像政治策划那样诡秘,而是需要事先在主要指挥官层面上进行酝酿与谋划。战争的行动贵在神秘与突然,但策划的过程会在小范围内充分讨论与思考,直到认为方案比较周全。因为一旦确定策划方案,往往涉及成千上万士兵及居民生命的安全,也影响到指挥官自己甚至国家政权的安危。所以,策划的周密性事先要得到充分的论证。

(三)策划会涉及大规模的兵力调动

军事策划主要体现在兵力的调遣上,尤其是经过精心策划的军事行动,更涉及大范围的兵力调遣,类似"明修栈道,暗度陈仓""七十里路十五日,赣水苍茫闽山碧"等,因此,军事策划的战场往往在很大的范围内,局外人很难看懂,双方投入的兵力动辄上万人或几十万人,战争常常处于胶着或拉锯式的状态中,其激烈与残酷是其他策划无法比拟的。

(四)策划的进行以情报作为基本的前提

军事策划依据于重要的情报来源,情报的准确性在策划中占据着决定性的作用,也可以说,没有情报支持的战争,几乎没有任何胜算。"知彼知己,百战不殆",是对战争情报重要性的深刻概括。然而,战争策划时的情报工作会处于高度机密的状态,除了极个别人知道外,可能会成为永远的秘密。因此服务于战争策划的情报工作受到极端的重视,情报管理也会被最高领导者高度关注。

(五)战争策划的成功与否会以战事的结果衡量出来

军事策划成与败最基本的考查是战争的结果,不论其中付出的代价有多大,在敌我双方力量的较量中,彼此双方策划的成与败会体现的清清楚楚,甚至不需要用语言表述。一次成功的策划对士气的鼓舞是无形的,对双方之后的行动有密切的关联性，甚至会影响敌我双方的政治与经济走向，因此军事策划的意义重大。纵观古往今来的各种军事策划，其对政坛的影响都具有深远的意义。

四、经济策划

经济策划主要指通过设计一种或一套切实的经济政策来干预社会发展的运行轨迹，影响当地民生，意欲推动社会快速地向前发展与变化。成功的经济策划会对一个国家或地区的社会生活产生重要的影响，有效而积极的经济策划，会给一个地区或国家带来长久的繁荣与兴盛。回顾中外历史，几乎每一个经济繁荣的时代，都无例外地依赖于恰当的经济策划。

当今中国，影响最大的经济策划，应属于20世纪70年代末期开始、至今仍然进行中的改革开放。30年多来，中国经济发展速度惊人，对全世界政治与经济产生的辐射力强劲而深远，中国一跃成为经济总量世界第二的大国，甚至被誉为推动世界经济前行的引擎。那么，这场经济策划的功绩不管怎样歌颂都不为过。

改革开放的鸿篇巨制要归功于总设计师邓小平先生，在他的全面设计与推动之下，经济改革在古老的中国全面铺开。邓小平始终秉承实事求是的辩证唯物主义价值观，性格坚毅、处事灵活、观念开放、思路缜密，在20世纪最后的20年里，将一个人口庞大的中国，带进了世界现代化发展的行列。

经典历史故事

邓小平与改革开放[①]

1976年10月，中国结束了持续十年的“文化大革命”，经过两年的政治徘徊，1978年3月，被“打倒”的邓小平出任全国政协主席，随后，3月18日至31日，“全国科学大会”在北京召开，大会有6000人出席，群贤毕至，人才荟萃，是我国科学史上的空前盛会。大会通过了《1978—1985年全国科学技术发展规划纲要(草案)》，邓小平在会上明确指出“现代化的关键是科学技术现代化”，“知识分子是工人阶级的一部分”，重申了“科学技术是生产力”这一马克思主义的基本观点。这次大会的召开，就如春天润泽了神州大地，带来了我国科技事业的全面复苏，也使人们开始挣脱桎梏思想的精神枷锁。5月11日，《光明日报》发表《实践是检验真理的唯一标准》的“本报特约评论员”文章，由此，关于真理标准问题的大讨论，宛若一场思想风暴席卷全国，也成为一场影响当时中国的最伟大的思想

① 改编自杨凤城:《中国共产党历史》等，中国人民大学出版社2010年版，题目为编者所加。

解放运动，打破了过去长期盛行的个人崇拜和教条主义的精神枷锁，在全社会展开了惊心动魄的思想大交锋，为未来30的改革开放事业奠定了基调。同年11月，中央工作会议召开，邓小平发表了《解放思想，实事求是，团结一致向前看》的著名讲话，又进一步提出学习西方、对外开放的具体做法："在全国的统一方案拿出来以前，可以先从局部做起，从一个地区、一个行业做起，逐步推开。"这时，对于中国改革开放的思路已基本形成。1978年12月十一届三中全会召开，中国改革开放的大幕正式拉开。

改革从沿海特区的示范建设、农村土地承包责任制的全面推行而向全社会层层辐射开来。主要包括：1979年7月15日，中央批转广东、福建省委关于在深圳、珠海、汕头和厦门试办经济特区的文件。1982年1月1日，中央批转《全国农村工作会议纪要》，肯定农村实行的各种责任制是社会主义集体经济的生产责任制，由此突破了实行多年的"一大二公""大锅饭"的旧体制，使农民生产的积极性大增，极大地解放了农村生产力。1984年10月，党的十二届三中全会提出有计划的商品经济，明确了改革的基本目标和各项要求，为打破计划经济体制创造了条件。1986年全民所有制企业改革启动。1987年党的十三大确立了"一个中心、两个基本点"基本路线，为深化改革开放做了政治上的支持与强化。1988年提出"科学技术是第一生产力"，揭开了全面科技体制改革的序幕，极大地促进了经济和科技的结合，以及由此而生的中国多领域跨越式进步。1992年党的十四大确立了社会主义市场经济体制的改革目标，党的历史上第一次明确提出了建立社会主义市场经济体制的目标模式。由此社会主义基本制度与市场经济结合起来，正式建立了社会主义市场经济体制，这是一个了不起的创举。1993年开始，国家相继批准建立现代企业制度，进行分税制改革和金融体制改革，特别是分税制改革，这是新中国成立以来政府间财政关系方面涉及范围最广、调整力度最强、影响最为深远的重大制度创新。1994年以来外贸体制、医疗、住房市场化改革、外汇管理体制改革大幅度相继铺开。1999年中央提出西部大开发战略，推动经济结构的战略性调整，促进地区经济协调发展。2001年正式成为世贸组织成员，加入了世界性经济竞争的大圈子，成为影响世界经济发展的不可忽视的重要力量。2003年振兴东北地区等老工业基地战略提出。2004年起，国有商业银行相继开始进行股份制改革。2005年底十届全国人大常委会十九次会议通过《关于废止中华人民共和国农业税条例的决定》，九亿中国农民从此彻底告别了缴纳农业税的历史，一个在中国延续两千多年的税种宣告终结。2006年中央做出构建社会主义和谐社会的重大决定，标志着作为改革开放这个经济策划的主体——中国共产党，开始把经济策划延伸至全社会生活品质的提升方面，中国社会进入全面繁荣时期。

历时30多年、历经几代领导者、现在仍然在进行着的改革开放事业，对中国社会发展的影响是不可估量的，大致看来始终坚持的是“渐进式”的改革方式，相继攻克了价格改革、国有企业改革等一系列难关，初步建立了社会主义市场经济体制；妥善处理了发展中的各类矛盾，坚决排除了各种错误思潮、错误倾向的干扰，沉着应对了国内外的突发事件，始终注意协调改革的力度、发展的速度同社会可承受程度的关系，努力兼顾各方面群众的利益，不断加强法制建设，为改革和发展创造了良好的环境，避免了由于举措不当而出现的经济严重衰退、社会矛盾激化和社会剧烈动荡等情况的出现，实现了持续30多年的经济高速增长，不断解放和发展生产力，人民生活水平不断提高，全社会充满活力、和谐稳定，经济实力达至世界第二位。

经济策划有如下特点。

(一)策划内容主要是变革社会不恰当或不合理的经济痼疾

纵观古今中外的经济策划，起因往往是由于社会存在着不尽合理的一些经济问题或现象，严重影响社会的发展与进步。如历史上著名的商鞅变法是为了确立新兴的封建统治，发展先进的封建经济；王安石变法是为了改变北宋积贫积弱的困顿局面；张居正变法是为了挽救明朝行将没落的封建专制制度；罗斯福新政是为了摆脱美国20世纪二三十年代的大萧条危机；等等。当然，当一个社会面临严重的经济问题，导致社会处于不安与动乱之中时，未必都会有恰当的经济策划来应对，因此，在历史上，影响较大的、成功的经济改革性的策划并不多见。

(二)策划常由政府主要领导者支持、推动，众多人参与、完善而成

经济策划不似其他策划较多依靠一个人的智慧来完成，重大的经济策划往往是由主要领导者积极支持或直接推动、同时结合其他人经验、特别是地方的试点而展开的。如当今中国的改革开放，既有邓小平战略思想的高瞻远瞩，又有地方群众大胆尝试、探索的经验推广，如安徽凤阳小岗村村民进行的家庭联产承包责任制的突破、广东省委提出的在沿海建立出口加工区的大胆构想(特区的雏形)等。小平将之称为“摸着石头过河”。而古代或其他国家的经济改革策划也都不是空穴来风，也是有着较为成熟的实践基础。因此，经济策划在推行中常常体现出边推进改革，边充实改革策划内容、使之日臻完善的特点。

(三)策划通过出台一个或系列的经济政策表现出来

经济策划由于涉及全社会大范围的社会生活,因此其出台总是以系统政策的形式推出,在国外则体现在一系列法律、法规上。如商鞅变法推出废井田、开阡陌、重农抑商、奖励耕织、统一度量衡等一系列的经济与政治策划;王安石变法以青苗法、农田水利法、募役法、市易法、方田均税法为主;张居正的改革则结合政治上的革除弊端,通过清丈全国土地,抑制豪强地主,改革赋役制度,因而推行一条鞭法;美国罗斯福新政则表现为大量法律制度的出台。

(四)策划结果会影响一个地区或国家的几乎所有民众

对于一个成熟的经济策划来说,它的推行将会影响一个地区或国家内的每一个民众,会影响民众的生活内容、生活节奏、甚至会由此改变社会民众的思维方式、生活方式等,由经济策划而带来的这种改变有些会十分深刻,影响深远。回顾人类文明进步的历程,必然包含着无数大大小小由经济策划所引发的社会变化与制度创新,而成功的经济策划对民众生活的影响往往持久而深刻。

(五)策划的实施会导致地区或国家政治、军事实力及公众生活的较大变化

经济策划从来就不是简单地在经济领域里进行,它必然涉及政治及意识形态领域等多方面的联动,因此,重大的经济策划,它的推行会迅即影响到政治、文化、思想等全社会的各个方面,因而,成功的经济策划所带来的成果,会很快改善百姓的生活状况,调整社会发展的着重点,推动社会经济的恢复与发展,也会极大地增强国力,提升国家的军事实力,实现国富民强。中国古代常把因实行适合社会发展的经济政策而带来的社会繁荣称为“治”,即“平稳、繁荣”之意,在“文景之治”“贞观之治”“康乾盛世”的历史时期,均不乏良好的经济策划,而商鞅变法、王安石变法、张居正变法、当代的改革开放等所带来的社会经济变化,历史也自有公论。

五、文化策划

文化策划是社会文明发展中涌现的必然现象,社会进步必然伴随着文化的繁荣,文化的繁荣常由人们有意无意地策划而成。因此,文化策划指对某一文化作品或文化运动进行有意的推动而形成社会一定的文化繁荣或作品,甚或学术流派的流行。文化策划有大有小,大者形成全社会对某一文化现象的热衷,如五四时期的新文化运动,小者形成对某一作品或流派奉为主流,如乐坛上对美国歌手约翰·杰克逊的长期追捧等。

职场观摩案例

《哈利·波特》效应[1]

《哈利·波特》(*Harry Potter*),是英国女作家乔安娜·凯瑟琳·罗琳的系列魔幻文学作品,故事的灵感是1991年她在从曼彻斯特到伦敦的火车上萌发的。作品描写的是主人公哈利·波特在霍格沃茨魔法学校7年的学习生活及冒险故事。书中也有很多有关道德方面的内容,随着正义和邪恶的对抗不断激烈和明显化,一些人物面临着重要的选择,人性的阴影也被展现出来。书中的成名角色刻画深刻,次要角色也都活灵活现,作者精心设计了天衣无缝的情节,创造出在幻想世界中令人信服的故事。本系列书共有7本,几乎每年出版一本,特别是第7本,曾在出版24小时之内在英美两地卖出1 100万册,突破全球销售纪录,成为史上销售最快速的书籍。该系列书现已被译成62种语言,10年来在全球累积销售达到3.25亿册。美国华纳兄弟电影公司已经将其全部拍摄成电影。前3部的电影票房收入都在7亿美元以上,历史总票房排名世界前15。1988年,乔安娜·凯瑟琳·罗琳被《书商》杂志评选为年度最佳作家,1999年,又被评为英国年度图书奖得主。可以说,她已成为目前世界上最负盛名的儿童文学家。

《哈利·波特》在市场上的成功带动了一系列相关文化内容的开发,包括游戏:目前《哈利·波特》已经有相应的游戏,另有许多小游戏在网上流传;有主题网站,道具如巫师帽、文化衫、巫师袍、魔杖等物品;相关书籍:《我与哈利·波特的真实故事》《哈利·波特的魔法世界》等。一些出现在书中的物品被带进了现实世界,比如在一些国家,出现了叫作“柏蒂全口味豆”的糖果、魁地奇球衫和家庭小精灵制作的袜子等。

文化策划有如下特点。

(一)策划的内容为鲜明的文化变革或创新

文化策划在内容的表现上一般为对文化的变革,尤其是文化的运动或思潮,如欧洲中世纪的文艺复兴,中国近代史上的新文化运动;改革开放初的国外各种思想流派的兴起等,都是对旧有思想理论束缚的挣脱与对立。对于某一文化作品的热衷也恰恰反映作品对这一领域文化现状的批评或对立,如约翰·杰克逊摇滚歌曲的流行、周杰伦歌曲及表演形式的广泛模仿,以及上例所举的《哈利·

[1] 据 http://zhidao.baidu.com/question/14217200.html 改编,题目为编者所加,有删节。

波特》系列小说被全球热捧，等等，都是对传统存在的艺术表现内容或形式的重要突破。当然，策划的内容及所期待的结果，不是在事先全部设计好的，但策划内容所包含的对事态走向的推动是明确的，因而，文化策划往往给人耳目一新的思想冲击力。文艺复兴、新文化运动等均体现了鲜明的对文化的变革与创新。

（二）策划者原来多是普通的文化人

文化策划与政治、经济、军事策划不同，其策划人基本上不是政府领导者或国家重臣，往往只是一个普通的文化人。在某一特定的历史时期，他们较早或最先喊出了时代的心声，将新思想或新的表现形式传递给社会的人们，激起无数人的呼应，因而引发一场较大规模的运动或热潮。虽然，由文化人引发的新文化现象，在开始时是其本人始料不及的，但其作品或观点本身却是经过深思熟虑、精心设计的，文化策划的发轫者又常常深受由自身激起的文化运动或思潮的影响，主动将之推进与深化，导致这一运动或现象的持续，使文化的策划看似自发形成，实则是积极主动推进的产物。当然，文化的策划由于涉及的层面比较宽泛，持续的时间较长，因此，策划者看似是一个人或几个人，实际上可能是一些人或一群有直接相关性的人。如文艺复兴、新文化运动等均是一批非常优秀的艺术大师或思想先哲在推动，而某些作家和艺术家则除了他们自己之外，在后期一定会有出版商、唱片商、经纪人公司等与他们一起来推动某场文化运动的繁荣。

（三）策划的出发点仅为表达文化人自己的心声

正如乔安娜·凯瑟琳·罗琳所说，“我从没想过为孩子写书——儿童书选择了我”①。几乎所有的文化人，在创作自己的作品时，都是基于自己的好恶，并没有事先背负重大的社会使命，他们只是直抒胸臆、随心所欲，但他们的作品得到某一阶层人群的高度认同，激发了社会较大层面的集体响应，因而产生了较大的社会影响。如米开朗基罗的绘画作品，五四时期的胡适，陈独秀等、超级歌星约翰·杰克逊等皆是如此。当然，随着文化人的成名成家，他们会主动关注由自己的思想或行为而带来的社会影响，在今后的作品中融入一定的社会教育内容或其他元素。

（四）策划的文化运动或作品多被文化人关注

文化策划引起的反响多被文化人所关注，这也是十分独特的现象。不论某一文化领域发生怎样巨大的突破与影响，对于非文化人或非本领域的人来说，常

① http://www.cctv.com/special/267/4/21897.html,《为自己写作——J.K.罗琳访谈录》，责编：李颖，来源：南方周末，2011年11月05日。

常是无关痛痒、无动于衷的,甚至圈外人会以诧异的眼光看待这一切。因而不同领域人群之间对某一文化现象反响往往迥异。如 2005 年由湖南电视台发起的超级女声评选活动,在相当一部分的大学生、中学生及某些参赛选手的家庭中激起巨大反响,形成了持续相当一段时间的追星梦的热度,超女第一名的投票数达到 35 万余张,但对不关心或不了解这一活动的人们来说,反而会感到这一活动十分夸张,甚至有些滑稽。所幸,文化的普及使更多的人愿意融入文化运动的圈子中去感知与了解,因而文化策划越来越多地被更多的人所关注。

(五)策划活动会对社会文化生活产生深远影响

一项成功的文化策划,会对这一国家或地区甚至周边国家乃至全世界产生较大或深远的影响,主要表现在社会文化生活方面,如思考的角度、思考的内容、表现的方式方法等。这种影响不是以疾风暴雨的方式表现出来的,而是潜移默化地体现在受影响的人们的语言、行事方式、文章、表演、著作等方面,这种默默的与偶然的显露,通常体现的是一种不可忽视的力量,较为深远地影响着一个国家或地区乃至全世界人们的思考问题与行为方式,甚而改变这个国家或地区的战略决策。历数人类历史上的文化运动或现象,其对人类文明的推动作用都或多或少做出了贡献。

总之,在人类历史上,无论政治、经济、文化活动及战争,都不是自然而然、随意形成或出现的,它们均是精心策划的结果,是主动选择的结果,是被人为作用的结果。策划在人类历史的发展过程中占据着重要的地位,只是有时我们不去刻意强调罢了。认识与了解不同策划的特点,对于之后学习公共关系策划具有重要的意义,也有利于我们今后清楚地区分不同的策划类型。

第三节　公关策划的含义与特征

一、公关策划的含义

公关策划是公共关系学的主要内容之一,了解公关策划的含义,应从公共关系学的理论高度诠释其含义。

(一)公关策划是社会组织营造组织生存环境而进行的一项重要活动

公关策划是社会组织在发展过程中,为营造组织更好生存与发展的社会环境，由专业的公共关系人员经过认真、精心的计划与设计，慎重推出一项或一系列的活动的过程。公关策划的目的是，组织通过公共关系的活动期望引起社会公众对组织的关注，促进公众对组织的了解与好感，使组织处于被公众接纳或信任的氛围之中。因此，公关策划是组织一项重要的工作，这项工作目标明确、组织有序，一旦实施，对组织有重大影响。

（二）公关策划是社会组织与目标公众进行的有目的的沟通活动

公关策划工作是组织在发展到一定阶段时，希望通过某些行为或一些活动，引起社会公众注意、增进社会公众对组织了解的一项主动性工作。公关策划主要围绕着与公众进行的沟通活动而展开。现代意义上的公共关系，最核心的目的就是实现与公众的沟通，达到彼此真诚了解、坦诚相见。在社会组织的发展过程中，创造条件与目标公众进行沟通、逐渐实现认同，才有可能构建组织良性的生存环境或发展环境，因此，公关策划的工作内容应紧紧围绕与公众的沟通而展开。

（三）公关策划是社会组织利用专业人员设计的一项智力工作

公关策划工作不是一件普通的工作，它是社会组织的专业公共关系人员经过精心认真的设计谋划、选择恰当的时机、慎重地推出的一项重要举措，这项工作在大部分情况下是一项智力工作，需要进行创意、设计、规划、安排，活动的目标是社会公众，活动对建立组织在公众中的印象、对组织的声誉会产生重要影响。当然，如果组织缺乏恰当的专业人员，可以委托专业的公共关系公司来代理业务，这在今天已是常见的做法。

综上所述，公关策划指的是：社会组织利用专业的公关人员，通过创意、筹划等智力性工作，为实现与目标公众的双向沟通、营造组织生存发展的良性社会环境而进行的一项方案设计活动。

二、公共关系策划的性质

公共关系策划，从性质上来说，是组织在寻求一种有效而恰当的沟通方式与自己的目标公众所实现的相互交流的谋略活动。这项活动往往难度非常大。

现实中，在公关策划的问题上存在着一些误区。

误区一，认为公关策划只是组织的一次宣传活动。

在一些社会组织开展公关活动时，容易将一项精心策划的公关活动，理解为只是一种宣传活动而已，这样就大大降低了公关策划的作用。虽然公关策划在许多方面表现为一种宣传活动，如较密集的新闻发布、大型活动的报道、现场的表演、向公众发放传单或宣传资料等，都是一种宣传手法，但这只是公关策划的表现形式，而不是公关策划的目的，公关策划的目的是通过这样的活动吸引社会公众的关注，主动让公众了解组织自身、努力让公众认识自身，最终实现公众与社会组织的相互认同。因此，如果认为公关策划仅是一种组织的自自弹自唱，那么，组织在开展公关策划时，就会自以为是地自吹自擂，不管公众的感受与接受程度，这样公关策划的效果就会被工作人员的不良行为销蚀掉。

误区二，认为公关策划是组织(主要是企业)的一种促销活动。

一些组织、特别是企业中，在开展公关策划时往往希望搭便车进行产品促销，尤其是一些重大活动，组织的营销人员希望在开展某些社会公益型活动时，通过赠送新产品等形式，把产品宣传出去，为市场营销服务。这样做的结果，就是公关活动最终演变成一次产品的宣传与促销活动。一般意义上，公关策划对企业的市场营销有重要的影响，在大部分情况下，成功的公关策划会有利于企业产品的销售。但是，公关策划不是一个简单的促销活动，它的重要作用是为组织的生存与发展服务，它着眼于组织的长远利益与发展环境，关注目标公众，希望实现与组织发展依存性极强的重要公众的好感或信任。因此，公关策划不是直接为组织的产品销售服务，甚至在很多时候，是在花钱而不是赚钱。因此，有些企业急功近利，总在公关策划活动中，将产品的销售放在其中，结果，容易使组织为长远发展而开展的活动，变成了产品的介绍与宣传，使公关活动的目标跑偏。

误区三，认为公关策划是组织花钱买热闹的一件事情。

有些单位在开展公关策划活动时，赶时髦、应景，只是想着把钱花了就算了，而并非真正将之作为一种社会组织与目标公众进行双向沟通的重要机会，因此，活动关注的是花钱、送钱、报道、上媒体等，并非扎扎实实把这一活动搞扎实、搞深入，因此，一些社会组织对贫病灾变的资助，比较浮躁，只是简单地搞个仪式热闹一下就完了，只要记者报道了，钱花出去了，就认为公关活动搞完了，至于赞助的对象怎么样、资助的结果是否到位、公众的反应如何、组织的声誉是否真正确立，可能就不大关心了。这样，公关活动变成了组织的一件只花钱不赚钱的事情，最终对组织未来开展公共关系活动产生不良影响。

对公关策划应认识到以下三点。

第一，公关策划其本质是要解决与公众沟通交流的问题。

公共关系是社会组织针对目标公众开展双向沟通的战略性活动，公关策划是公共关系的核心内容，公关策划全部的关注点是公众，即社会组织了解公众，也创造机会让公众了解社会组织，因此，公关策划所设计、安排的各种活动，都是为了让公众产生对组织的兴趣，增进其了解组织的愿望，加深其对组织的认识程度，努力实现对组织的内心认同。在公关策划的活动中，组织必须全力以赴地去实现这个目标，否则公关策划活动的进行就没有意义了。

第二，公关策划的根本是实现双向平等沟通。

在公关策划活动中，需要确立基本的前提，即对公众的尊重。社会组织不能居高临下或自以为圣人似的对公众发布信息，绝不能把自己的观念与看法强加于公众身上，进行单向传播，这样的公关策划活动姿态是注定要失败的，即使是通过免费赠送新产品方式，取悦公众，让公众产生好感，也会被公众对立性地应付过去；纵使通过赞助的方式，让公众感恩，公众也会付之一笑，不予珍惜。社会组织只有将自己放在平等的位置上，以十分忠诚的态度，通过公众接受或喜爱的活动让公众对组织产生逐渐的了解与认识，甚至在活动过去之后，仍然能够对组织留下美好的印象，这样，公关策划活动的进行才有意义。

第三，公关策划的所有活动都要为实现双方的沟通而服务。

公关策划很多时候是直接面对公众来进行的，不管活动或多或少，所有的活动都应该为实现与公众的沟通目的服务，因此，参加公关活动的每一个人，都要认真研究公众、真诚地对待公众，努力地让公众对自身以及社会组织产生好感、赢得信任、实现永久的信赖，因此公关策划设计的出发点就应该为这一目的服务，绝不能带有功利心、甚至欺骗或设骗局。否则耗资巨大的公关活动就可能适得其反，变成沽名钓誉的丑闻。这是社会组织在进行公关策划活动时必须明确的。

三、公关策划的特征

公共关系策划与上述的政治、经济、文化、战争等策划有很大的不同。

（一）公共关系策划具有市场经济特色

公共关系是市场经济的产物，是在比较健全的市场竞争环境下，企业需要寻求良好的社会声誉的要求下，被企业所青睐的。因而，公共关系被组织运用的前提是公众受到重视，组织尊重公众。虽然类似于公共关系策划的一些举措，在古代、近代都可以找到它们的痕迹，但这些行为既没有明确的公共关系目标，也不是常规性、职业化地开展，更缺乏与目标公众的平等交流，所以，只能算是类公共关系的活动，而不具备真正意义上的公共关系策划。只有在市场经济的条件下，公共关系策划才会被高度重视，才会形成一个被很多人看好的职业，才会给组织带来巨大的经济效益与社会效益。

(二)公共关系策划具有社会公益特色

公共关系策划从其诞生时起,就体现了社会公益的特色,如企业开展社会慈善、扶危解困、主动承担社会义务、积极进行新观念的宣传等。这与政府发起的政治性、经济性、军事性的策划截然不同,也与文化人开展的作品性策划有明显差异。因此,即使在前者的活动中有一些看似公共关系策划的活动,也与现代意义上的公共关系策划有根本的不同,因此,不能将公共关系策划泛化。

(三)公共关系策划具有服务公众特色

公共关系策划主要围绕公众展开,公众是一个没有政治性、没有阶级性、没有等级性的群体,在大部分情况下,对公众的划分以社会组织发出的行为而导致其面临同样问题为标准,公众是针对社会组织而存在的,公众是公共关系活动的对象。公共关系策划以服务社会公众为基本宗旨。它的出发点没有明显的功利与短期色彩,只有真正尊重公众,才能将公共关系策划做到位。

由此,可以归纳公共关系策划的主要特征如下。

(一)公共关系策划主体可以是任何一个社会组织或其代理机构(如公关公司)

公共关系策划是社会组织主动发起的以期与目标公众达成相互了解的谋略活动,这个组织可以是国家或某一地方政府,可以是军队、团体、也可以是企业,甚至是一个人,只要以组织的名义在筹划着特定的传播沟通活动,就可以称为公共关系策划活动。今天,社会关系的网络变得复杂而纵深,一些个人可以随时成为一个公司式的组织,如开网店、做博主等,一个家庭也有可能演变成家族公司,这样,原来的朋友关系、亲人间的关系,就可能成为买卖关系、合作伙伴关系。因此,开展公共关系策划是任何组织都可以进行的一种活动。

(二)公共关系策划以柔性手法打造组织生存与发展的社会环境

从古至今,每一个社会组织都十分关注自己所面临的生存与发展环境,这个环境是一种软环境,是一种似有似无、又极其重要的社会环境。当组织的社会环境处于良性状态时,组织的发展会十分顺利;当组织遭遇对立或排斥的环境时,组织的发展就一定不顺利。营造组织生存发展环境的手段有很多种,在以往的情况下,社会组织惯于使用比较生硬的手法。如政治压服、战争、欺骗、讹诈、强行灌注观念、促销、不对等的商业谈判、自卖自夸等。而公共关系策划则以通过柔性手法来达到营造组织良好社会环境为目的。其主要表现为:平等的交谈、交流,主动展示自身,快速公开事情真相,深入了解目标公众等。这种方式看似缓慢而低调，但对组织长久而深入地建立与目标公众的良好关系是最有效的。公共关系被誉为“随风潜入夜、润物细无声”的活动，公共关系策划则是努力谋划或设计这一效果的过程。

(三)公共关系策划以建立、矫正或扩大组织社会声誉为根本目的

公共关系的目的是什么，这个问题随着实践的深入，逐渐地清晰起来。公共关系注重于与目标公众的沟通，其根本的目的，不是讨好公众，也不是简单地在公众中留一个好印象，而是社会组织在竞争激烈的环境中建立自身的声誉。声誉的建立是一个长期的过程，也是一个真正让公众认可的过程，这不可能靠一两次哗众取宠的宣传活动来实现。有效的沟通活动、恰当的沟通方式，会让社会组织走进公众的内心，会实现公众长久对组织的良好印象。当一个社会组织遭遇一时的问题或突发的事故时，社会组织主动地与目标公众进行见面、对话、解释或真诚地承担责任时，组织的声誉就会得到挽救，组织就可能较快地从灾难中走出来，甚至将坏事变成好事。在现代社会，对任何一个社会组织来说，声誉就是生命，组织失去声誉，就等于失去生命。建立、维护、矫正、扩大社会组织的声誉，是公共关系策划的根本任务。

(四)公共关系策划重在使用多种传播手段、关注传播效果

要开展公共关系策划，主要就是研究如何使用最有效率的沟通手段，达到最佳的沟通效果。今天，社会组织仍会大量使用传统的人与人之间面对面的沟通手法，但同时，大众传播媒介及网络媒体、个人通讯媒体等，已在更大范围内发挥着更具效率的作用。公共关系策划关注的就是，如何选择这些沟通手段，针对自己的目标公众，以实现最佳的沟通目标。在各种各样的策划活动中，可能没有哪个策划活动是如此注意研究沟通手段与沟通效果的。因此，公共关系策划研究的重点也就延伸到对公众沟通习惯、公众对沟通媒介使用状况、媒介被公众认知程度等问题上来。这是公共关系策划的突出点。

通过以上分析可知，公共关系策划在公共关系学理论的指导下，针对目标公众，使用尊重公众沟通习惯且具效率的沟通方法，努力去营造社会组织自身的生存与发展环境，缔造组织的良好社会声誉，利于社会组织更好、更快地发展。

第六章　公共关系策划原则

第一节　创新性原则

公共关系策划是一项缔造组织声誉的富有吸引力的活动,对社会组织的生存、发展有重要意义,有时甚至是决定性的意义。因此,在策划公共关系活动时,首先要遵循创新性原则,即必须设计富有新意的主题思想及活动内容,在目标公众中引起一定的震动,吸引他们的关注,进而唤起公众内心的认同感,这是组织保证公关活动成功的基本前提。如果提出的主题与策划的活动没有新意,无法引起目标公众的注意,那么,通过活动影响公众的目的,就不可能实现。

一、立意新

在设计公共关系策划活动时,立意是非常重要的。

立意主要指确立策划的起点或策划所体现的意义。公共关系活动是社会组织向社会公众寻求相互沟通的一项重要的工作,这一工作由于要面对大量的群体——如果是通过大众传播媒介来沟通的话,则面对的公众更广大,那么,社会组织所开展的活动就具有一定的社会意义,相应地也就要担负起一定的社会责任。因此,社会组织要策划的公共关系活动应该具有较高的立意,通过活动,要传播与阐释的是具有推动社会进步的思想、理念、风尚等,或者是影响公众建立一种好的习惯,培养一种文明或健康的行为等,因此,要保证公共关系策划的成功,就需要富有新意的想法,站在高端引领理念的新思维上。一些社会组织常会在策划公关活动时立意在爱国、环保、敬老、善心、运动等方面,但公关策划的立意必须是从这些内容中阐述出新的宣传角度来。

二、主题新

策划公共关系活动时,要有一个主题,它是这一活动的纲领或者灵魂,所有活动的内容都要为这一主题而服务。主题如同一篇文章的题目,必须新颖、独特,引人注意,使人过目不忘,并具有极强的表现力,既能体现出活动组织者的高远立意,又能让活动的参加者有积极的想象空间。所以,在实际的公共关系活动时，主题往往表现为一句口号，简洁、明确。既能够清晰地阐释公共关系活动的内容，又能让公众感到有认同感。因此在设计主题时，需要求新、求变，让公共关系活动的组织者与参加者感到好记、上口，能准确地理解其内涵，提升所有人的境界，唤起最大多数目标公众的认可。如中国举办奥运会的宣传主题是“绿色奥运、人文奥运、科技奥运”，上海世博会宣传的口号是“城市让生活更美好”(Better City，Better Life)，都是非常优秀的主题。

三、观念新

在策划公共关系活动的立意与主题时，总是体现着公共关系活动主体即主办方的一种思想或观念，通过活动，社会组织在积极地向其公众传递着他们希望获得的一种认同。因此，在策划公关活动时，主办方的观念应该是先进的，向公众传递的信息内容应该是新颖的、进步的。这种观念应该具有一定的超前意义，能够起到提升全社会文明观念与推动社会进步的作用。特别是在公众现有观念的基础上，能够将之进一步推动与提升，则对公共关系策划活动赢得目标公众的关注与认同有重要的作用。如北京万通实业股份有限公司举行生活节系列活动时，提出了“创造最具价值的生活空间”的理念，引导公众关注生活品质、关注内心感受，这一观念为活动的成功举办奠定了基础。

四、手法新

在策划公共关系活动时，表现手法也是要创新。公关活动如何展示，以什么形式表现出来，使用什么样的道具或媒介等，都是影响公众的一个重要方面。公众不只关注组织活动传播的思想是否具有时代引领性或启发性，而且更关心活动是否具有吸引力、趣味性等。公众的心理需求是公关策划工作的最大动力，要吸引公众，就要让公众处于预期新鲜、刺激、感动甚至震撼的情感中，使其获得一种意外的满足感。因此策划公关活动时，表现手法如果落入俗套，拾人牙慧，甚至东施效颦，则投入再多的资金、规模，恐怕也要落得一个无人喝彩的场面。因此，公关活动的创意就显得非常重要了。

第二节　公益性原则

策划公共关系活动，特别要体现出公共关系本身所应具有的公益性色彩，因为公共关系是社会组织针对社会公众所进行的沟通活动，不是功利性的促销活动，不是放长线钓大鱼的处心积虑行为，而是真诚地寻求组织与公众的相互沟通，以实现不断的了解与理解的活动。因此，组织应立足于主动展示自身、积极告知公众，谋求与公众的进一步了解，让公众逐步地认识与感知组织，双方最终实现无障碍沟通。要实现这一目的，需要做到以下几点。

一、关注社会公益

每一个社会组织都是组成社会机体的一个细胞，组织的行为具有一定的社会意义。组织应该清醒地认识到，合法经营、环保生产，关注社会发展与关注自身的经营具有同样重要的意义。组织应该主动地通过策划一些活动让全社会看到：组织是一个具有社会责任意识的社会单位，愿意主动承担必要的社会义务。同时，组织还可以发起举办一些有社会进步意义的活动，唤起社会公众的加入或合作，拉近与目标公众的距离，实现组织构建良好生存环境的公共关系目标。因此，在策划公共关系活动时，组织可以从这两方面入手，寻求组织与公众的认同感。如果组织策划的活动脱离了这个基点，那么，所策划的活动就不是公共关系的活动了。

二、着重长远性

为实现这个目的，社会组织就需要有长远的经营意识，在策划公共关系活动时，要摈弃追求短期效应的眼光，从长远利益着手。在策划活动时，组织首先考虑的不是立即实现产品的销售额，不是马上获得公众的好感，而是扎扎实实地做些实事，真正能够为目标公众解决实际问题，以踏踏实实的行为让目标公众感受到组织的关心与帮助。这种“润物细无声”的手法，随着时间会一点点地体现出来，组织的良好声誉才能在公众心中扎下根来。如有些企业在落后地区帮助百姓打井，坚持 5—10 年，帮助改变当地落后的发展条件，最终，企业的品牌就会在当地深入人心。

三、唤起社会性组织合作

社会组织在策划公关活动时，为引起更多社会公众的关注，扩大影响，增强社会公信力，就需要发挥社会上一些公益性组织或群众组织的作用，与它们真诚合作，使策划活动产生更大的影响力，这也是策划公共关系活动时，需要讲究的操作技巧。既然组织的社会公益活动具有广泛的传播意义，开展的活动又往往关注社会公益事业，那么组织在策划一些公共关系活动时，借助于社会的公益性组织或其他社会团体一起开展该活动就顺理成章，由此也能真正体现组织的社会责任意识与活动的公益性色彩。

四、勇于奉献资财

在策划公关活动时，在很多情况下，为表明组织策划的公益性活动是一种真诚的活动，往往要求社会组织不只要开展一些有助于社会文明风尚的传播、精神文明建设的大型宣传活动，而且也需要能够真正通过奉献资财、投入一定的人力、物力和财力，展示出组织诚信的真心态度，如救助社会孤弱、增设环保设施、提供公益服务，以及设立一定公益事业的基金等。因此，策划公关活动时，要将主动奉献资财作为原则考虑进来。

第三节　公众性原则

一、针对目标公众

在策划公共关系活动时，社会组织必须要把公共关系对象——公众作为最主要的考虑内容，始终围绕目标公众来展开活动。组织在进行公共关系策划前要开展大量、深入的调查研究，从中区分出目标公众、潜目标公众及非目标公众，一旦确定目标公众，就要对公众的情况予以最大限度的了解，分析目标公众的组成人群、分布情况、生活习惯、收入状况、媒体接触情况、心态等，以便策划活动时对症下药，如果社会组织的前期调查做得粗糙，对公众情况不甚了解，那么，接下来的策划就可能偏离真正的目标公众，策划活动的针对性就不存在，公共关系活动的效果就一定会打折。

二、体现实惠性

针对目标公众开展活动，必须考虑到公众的实际利益。毋庸置疑，公众是一个具有利益诉求的群体(有时也是个体)，他们十分看重组织的利益投入，但同时他们又是一个可以对组织说“不”的权威性群体，组织对公众的虚情假意、功利性行为，也会被公众一目了然。社会组织要通过活动让目标公众认识组织、了解组织,就需要通过实际行动让公众愿意走近组织、接触组织,否则,公众会对组织的各种表现熟视无睹。通过公关调查了解公众的情况,组织需要选择恰当而有效的方式让公众获得实惠,见到实际利益,以坦诚的态度赢得公众的好感与信任,这样公关策划才会有效果。

三、利用大众传播媒介

现代社会,社会组织面对的目标公众早已不再局限于一个社区、一个城市或一个地区了,在经济全球化、市场国际化的大环境下,组织的目标公众可能需要辐射到许许多多靠人力难以涉及的区域,仅仅依靠人际语言沟通的方式已经不可能完成组织的目标了,组织必须要动用大众传播媒介来较高效地去影响更大区域的公众。这时,组织针对目标公众的特点,利用大众传播媒介,开展沟通活动显得尤为重要。詹姆斯·格鲁尼格认为,公共关系就是传播管理[①],从公众性的原则上来说,这样的结论是有一定道理的。社会组织要影响公众,就要考虑怎样针对公众传播、传播什么,这在公关策划时需要认真考虑。

四、产生营销效益

对于每一个社会组织来说,在策划公共关系活动时,都在考虑营销效应。所谓的营销效应并非只有企业才有,任何社会组织都存在着,它指的是一个活动的成功开展对社会组织今后主要工作产生的推动作用,如,由于公共关系活动的巨大成功,会使政府某项工作顺利贯彻、事业单位被服务对象的认可度提升、企业产品受到更多消费者追捧等。公关活动对公众的温和影响,会必然带来今后公众对组织态度的转变、对组织工作的支持。可以说,成功的公共关系活动不会直接让组织赚钱,但绝不会使组织赔钱,而不做公共关系或失败的公共关系工作,则一定会让组织赔钱。因此,策划成功的公共关系活动一定有利于组织今后的生存与发展,尤其是对当前和今后一段时间的工作有积极的推动作用,这是毋庸置疑的。

① 参见[美]詹姆斯·格鲁尼格等著,卫五名等译:《卓越公共关系与传播管理》,北京大学出版社2008年版,第4页。

第四节　严密性原则

一、高度组织性

策划公关活动,应该清醒地认识到,活动的组织进行是一项非常严谨的工作,出不得一点差错,否则效果适得其反。因为经过策划而实施的重要活动,往往会在大庭广众或大众传播媒介上展示,如果组织工作有明显的漏洞,那么,会立即在大范围中传播,对组织造成的负面影响是难以挽回的。因此,在策划公关活动时,要高度重视活动的组织,成立相应的领导班子,落实活动经费,培训活动的实施人员,进行必要的排演,筹划需要协调各方面关系的工作,整个活动的各个环节均需要仔细考虑进来,尤其对一些看似细节又十分重要的工作,更不可有丝毫的马虎,否则均可能成为最后活动失败的诱因。

二、高度正确率

正如上文所说,在策划较大型的重要的公关活动时,必须保证活动内容的准确、正确甚至精确,不可有重大的疏忽,否则后果不堪设想。在保证正确率时,应该做到基本数据的掌握并经过核对,各方面数据的准确以及变化范围,相关人员的落实以及对职责的明确,在进行演练时,对时间的掌控和突发事变的应对等。因而,策划公关活动必须进行精细的安排,决不可粗线条。古人所说“失之毫厘,谬以千里”,在军事上要求如此,在策划大型公关公关活动时,也是如此。

三、周密计划性

为保证公关活动能够顺利进行,在策划活动时必须进行周密的计划。既要考虑前期工作的预热,又要铺设活动高潮的伏笔,既要掌握活动的整体节奏,又要安排活动收尾的持久印象,同时更要考虑每一阶段活动的细节设计,因而策划工作的难度与艰辛也就在此。没有周密的活动安排,要实现活动的成功,几乎是一句空话。公关策划常被人称为是公关计划,因为这一工作本身就是对活动的计划,不论活动创意多么精彩、设计多么绝妙,但如果各项工作考虑不周,发生程序错乱,甚至意外,那么,活动的结果就会是所有人都不愿看到的。

四、及时应变性

在策划整体公关活动时，必须要预想各种可能事件的突然发生，考虑越充分，对意外事件的应对就越及时。实际上，任何精心策划的活动几乎都会与实际的实施有一些不同，计划赶不上变化是非常正常的，重要的是必须要事先有所预防，这也是公关策划的内容之一。对策划活动与实际实施的差异考虑纳入策划的工作之中，对有效而及时地应对突发事变有重要意义，这个原则也必须遵守。

第七章 公关策划程序

第一节 抓住问题核心

在开展公共关系策划时,第一步是对组织面临的社会环境进行全面认真的分析,从中找出问题的核心。

这需要依据前期严谨、准确的公共关系调查。组织通过扎实的实地调查与案头资料了解,在分析了大量的数据与事实后,确定组织当前公共关系工作中所面临的诸问题,剖析问题的实质,提炼出产生问题的根本原因,然后开展公共关系的策划工作。

对于社会组织来说,发生公共关系方面的问题主要有以下几个方面。

一、服务对象对组织的信任危机问题

对企业来说,表现为消费者与顾客的负面看法,如产品质量引起的投诉、售后服务中承诺的不兑现、服务操作不规范引起的意外伤害、工作人员态度引起的纠纷等;对政府来说,表现为公共管理不到位引起的市民抱怨,尤其是近年来比较突出的拆迁问题引发的赔偿纠纷、污染企业带给当地居民危害的拖延处理、法律真空引发的伤害赔偿难题、行政不作为带来的群体失望等;对垄断性企业与事业单位来说,表现为信息不对称带来的强制性附加服务收费冲突、单方涨价矛盾、服务滞后或缺失及事故责任推脱等引发的质疑。对于其他社会组织来说,信任问题也是一个极为敏感又极其重要的问题,如果这方面发生问题,均需要进行公共关系策划来予以解决。

二、与合作伙伴关系协调问题

组织存在于社会环境之中,自然要与其他各类组织发生联系,尤其是关系密切的合作伙伴,如企业的供货商、销售商,政府的上下级、平级单位,发生业务联系的合作方,事业单位、垄断性企业的常规性业务伙伴等。各类组织在与这些合作方发生联系时,可能会发生一些误会或摩擦,如果处理不当,甚至会关系破裂,影响组织的健康发展。另外,组织还需要不断地开拓业务,建立新的合作伙伴关

系，因此，通过策划公共关系活动、主动、积极协调与合作方的关系，就成为十分必要的事情。

三、与社会公众及媒体增进了解问题

商品经济的发展，全球一体化进程的加快，使社会组织置身于一个难以自我选择现实、无法预料意外发生的不确定环境下，组织面临的目标公众可能会随时有所变化，组织面对的公众可能难以计数，因而组织主动通过一些活动或事件，利用大众传播媒介向更广大的公众开展公共关系传播活动是非常必要的。这些传播活动是以推动双方的了解并实现进一步的沟通为目的的，公关策划就是要找寻一种恰当的沟通方式来帮助组织实现与广大公众进一步了解、认知、构建信任的目的。

四、内部员工关系融洽问题

在现代社会，不论什么组织都十分需要重视内部员工关系问题，团队建设早已被提到组织发展的重要议事日程上来。如果一个组织的内部员工之间存在上下、左右关系不协调的问题，那么，毋庸置疑会直接影响组织的健康发展，并直接波及组织的社会声誉。对一个组织来说，通过策划一些温暖人心的公共关系活动，用心打造组织内部融洽的员工关系，是组织管理中要着重做好的一项重要工作。

需要注意的是，在实际的策划工作中，很容易发生策划团队对组织面临的公共关系问题难以抓住中心的疑惑。因为对组织来说，一段时期里可能同时存在数个问题，如消费者反映产品质量问题，媒体连续报道组织负面消息，企业股票下跌，政府有关主管部门督查企业自查并上报情况，高层人员离职，员工情绪波动，等等。对此，公共关系策划工作首先必须要搞清楚，组织的公共关系工作现在最需要解决的问题是什么，问题的根源在哪里。如果这一问题没有得到很好解决，那么，下一步的工作就会偏离正确的轨道，即使策划做得再好，也有可能南辕北辙、毫无效果。

那么，这一案例所要解决的问题是网上帖子问题、网络舆论问题、媒体报道问题、消费者质疑问题，还是企业内部管理问题、企业宣传问题、企业广告问题、企业包装问题等呢？

在准备进行公共关系策划时，特别需要注意不要把公关问题简单化，以为只要加大媒体的宣传，就可以把一切搞定；也不要以为仅仅召开新闻发布会向公众道道歉，做做样子就可以避过一场舆论灾难，公共关系的基础是诚信。不讲职业道德的公关，是骗术。

在对问题抓准核心后，通过组织环境分析，划清公共关系与组织其他方面问题的界线，接下来就开始进入下一步工作——明确策划主旨。

第二节　明确策划主旨

开展公共关系策划，在明确策划要解决的核心问题后，就开始确定策划所要表达的主旨。通常，这一工作需要经过三个步骤。

一、提出策划活动的社会意义

公共关系策划是一个具有公益性、公众性的活动，又是对组织发展有重要战略意义的举措，而且还可能投入较大的资金，活动的策划必须要有一个较高的起点，活动体现出来的信息要有较为普遍的社会意义和进步意义，绝非仅仅局限在组织自身的小圈子里打转。因此，在确定策划活动的主旨时，要先提出策划活动所要体现的较高社会价值，如慈善、救弱、扶贫、关爱他人、环保、团结等。这样的阐述要与组织本身所要解决的核心问题有自然和内在的联系，在社会中有广泛的响应或认同，由此最终确定基本的内涵。

二、形成策划主题

每一个策划活动都不能缺少活动的主题，就如同每一篇文章不能没有中心思想一样。公关活动在策划时，要在确立策划活动社会意义的基础上，把活动的主题凸现出来，即明确本次活动要围绕什么方面的内容来开展、活动要达到的目标是什么、活动体现的社会价值在哪里等。主题一旦确立，所有的活动都要为这一主题服务。因此主题的推出是非常重要的。一个没有主题的活动与主题不明确或定位不正确都会导致本次公共关系活动的失败。在策划公共关系活动时，这一工作非常重要。

三、凝练主题语(词)

在彰显普遍社会意义的基础上，将活动的主题用最简略的话语表现出来，这是策划中一项重要的工作。在确定活动主题时，一般要求字数凝练，内涵丰富，语言朴素，上口好记，能够最精确地表达出活动的主旨，也就是我们常说的主题语录或主题词。这会有力地保证公共关系活动的传播与影响力。比如，1992 年巴塞罗那奥运会主题是 Friends Forever（永远的朋友），2000 年悉尼奥运会主题是“Share the Spirit（分享奥林匹克精神）”，2002 年盐湖城冬奥会主题是“Light the Fire Within（点燃心中之火）”，2004 年雅典奥运会主题是“Welcome Home（欢迎回家）”，2008 年北京奥运会的主题是“同一个世界，同一个梦想（One World, One Dream）”，这样的主题表达均是极为经典的主题语录，十分便于传播，易于接受，但内涵又极有包容度。实际上，一个组织构建公关活动主题语录时，确实需要绞尽脑汁，字斟句酌，最终形成具有号召力和影响力的主题词，这是一件极有难度的事情。

第三节　提出优质创意

开展公共关系策划时，在重要性上，仅次于主题确立的就是创意了。公关策划的核心是创意，在这里创意是指能够以最精彩的方式将公关活动主旨表达出来的形式或方法。对于一个公共关系活动来说，精彩的创意是决定活动成败的关键，创意需要优中选优。创意是公关策划的重头戏。

创意的形成与筛选应遵循以下的程序。

一、组建创意团队

首先，公共关系策划部门需要组建一个管理高效、作风严谨、素质优良、思维活跃的创意团队。创意团队的组建需要精心选择、合理搭配。

（一）创意团队的素质要求

1. 文化水准要求

创意不是空穴来风，更不是闭门造车，没有较为厚实的文化基础，想产生精彩的创意是不可能的。创意团队的成员必须要有比较高的文化基础，特别是人文知识的修养，对中国传统文化有深度的了解，具有宽阔的文化视野，博采中外，通晓古今，能够为创意铺垫厚实的基础，否则，创意人员会很快有江郎才尽的掏空之感。同时，创意团队还应有较强的学习能力，对现代文化思潮、文化现象及他国文化的特点有较为全面的了解，能够快速更新知识，对现当代国家与国际上所倡导的一些理念与政策有清晰的了解，对组织所处行业有前瞻性的认识。如此，策划创意的思想才可能高屋建瓴，有较高的起点和正确的立场。

2. 现实经验要求

策划团队的成员，必须要有较为丰富的社会实践经验，能够了解相关活动中的大量公共关系策划案例，善于从已有的公共关系活动中提升或创新的公关活动形式，知晓开展一项公关活动所经历的基本过程、可能遇到的问题等，同时，有广泛的爱好，有较为丰富的生活与事业的成功经验与失败体验，善于从总结经验中吸纳具有创建性的思路与做法，举一反三，注重了解有助于公关创意的奇闻逸事、精思妙法等，使之可以为创意思路提供源源不断的想法。

3. 把握公众心理要求

在进行公关策划时，策划团队的成员还应该具备对公众心理的把握能力，善于针对一定区域公众的心理特点，循序渐进地安排活动，以前期预热、中期铺垫、后期高潮、收尾精彩的过程，把公众心理调动到组织者期望的状态中，应善于选择出乎公众意料之外的公关活动，吸引更多人的关注，引起目标公众的兴趣与好感，以合乎情理的自然方式获得最大多数人的参与，把组织的公关活动成功地推开。公关策划重要的目的是影响公众，实现这一目标，需要公关创意团队成员具有很好的了解与把握公众心理的能力。

（二）创意团队结构要求

创意团队在结构上最好是不同年龄的人交叉分组，团队成员在思维结构与知识结构、性格特征等方面予以搭配，互相取长补短，实现优势互补。如既有善于形象思维的，也有精于理性思维的，既有人文学科知识机构的，也有理工农医知识背景的，既有勇于尝试、敢于探险的，又有慎重保守、行事稳重的，既有内向严肃的，也有外向活泼的。这样的结构有利于思维的碰撞与新颖创意的产生。

（三）创意团队品质及数量要求

开展公关创意，是一项十分艰苦的工作，需要创意人员殚精竭虑，坚持不懈，能够不断自我否定，不怕失败，越挫越勇，自我超越。创意团队的每个人都应该积极、乐观，忘我投入，在体味创意艰辛的同时，分享创意成果的喜悦，最终形成最佳创意方案。从数量上来说，公关策划创意团队以 8—10 个人为宜，班子比较稳定，经过一定时间的磨合，逐渐形成彼此的默契，在内部营造一个相互否定又相互包容、鼓励创新又争先恐后的团队氛围。

二、开展团队创意

创意团队搭建好后，就开始创意策划。

(一)创意主题的阐释

首先要对欲创意的主题进行分解阐释，即向每个人创意成员讲述清楚主题的来源、调查的结果、主题的依据、策划的主旨、主题词的内涵、主题的社会意义等，这样的阐释，一则让团队成员明晰创意所围绕的基本中心，二则给团队成员以创意思维的环境范围，使之在统一主题的指导下展开思路。

(二)创意点子遐想

在一个没有外界干扰、十分安静的环境中，让每个创意成员开展无边界的创意遐想，设计创意方案。所谓点子，是指一个好的想法、漂亮的表现形式或一个看似滑稽怪异的舞台剧等，有些创意，初看有点天马行空、似无厘头的“思维碎片”，但很可能是潜在的精彩策划方案的“毛坯”，因此，创意点子的遐想非常重要，点子越多，说明创意思路越活跃，点子越新奇怪异，越说明创意成员富有创新性。从另一角度说，创意点子的遐想也是创意成员知识与信息大翻底的过程，优秀的点子正是从丰富知识与广泛信息的“仓库”中加工出来的。

当然，如果条件允许，在正式开展团队创意之前，可提前把题目与基本要求布置给每个成员，使之有所准备，为正式进行团队创意打下基础。

(三)创意表达与分享

在所有成员创意结束后，就可以进行创意的分享了，分享创意必须能够进行良好的表达，一般有两种形式。

1. 写下来

即全体创意成员围坐一圈将创意的点子写在纸上，内容尽量形象生动，可以让同事识读，所有团队成员均可以用这种形式进行分享。即每个人把自己的创意点子传给下一位，然后在前面同事创意点子的下面再写下自己的新点子。这种形式的创意表达与撞击有利于每个创意者思维的激荡，但产生的影响力还不够大。

2. 说出来

创意团队在想出创意点子后，大家围坐一圈，每个人把自己创意的思想轨迹、创意的依据、预计创意的效果等陈述一遍，让大家评判，在这样的表达中，某人的创意总会对其他创意成员带来新的启发，一些新的点子可能会立即被激发出来了。在这种看似闹哄哄的争吵、评判、表达的过程中,创意的思维被激活了。

三、创意思维激荡

通过创意成员的遐想与成员间分享,真正的创意思维激荡开始。

(一)再创意

创意团队的成员通过写下来或说出来,让大家评判,创意进入下一阶段,即成员思维的激荡与碰撞——别人的点子往往是点亮自己创意的火花,通过某一人有创建性的点子,可以使更多人由此想到点什么,或将这个故事继续编下去,然后大家去评说,在评说中弥补原创意点子的不足。

这里有几个原则需要遵循。

1.让每个人畅所欲言

对于好的点子,每个人都有自己的看法与评价标准,要容许团队成员把想到的说出来,哪怕这个创意显得荒谬、可笑、幼稚、浅薄,但也许在其中却隐藏着天才创意的点子。因此,创意团队内部营造和善、宽容、平等、尊重的氛围是非常重要的,不能有任何的压制、嘲讽、忽视与排斥,更不要有尊卑长幼之别,只有这样,在分享彼此创意的时候,才能实现真正的思维激荡与交流,从中筛选出最佳的创意点子。

2.让每个人承受批评

在再创意的过程中,每个人既有分享自己创意的机会,也有无情批评他人、品评他人创意点子的权利,也就是说每个人都要接受他人的批评,只有经过这样充分的交流,各人的思维才会被充分的激荡,创意的好点子才可能在相互品评中迸发。

(二)否定之否定

再创意的过程是一个否定之否定的过程,对创意的点子的不断否定,是一个甄选优秀创意、团队成员自我超越的过程,没有否定就没有肯定,否定是为进一步的再创意奠定基础。一个优秀的创意点子可能要经历无数次的否定之否定,才能最终确定所要的好点子。

四、选择优质创意

在小组的创意思维激荡中,一些新奇的点子会从众多创意中涌现出来,这时将开始在创意团队中选择优质创意。

(一)多数服从少数

在创意点子的筛选中,需要谨慎决断,对一些看似荒诞、被众人摒弃的点子,要仔细分析,尤其是要认真倾听创意人的构想理由,从中慧眼识别具有实用意义和潜在效益的好创意,也更要甄别一些众人看好、直觉认为漂亮的点子,可能却是极难出新意的糟糕点子。因而,对优秀创意的选择往往要多数服从少数,可能最终结果比预想的要好。但是,人的思维容易遵从习惯,也容易追随大流,服从权威。因此,在团队中选择优秀的创意点子,绝不能让多数人的看法淹没了个别人的优秀创意火花。

(二)拒绝平庸

在选择优秀创意点子时,要遵循创新性原则,避免落入俗套,尾随他人。尤其是一些外资企业刚刚用过的策划方案,有些企业会马上克隆过来,完全照搬,这样即使仿照得再像、再快,也要被业内人士耻笑,被公众所厌恶,更体现了组织创意人员的平庸。因此,在选择创意点子时,要有拒绝平庸的勇气与胆识,以高标准、原创性作为选择优秀创意点子的衡量标准,选出最佳的创意。

五、丰富与完善创意

在创意团队通过思维激荡、基本选择了优质创意的点子后,接下来就需要对创意进行丰富和完善。

(一)由点到面

创意的过程是一个寻求点子、筛选点子的过程,但要形成完整的创意方案,还需要对创意进行丰富,即将点子变成一个有血有肉、具有操作性的具体行动计划。

创意的点子表现出来往往是一个好的主意、别出心裁的思路或者是另辟蹊径的想法,要使之变成策划方案,需要对之进行每一个细节的安排与落实,具体包括人员的选拔、专业训练、活动内容的扩充、创意点子的表现等。经常有这样的情况:看似很精彩的点子,进一步考虑活动内容的表现时,却发现这个点子存在几乎无法操作的困境,或者因为成本太大,没有足够的经费支持,或者技术难度过高,实现条件不具备,等等,最后只能放弃。

在对创意进行丰富时,可以从以下 3 个方面入手。

1. 将创意时的一个思路分解变成系列活动,使之能够充分地表现策划的主题,如在全国征集送给台湾大熊猫的名字,在当年春晚上揭晓。

2. 将创意具体化为某种艺术表现形式,可以十分形象化地展示出来,如第

28届残奥会中国献给全世界的8分钟节目——舞蹈《千手观音》。

3.由创意的点子衍生出辅助的其他活动，或最初点子变成为点缀，而催生出的表现形式反而成为策划活动的重要内容，如端午节为纪念屈原而举行的汨罗江国际龙舟节活动。

(二)去粗取精

创意团队筛选出的点子仅仅是毛坯，是一个让团队激动的点子，这与之成为一项大型公共关系活动还有相当的距离，要成为具有操作性的公共关系策划方案，还必须要对点子进行去粗取精的完善。这一工作具体包括：

1.把一个看似漂亮的点子落实到可以操作的程序，需要褪去感情色彩与夸张成分，进行仔细、认真地细化与分解，成为真正能够表现的方案，这就要从严谨、科学的角度去论证。

2.把粗线条的活动轮廓变成彼此有内在联系、环环紧扣的表现内容，而且保留创意时的精彩，或使创意点子更具有完整的表现力。这一过程是创意完善必须经过的程序。

需要避免的是，将策划创意的点子生硬、简单地表现出来，不做深度的加工或多角度的表现，结果精彩的创意成为滑稽的噱头，只会贻笑大方。如只是在活动的现场布置一个造型或自娱自乐地走走过场，这样，即使再好的创意思路，其效果也会被化解得支离破碎。因此去粗取精的过程是一个非常重要的再加工过程，丝毫不可掉以轻心。

(三)由深而浅

公关创意需要表现公关策划的主旨，要求策划者提出的创意能够体现出社会价值或社会意义，引起社会公众的共鸣。但同时必须认识到，策划主题及表现形式应该是简单的、明确的，让社会公众容易识读的，即通过创意活动让公众能够很快产生认同感的。

因此创意在完善时，就要有一种高超的表现力，将精彩的立意以一种十分浅显、简单的方式让公众了解、接受、认同，直到积极参与，通过这种由深而浅的加工与深化，来实现对创意的完善。

从另一角度来说，对创意表现力的完善，还体现在每一种表现形式看似简单朴实，而整个系列活动又体现了极大的包容度与复杂的创意构想。能够让人回味无穷、印象深刻。如中国北京2008年奥运会开幕式的创意，分开来看都比较简单，但整体来看，却让人为中国五千年的悠久文化所震撼。

可以说，将简单的问题复杂化很难，将复杂问题简单化则更难，更具艺术创新难度。

六、审核创意可行性

在创意思路初具规模后，就需要主管领导对策划方案进行审核。主要审核以下三点。

（一）技术的可行性

一个独特、精彩的创意，首先要满足技术的可行性，如果技术上无法达到要求，那么创意方案只能修改。优质的创意对技术的要求往往十分苛刻，如果有高科技手段的支持，那么，创意的精彩表现就有了保证，因此领导审核创意方案，技术是首先要考虑的。

（二）表现的可行性

好的创意一定有好的表现，这需要两个因素作保障：表现队伍的素质、物质条件的配合。

队伍的素质是指组织的人员能否在一定时间内通过训练、满足创意需要达到的展示标准，如果没有足够数量的人员、保障的时间、良好的指导培训等条件，那么，好的创意就难以实现；其次，创意的精彩展示，还需要物质条件的配合，如特定的服装、道具、修饰品、化妆术等，这些内容的要求难度也决定了创意的表现是否能够实现。

（三）经费的可行性

公共关系策划要耗费一定的经费，具体耗费由活动规模的大小决定。组织经费的现状、事先预算与实际方案的差异均会影响上级对创意的审核。如果组织愿意对策划有更大的投入，那么，精彩的创意将有可能形成公关活动的方案，如果组织经费紧张，需要的人手多，创意要求的难度大，那么，创意将可能止于文案而不会进入实施阶段。

当一个创意方案能够通过技术上、表现力上、经费上的审核后，创意工作基本结束，公关策划就进入具体方案阶段了。

第四节　形成完整方案

在创意得到丰富完善、初步审核获得通过后，策划团队将正式进入策划方案的形成阶段。根据目前业界通行的策划方案的要求,一个完整的策划方案包括以下一些基本要素。

一、活动背景

主要是对策划活动的组织方的情况及举办活动必要性的说明。具体包括:

1. 组织情况介绍

阐述组织的基本历史概况,目前发展情况、行业竞争态势及组织在其中所处的地位。

2. 组织面临的问题或策划活动的必要性

通过分析组织所面对的国际、国内形势,提出组织发展中必须要通过公共关系活动解决的问题,阐述开展公关活动的必要性。

3. 活动举办的时间安排、承办机构、参与对象等

二、调研与活动依据

主要包括对拟开展的公共关系活动所进行的前期调研,说明公共关系策划开展的依据,同时论证策划活动成功的可行性。

1. 调研情况综述

将前期开展的组织内外部调查情况做一全面、概括性的阐述,这是整个公关活动的依据与出发点。这部分内容需要翔实地分析组织目标公众的情况、组织面临的公共关系环境,从中提出需要解决的具体问题、重要的建议或解决办法。

2. 机遇与挑战分析

(1)优势分析

组织为举办公关活动所具备的一些有利的因素,如组织实力、技术优势、地域优势、公众基础等。这是要通过公关活动来进一步发挥与展示的内容。

(2)劣势分析

包括组织在发展中面临的困境,来自组织外部与内部的一些制约因素,组织在发展中长期缺乏的一些东西,这是为策划的公关活动时需要弥补的短板准备的。

(3)机会分析

指通过策划公关活动,能够恰当地把握当下重要的机遇,利用特定时期各种的状况,把公关策划活动有效地实施下去,实现组织的公共关系目标。

(4)面临威胁分析

即对策划组织公关活动可能遭遇的风险进行分析，主要包括活动主体的自身局限、外部目标公众的不确定因素、社会大环境的不可控性，以及其他一些可能发生的因素。

以上这四个方面内容，常被称为 SWOT 分析，对于社会组织策划和实施公关活动有重要意义。

三、活动策划

这是公关策划方案中最重要的内容之一。在这部分，应该将社会组织准备开展的公关活动的整体计划明确、详尽地阐述清楚。这部分的线条越清晰，对之后公关活动的实施指导作用越切实。具体包括：

1. 确立公关目标

即本次公关活动要达到的目的。公关目标最核心的是达成双向的沟通及了解，分解这一目标，基础层面的是组织知晓度的实现；高级层面的是组织信赖度的追求。在信赖度方面包含着两个方面的含义，一个是信任，这是社会组织希望通过具有影响力的公关活动来构建目标公众对组织的信任感；另一个是忠诚，即期望让目标公众实现对组织的忠诚，这是社会组织在公共关系活动中欲实现的最高目标。一个精心策划的公关活动最希望达成的目标即是社会公众对组织矢志不移的决定信心。

公关目标的体现一般是活动的主题词，即简单、凝练的口号，以此明确主旨，便于宣传，把握方向，感召公众。

2. 明确目标公众

公众是公关活动的对象，目标公众的确立是通过前期认真的调查完成的。一般来说，公众可以分为三类：目标公众、潜目标公众、非公众。对已确立的目标公众，社会组织必须要准确地把握公众特点，寻求最适合公众接受的习惯与途径来开展公关活动，以实现对公众沟通的最佳效果。在开展公共关系活动时，组织面对的公众往往不是一个公众群体，可能是数个；往往不是一个现场或地域的公众，可能是广阔区域，甚至国内外的公众，因而，把握公众特点、选准公众显得十分重要。

3. 主要信息说明

即组织本次策划大致需要说明的重要内容，包括主办方准备活动的情况、主题所反映的重要意义、参加活动的各方单位情况、目标公众的具体情况等。这部分信息的说明对理解与开展公关活动是不可或缺的。

4.公关策略

即阐述公关活动的整体思路与步骤。包括活动创意的展开、系列活动安排、活动遵循的基本原则以及具体的操作方略。尤其是大型活动现场,公关策略要说明组织的活动安排如何充分体现公关创意与组织目标,怎样实现最大限度影响现场公众与非现场公众的思路。

5.传播策划

公关活动有相当部分的内容体现在传播计划的设计上。因此,策划方案有必要单独规划传播行动。主要包括两大部分:人际沟通与大众传播沟通。人际沟通要明确对意见领袖与目标公众沟通的不同计划,要设计特定的活动影响主要的目标公众;大众传播则要审慎选择传播媒介,既经济又高效地将组织信息有效地送达到外围目标公众那里。传播策划的设计十分重要,它与现场活动的相互呼应,才能发挥出公共关系活动的最大效应。

6.媒体计划

即有计划地安排新闻稿、专题节目以及专访活动,尤其是对版面、时间段、频道、重复率等,均要做出细致的计划,对组织领导者、新闻发言人等要给予特别的安排,以期能够有效地实现与目标公众的双向沟通与交流,并缔结与媒体良好的合作关系。

7.传播形式及方案要点

即明确公关策划的具体传播形式,如现场交流、座谈会、专家咨询、专项展览、参观、文艺演出等各种沟通交流形式,同时,阐述在特殊情况下应对记者及意外突发事件的处理与工作提示等。

8.预算费用表

将活动可能涉及的所有费用均以明细表格的形式列出,同时进行适当分类,既为之后的公关活动的实施做重要铺垫,又可使公关活动的主体——社会组织能够对策划活动的开支总额有一个基本的衡量,同时,经费预算也是方案审批时领导拍板定夺的重要依据。

一般来说,经费预算要尽量细致、准确,杜绝虚报乱造。对经费的有效控制与管理体现了公关策划工作的质量。

四、活动执行(实施)

公关策划活动的执行不是简单地将策划的内容予以实施,而是对策划方案的领会与落实,是一项十分专业与独立的工作。

具体包括：

1.实施的推进

在策划方案中，要对公关活动的前期准备工作、人员选拔与培训、管理队伍的整合、公关策划方案的落实、传播活动的开展、公关活动工作的有序推进、活动高潮的形成、后期的收尾等期间一些重要细节的把握等做出安排。在这部分内容的陈述中，特别要体现出公关活动的策划者在执行力方面的要求，将标准明确标示，对完成的效果应严格要求。在优秀公共关系策划方案的实施中，公共关系人员只有恪守一丝不苟的高标准，才能保证实际的公关活动实施完美地展示创意方案的精彩效果，否则公共关系活动就可能跑偏或出现负效应。

2.实施调整

在策划方案中要安排必要的机动调整预案，以应对意外事件的发生。如天气等自然因素，电力供应、设备故障等技术因素，交通、生病、请假等人为因素，现场效果、公众素质等意外因素等，均应考虑到位。在预警机制比较完善的情况下，准备必要的人力、物力、财力等的突发事变应对是非常必要的。

3.活动进度表

在活动实施中，有必要制定详尽的活动程序进度表，以便整个执行工作有条不紊，特别是重大会议或节目表演，如能列出以分钟为单位的程序表，则更有利于这一具体活动的进行。大型活动中进程的管理是保证活动高质量与良好效果的基础，因此，对整个活动进度的把握与某一具体活动程序的规定都是十分必要的。

4.活动进程控制与管理

在活动方案中还需要说明对策划活动重要节点的控制：如时间上的严格要求、阶段性工作的完成保障、工作质量的监控，以及人员素质、管理干部沟通能力的培训等。这些方面均是保证整个策划执行工作顺利完成的必需步骤。对这一环节的放松，就等于对正规化的进程的失控。

五、活动效果评估

在对公关策划活动方案的写作中，必须要对活动效果进行定性与定量的评估，虽然实际实施活动可能会出现难以预料的效果，但在活动的策划阶段，需要对活动期望的结果进行初步的预测。主要包括：

1.现场效果预测

这方面主要指公众的反应，如现场参加情况、积极回应情况等。对活动效果的预测，有助于活动的有序管理及增强组织支持策划活动的信心。

2.后期追踪反应

这是预测活动效果所产生的内在变化，如态度的改变、行为习惯的变化、公众议论话题及舆情状况、网络反响、微博影响等。

3.影响效果预测

无论是对经营型社会组织，还是政府、事业单位及社会公益组织的活动，都存在营销效果，即由活动引发的对组织直接利益的推动。如销售额的上升、报名参加活动人数的上升、资源参加者的积极行为等。

4.对媒体传播效果预估

即对所要组织的活动进行媒体计划的监控落实，以辩证实现最有效的传播效果。至此策划方案进入尾声，一些调查问卷、访谈记录以及其他可以支持策划活动顺利进行的资料等可作为附件附后。

一个完整的策划方案并不限定字数，关键是要内容清晰、层次分明，表达简洁，创意新颖，让组织决策者一目了然，让实施者心领神会，以此保证公关活动的顺利执行。

公关策划方案完成之后，将方案报送主管领导批准，组织的策划工作告一段落。

第五节　学术界对公关策划程序问题研究综述

近年来，大量公共关系学的理论与实务译著出版，为国内学术界的研究打开了新的视域，使学者们得以管中窥豹地了解外国同行的研究情况，国内及时出版的各种新的公共关系学的著作，也在公关策划学方面着重用墨；虽然公关策划学方面的专业著作较之公共关系学的出版来说不可同日而语，但在研究上也在逐年有所推进。毕竟公共关系学是一门具有极强应用性的学科，公关策划学其中“露出冰山一角”的部分。

一、国外研究概述

纵观国外著作的研究情况，关于公关策划程序部分内容，显得有些分散，缺乏国内学者的系统与严谨，一些学者的论述会分散到具体问题类别里去有所阐述。如在权威著作《有效的公共关系》一书中，作者谈到制定公共关系计划的理由是"为了促使或防止某种事情的发生，为了利用或补救一种形势。公共关系活动通常涉及试图形成某种观点或某一事件，要多于试图防止形成某种观点或某一事件，试图利用某种机会要多于试图矫正某种不希望的形势。不过，仍然有许多形势和情况需要矫正型的公共关系措施，因为此前没有采取预防措施"①。也许是翻译的问题，在这部被认为是公关"圣经"的著作中，极少用到"策划"二字，基本使用的是"计划"一词。

英国学者安妮所编的《公共关系实践》一书中认为，在处理公众关系时，"研究调查对于任何一项公关策略来说都是重要的组成部分"②，公关策略的方法主要有：投资赞助或慈善活动、网站信息交流、新闻通讯、居民会议或开放日、地区媒体、学校联系、地方政府和公共服务等。在谈到如何策划赞助活动时，作者认为具体步骤有：基本商业原则、赞助策略、竞争力审核、赞助详细目录、最佳分析、合同协商、设施过程和活动评估。

比较具体的阐述公共关系策划程序的内容是在《公共关系：职业与实践》一书中。该书认为："公关计划既是战略性的也是策略性的。当制定一些近期发展方案时，人们往往能够考虑到公共关系。但是，公关人员自身必须从支持和实现战略性目标的角度出发设计出策略性计划。"③公关策划的基本构成有：策略性计划、公众舆论调查、头脑风暴、情景构造。该书给"情景构造"下了一个定义，"事先构想一个合乎逻辑的对未来事件的假象情景，从而研究各种不同选择带来的动态变化"。该书随后设置出公关活动过程的基本元素：

1. 根据公司使命确定目标
2. 确定现在的环境
3. 确定实现目标的威胁和机会
4. 调研并选择目标受众
5. 为公关活动设计一个主题
6. 为公关计划或活动制定目标
7. 为了实现目标制定战略
8. 设计战略执行中的策略
9. 设计评估方法
10. 制定预算
11. 制定时间表
12. 分配人力

① [美]格伦·布鲁姆、艾伦·森特、斯科特·卡特里普著，明安香译：《有效的公共关系》，华夏出版社2002年版，第318页。

② [英]安妮·格里高利编，张婧、幸培瑜、王嘉译：《公共关系实践》，北京大学出版社2008年版，第126—128、154—159页。

③ [美]丹·拉铁摩尔、奥蒂斯·巴斯金、苏泽特·海曼等著，朱启文、冯启华译：《公共关系：职业与实践》，北京大学出版社2006年版，第136—145页。

而一本专门论述活动策划的著作，也对类似公共关系活动的程序提出了自己的观点，朱迪·艾伦认为，在开展活动的初期阶段必须要有规划，具体包括：确定活动目标、资金额度、活动愿景、活动体验的设计目标、初期规划、活动预览、预算监控、活动设计准则要点回顾、活动体验设计目标。并且进一步指出："了解活动之所以举行的原因有助于你（和客户）制定出公司目标或客户目标，即有形收益（短期收益）和无形收益（长期收益），以便于选择出适合于实现这些目标的活动的恰当类型。"①

这些国外学者的观点对于我们深入研究公共关系策划活动及其类型，有一定的启发作用。

二、国内研究情况

国内学者关于公共关系策划程序问题有很多不同的观点，因为每一本公共关系学的书籍都会有专章论述公共关系策划的内容。但是，集中体现公共关系策划程序的研究观点，主要表现在一些公共关系策划学的著作中。

在中国第一本公共关系学的著作中，就对公共关系策划程序作了规定，认为制定公共关系计划有四个步骤：确立公共关系目标、确定公共关系活动的对象公众、确定公共关系活动主题、制定具体行动方案。② 这一观点对今后出版的公共关系学著作起到了框定轮廓、制定基调的作用，后面出版的各种公共关系学的著作，基本都围绕这一思路展开。

在有关公共关系策划的专门著作中，有关论述值得关注。

较早出版的林汉川所著《公关策划学》一书认为"公关策划，就是公关人员通过对公众进行系统分析，利用已经掌握的知识和手段对公共关系活动的整体战略和策划的运筹规划"。该书作者进一步解释，"公关策划，不是具体的公关业务活动，而是公关决策的形成过程"③。在这样的理念之下，他认为公关策划的一般程序为收集公关信息、策划公关目标、公关对象策划、公关策略策划、公关时机策划、公关决策与公关效果评价。

赵驹等人编著的《公关策划》一书中，认为公关策划的核心是要解决三个问题，"一是如何寻求传播沟通的内容和公众易于接受的方式；二是如何提高传播

---

① [美]朱迪·艾伦著，卢涤非主译：《活动策划全攻略》，旅游教育出版社 2010 年版，第 2 页。

② 明安香主编：《塑造形象的艺术——公共关系学概论》，科学普及出版社 1986 年版，第 8 页。

③ 林汉川：《公关策划学》，复旦大学出版社 1994 年版，第 6 页。

沟通的效能；三是如何完备公关工作体系”[①]公关策划的工作程序为：调研选题、情况假设、做好准备、开展调研、明确问题、分析条件、确立目标、策划创意、形成方案、论证选优、“推销”策划方案。

在余明阳等编著的《公共关系策划学》一书中对公共关系策划的构成要素做了归纳，认为“凡是比较规范的公共关系策划都要涉及以下因素：策划人员、策划对象、策划目标、策划依据、策划方法和策划方案”[②]。

在蒋明军主编的《公共关系策划》中，对公关策划程序的阐述更为精炼。该书作者认为，“公共关系策划是一项复杂的脑力劳动，必须遵循一定的思维活动规律。根据策划工作提供的思维方式方法，一般可把公关策划的程序归结为：公共关系策划的准备、公共关系策划的创新思维开发、公共关系策划的方案制订、公共关系策划方案与可行性评估四大基本步骤”[③]。

谭昆智等人所著《公共关系策划》一书中，对公关策划又做出了新的解释，认为“公关策划是找出事情的因果关系，衡量未来所采取的步骤，作为目前决策之依据，即公关策划是实现决定做什么、何时做、谁来做。策划如同一座桥梁，它连接着我们目前之地和我们要经过之处”[④]。作者归纳的公关策划的实际步骤是：分析公众、设计主题、策动新闻、媒介选择、预算经费、审定方案。

以上对于公共关系策划的不同理解及程序的独特设置，体现了学者们在公共关系策划问题上深入思考与独特的观察问题的倾向性，为今后学者们的研究提供了更加广阔的思路与角度。

---

① 赵驹、王小玲编著：《公关策划》，北京大学出版社2006年版，第18页。

② 余明阳等编著：《公共关系策划学》，首都经贸大学出版社2006年版，第14页。

③ 蒋明军主编：《公共关系策划》，上海中医药大学出版社2008年版，第56页。

④ 谭昆智、汤敏慧、劳彦儿：《公共关系策划》，清华大学出版社2009年版，第34页。

第八章 公关策划思维

第一节 培养策划思维能力

一、策划思维

(一)思维

思维是人类大脑的基本功能,即人对所接触的信息进行了解、认知、领悟、反馈的能力。从理论上讲,每个人都有思维能力,但毫无疑问,人的思维能力是有差异的。

影响人思维的因素有很多方面。主要包括:

1. 年龄

一般来说,年龄偏小,思维能力相对弱,年龄大,理解力强,对信息的接受效果相对要好,但这不是绝对的,还要受其他因素的影响。

2. 知识

按照常规,知识掌握得越多,思维能力越强;知识欠缺,思维能力较弱。

3. 经验

大部分情况下,经验丰富,思维能力会比经验缺乏的人有更加全面的考虑,但有时,经验也会成为思维的羁绊,堵塞了思维的通道,使思维难以走出经验主义的圈子。

4. 性别

不同性别的人在思维上有明显的差异,这在大量的科学实验中已得到证实。如男性思维擅长理性推断,女性则更偏重于感性判断等。

还有一些其他因素也对思维产生或多或少的影响,如地域、民族、心理、观念等。

(二)策划思维

策划思维是思维的特殊类型,是指为某一目的,针对所接触到的信息重新组织与安排。因此策划思维过程被认为是创意。

策划思维可能存在于任何人、任何场合或任何时间,大到对政治、经济、文化、战争等重大决策或问题的策划，小到对生活中处理人际关系或婚嫁节庆的策划等。但是，策划思维往往不是每个人都具备的，一般来说，团队领导者、事件的当事人较其他人更具有策划思维意识与能力，会在某一时刻，为某一问题使用策划思维。

策划思维与某些人要小聪明、玩花招有本质的区别。策划思维的特点如下。

1. 主动性

有策划思维的人一般是主动运用聪明才智对某一事件进行设计，期望通过一定的有意安排推动事件向期望的目标发展。策划思维的主动性使现实的世界具有了更多戏剧性或巧合，也增加了处理问题的难度。

2. 设计性

策划思维表现为预先的设计或安排，策划者会根据现有的物质条件及人员，精心设计事件的轨迹，以达到策划者想要的结果。因而，策划往往在事后才清楚事情的原委。大部分当事人在事情的发展过程中充当着被策划者的角色。

3. 完整性

有策划思维的人在考虑问题时，往往会周密考虑事情发展的前后过程，关注连贯性和完整性，不会心血来潮或随心所欲。

4. 组织性

当策划思维运用于某一人或事件中时，总是表现出对一定人财物的组织与调动，需要事先安排好各方面的情况，以保证一切如期发生或运行。所以有策划思维的人，具有极强的组织力，善于进行排兵布阵，纵横捭阖。过去政治上的策划者称为智囊、谋士，军事上的策划者称为军师、参谋，经济、文化上的策划者称为设计者等。

(三)策划思维的本质

思维是人脑的有意识的反应，人类积极的思维会推动社会认识自然、改造世界。策划思维是人脑能动反应的过程，因此，策划思维从本质上说，是人脑对现实社会所进行的积极思考，是对物质世界所进行的能动反应。策划思维的进行，增加了现实社会的生动性、复杂性甚至戏剧性，体现了人类的智慧与才能。有必要提醒的是，在运用策划思维时，要遵守道德的基本规范与职业操守，为社会的文明进步做贡献。

二、策划思维能力的培养

(一)策划思维能力

具备策划思维,这是一种重要的能力,要拥有策划思维能力,可以细分有以下几个能力。

1. 创新能力

拥有策划思维,经常表现为大胆的求异、求新,与众不同,其想法令人耳目一新。这里的创新指的是新颖的想法、新奇的点子、崭新的理念、新鲜的表现形式等。因此创新是策划思维最主要的表现。无论是重要的政治、军事或经济的决策,还是生活中的大小事情的设计安排,拥有策划思维能力,很突出的表现是与众不同的想法及做法,这是策划思维最主要的能力。

2. 变通能力

策划思维还表现为较强的变通能力,即利用现有条件,将事情的可能性变成现实性,出乎众人意料之外,实则又在意料之中,产生策划者期望的结果。有策划思维的人往往善于观察,能够有效地发挥现有的一些人、财、物条件,制造出戏剧性效果。

3. 想象能力

几乎每个人都有想象力,但很多人随着年龄增大,想象力也就一点点消失了,而且很多人不再有勇气将想象力放到生活中去了。而具有策划思维能力的人则可能一生都保留着他们的想象力,而且会大胆地将之运用或体现在现实生活中。想象力是一种弥补生活中的缺憾、使现实看似更加完美的表现能力,几乎每一个有策划思维的人都具有丰富的想象力。

4. 衍生能力

指善于由此事物演变到彼事物中去,或由此事物推进、延伸至新的状态的过程,衍生能力既是创新又不全是创新,既是变通又不完全是变通,同时策划衍生还需要一点想象力,并结合现实对原事物状态进行合理推演。因而,策划思维能力也表现为某些特殊事物的活化演义,把现实中看似陈年腐朽的东西变得具有新的鲜活的价值。

策划思维能力表现出多方面的特殊性,这里只是汲取其中最主要的内容,在现实中还可以发现其表现出其他方面的能力,此处不一一列举。

(二)培养策划思维能力

策划思维能力是可以培养的,需要具备必要的素质或能力。

1.记忆库建立

建立丰富内容的存储记忆是获得策划思维的基本条件。策划思维不是空穴来风,需要对物质世界有丰富的感受,需要有充分的思维素材,否则巧妇难为无米之炊,策划思维只会逐渐枯竭。因此,拥有策划思维,必须自身建立起记忆库式的知识积累,这样的记忆库越大,策划思维就越活跃,策划思维就越能胜任重大的策划任务。

2.“倒行逆施”的习惯

培养策划思维能力也与是否养成良好的思维习惯有极大关系。因循守旧的思维模式是不可能具备策划思维能力的。培养策划思维应该养成独特的思维习惯,面对事物要善于从另一角度考虑,进行逆向思维,由此获得不一样的效果。一般来说,思维习惯对策划思维能力的培养有重要影响,反其道而思之常会激发策划灵感,获得新的策划思路。

3.判断与批判力

这是培养策划思维能力的重要素质。面对一个人或一件事,如何判断或对之做出基本的评判,对人的策划思维有很大影响。如果无法对人或事做出判断或判断不准,则势必影响自己的思维,人云亦云,无法跳出来对之予以策划;如果不能对之以批判的态度去审视,则思维就会被对方所牵制或“俘虏”,更无法以重新整合的力度去将之策划。因此,培养策划思维能力,要善于对人与事做出判断或评判,不随便臣服于权威之下,思维的角度要宽广和高远。

4.放大与缩小眼光

培养策划思维能力要具有善于放大细节、缩小事物的眼光。在思维上放大细节,即能够对人与事的细微处留心,将之捕捉并认真对待,需要时,将之凸显出来,引起众人的关注,这种放大效应是策划思维经常采用的手法;在思维上缩小事物,即善于将重大人物或时间放在宏大的历史背景下看待,以高视角点将之审视为一个小沙粒,从中看出其应有的作用或意义,为更多的人以宏观的角度去领悟其价值提供视角,这种思维视角是一个有策划思维能力的人应具有的重要素质。

第二节　克服策划思维障碍

一、人类认知的局限性

(一)认知

认知是人对外界物质世界的了解与认识。人类进步就是对外部世界不断认识的过程,认知体现出人对外部世界的一种看法或价值取向,也反映出人在特定时期或社会环境中的认识水平。人类对物质世界的认识受各种条件的局限,也受到特定时期社会价值观及其他社会因素的影响。因此,人对物质世界的认知具有局限性。这一局限性表现在以下几个方面。

1. 一知半解

在很多情况下,人对外部世界的认识是不全面的,正如“盲人摸象”一样,对待同一事物,不同的人有不同的看法。在有些情况下,人们明知道认识不全面也不愿意改变自己的看法。

2. 教条主义

在面对现实问题时,有的人依据信奉的信条或听凭脑中已形成的对问题的固定看法,予以解释或寻求论证,如果认知与实际情况一致,则沾沾自喜,进一步固化对某问题的看法,如果解释不通,则往往从否定的角度去排斥。

3. 经验主义

对外界事物的看法凭经验判断,见过的或者说已有经验可以解释的,则接受之,如以前没有见过的或经验中没有的,则拒绝之。

4. 想当然

对于陌生的事物,不去学习和了解,凭想当然去应付,带来的结果自然与预想南辕北辙。

(二)认知影响思维

认知的局限性影响思维。因为思维来源于对物质世界的感知。对于一知半解的认知,思维的内容也是零碎和不完整的,以之得出的结论也是偏颇的。对于教条主义的认知,思维会被桎梏,无法突破一些条条框框的限制,思维的结果肯定是人云亦云;对于经验主义的认识,思维是狭隘的、封闭的,难以有突破性的认识;而对于不懂装懂的想当然,思维更是混乱的、随意的,无法形成具有逻辑性的思维内容。

(三)思维的局限

认知的局限影响到思维的局限,使思维形成自身并不知晓的局限性,由此对策划思维产生障碍。

1. 思维的褊狭

看待问题片面、不能全面地考虑问题,依据一些表面现象或蛛丝马迹就对问题做出结论,导致结论不全面。

2. 思维的固化

对问题的看法总用一种模式去套,故步自封,不善变通,纵使其他人看法准确,也不接受或改变。

3. 思维的二选一

看待问题只在是与非、黑与白、好与坏之间选择,不会考虑有第三种情况的出现或存在,将问题过于简单化、生硬化。

4. 思维的自我性

总认为自己的看法是正确的,从不认为自己有问题,永远为自己的看法寻找理由或辩词。对他人的意见总是一概排斥。

这些思维的局限是策划思维的障碍,要培养策划思维,首先要摒弃这样的思维局限。

二、克服策划思维障碍

在现实生活中,有三种情况,最容易形成策划思维的障碍。

(一)心理定式

在现实中,很多人受到心理定式的影响,这是策划思维的一大障碍。

1. 心理定式的形成

心理定式指人对外界情况的反应以一种固化的思维模式来表现,或以一种习惯性的心理准备状态来对待,导致对事物判断的错误。心理定式是认知习惯与长期心理固定反应造成的结果。形成的原因包括以下几点。

(1)后天学习

心理定式具有明显的地域性,大部分人首先是被他人影响而形成心理定式的。如,一个落后地区的放羊娃被告知长大后要做的就是娶媳妇,然后生娃,然后让娃放羊。另如旧时代的少女被告知其主要的工作就是在家绣花、纳鞋底,男青年的工作就是下地劳作或当兵。

(2)经验养成

经验教训容易促成心理定式的形成。如某人夜行遭人抢劫,从此就认为夜行都有可能遭劫,黑夜一看到男人,必将其当成劫匪。

(3)社会习俗

在某一地域会形成普遍认可的一种心理定式。如职场上女性能力不能超过男性,结婚时男方必然比女方付出更多金钱,等等。

(4)行为习惯

一些平时养成的行为反应习惯,也会帮助形成心理定式。如看到穿西服的人就认为有修养,认为穿着随便的人不会是单位的领导,等等。

2.心理定式的类型

根据心理定式的形成原因,可以将生活中的一些心理定式分为如下一些类型。

(1)单向反应式

心理定式容易使人形成单向反应,很难做其他的变通,即有A就会有B。如一个人拿着菜篮子出门,别人就会自然认为这个人是去买菜;一个人开着豪车,人们就会认为这个人很有钱。由这种心理定式形成的看法,常被视为错觉。

(2)条件反射式

心理定式也常表现为条件反射,即见A必然认为会有B。如认为某东西要涨价,必然会抢购;教师夹着一摞纸进教室,学生就认为要考试;等等。这样的心理定式常会出现令人想当然的应激反应,造成不恰当的慌张或心理预期。

(3)约定俗成式

一些心理定式与当地的乡俗结合,变成了约定俗成的东西。即只要A,就会带来B。如,宴请客人,必然要喝酒,亦即“无酒不成宴”;代表家庭出面的一定是男人,否则就说明这个家庭有问题;等等。

(4)简单推理式

在生活当中心理定式表现为简单的推理,即先A必然后B。如,一个主要领导会认为,大部分情况下打来的电话是下属或是求其办事的;大部分人都认为,深夜敲门往往不会有好事,等等。

3.克服心理定式思维

要培养策划思维,必须要克服心理定式。

(1)要冲破心理定式思维的束缚

如上所述可见，心理定式束缚了思维，使思维变得呆板、愚钝；压制人的主观能动性，约束了人的想象力，过分简单化了现实世界。

(2)要改变心理定式的思维习惯

心理定式的思维习惯会产生很大的惰性，使人不思进取，对外界的变化麻木不仁，无动于衷，无法跟上时代前进的步伐，也难以正确应对复杂的现实情况，最后只能被时代所淘汰。

(3)要摆脱旧习俗中的心理定式

长期以来形成的陈规陋习，深刻地影响着人们的思维，使之内化为心理定式，对社会进步与文明进程形成一种思维障碍。要摆脱这种心理定式，需要很大的勇气，也有一定的难度。因为这与其他人的心理定式相冲突，要花很大力气协调与其他人在思维上的矛盾。

作为公共关系策划人员，只有克服心理定式，才能为策划思维解套松绑，给策划思维创造广阔的空间，也才能积极而正确地应对现实中的各种问题，更好地实现组织的目标。

(二)偏见

偏见是一种因事先对事物的错误认识而形成的不正确的对现实的看法，也是策划思维的一大障碍。

1. 偏见的形成

(1)他人看法的先期介入

一个人出生后，随着年龄的增加逐渐成为社会人，会越来越多地接受着社会上各种各样人的看法和认识，其对外界的了解及形成观点均受到他人看法的影响。这些看法在进入人的思维中后，容易影响人对事物完全自然或自主的认识，导致人对事物产生不正确的视角或干扰人做出正确的判断，这就是今天常说的“先入为主”。先入为主是造成人的偏见的重要来源。由于一个人大部分情况下不可能有足够的时间或条件对外界事物进行全面地观察和了解，因此，他人的观点常常成为一个人对某事评价的重要依据。如果这一看法又从其他渠道获得印证，则会强化这一看法，或由此固化这一看法。“三人成虎”正是这样形成的。

(2)个别经验的普及化

一个人形成对外界事物的看法既依据于自身的亲身体验，同时更多地依赖于他人的经验分享，愿意接纳将之作为自身看法的重要依据。在学习他人经验的时候，常有积极与消极经验之分，与积极的经验相比，人更敏感于消极的经验(即教训)，并将之普及化，这就是我们常说的以偏概全。人对他人经验的盲目接受,会影响对事物的正确认识。一个人在某地皮包被当街抢劫,他会由此得出结论——这个地方的社会治安很差,盗贼横行。当他把这个体会告知没有去过该地的人时,几乎很少有人反对这个结论,大家都会十分认可这个看法。因此“好事不出门,坏事传千里”,就有点以偏概全的味道。

(3)心理预期的选择

正如李普曼在《公众舆论》中所指出的,“多数情况下,我们并不是先理解后定义,而是先定义后理解。置身于庞杂喧闹的外部世界,我们一眼就能认出早已为我们定义好的文化,而我们也倾向于按照我们的文化所给定的、我们所熟悉的方式去理解”①。人对外界世界会深受先前经验的影响,以一种心理预期面对外部世界,在绝大部分情况下,人会选择与自身心理预期一致的看法或结果,同时主观地将与自己看法或心理预期相左的看法排斥或忽略掉。这正是偏见的来源。如在看一部电视剧时,留下深刻印象的内容一定是与该观众内心期待或价值观一致的内容,如果没有获得预期的看法印证,而是恰好相反,就会招致其排斥或抨击。

(4)自我利益的维护

人的偏见与自我利益有密切关系,几乎所有人看待问题都是从自我角度出发的,是代表自己的利益群体来阐述问题的,因而看待问题不易做到客观、公正。正如李普曼认为的,“我们对事实的认识取决于我们所处的地位和我们的观察习惯”②。很多情况下,为了维护自身利益,人会完全忽略这些证据或降低不利于自身证据的重要性,而去关注或夸大对自身有利的事实及重要性。这时,偏见表现得十分顽固,难以改变。

2.偏见的类型

根据偏见的形成,可以将偏见划分为如下几种类型。

(1)文化偏见

这种偏见十分普遍。在绝大部分情况下,身在其中的人对自身文化早已习以为常,对文化中的价值判断约定俗成,不会认为有什么偏见。只有跳出原来熟识的文化氛围,站在其他文化的视角看问题时,才可能看到原来所处文化氛围的一些局限性,才可能发现其中偏见的存在。如西方社会的某些人长期以来对东方国家特别是中国有深刻的偏见,中国社会的任何进步都会令他们感到威胁逼近,如坐针毡,难以平和地对待。但当他们来到中国,或与中国人接触以后,通常

---

① [美]沃尔特·李普曼著,阎克文、江红译:《公众舆论》,上海世纪出版集团2006年版,第62页。

② 同上。

会感到中国的进步对世界文明的发展具有十分积极的意义,所谓大国威胁论纯属无稽之谈,原来认为正确的判断实际上很荒谬。

(2)以偏概全

这种偏见常对负面的消息十分敏感,并愿意以此作为"老到"经验的佐证,推出一种结论式的总结。如路上发生车祸,则认为这个地方的公共交通管理存在严重问题;一个人不修边幅,常被误认为不拘小节,待人豪爽。

(3)利益偏见(角度偏见)

即看待利益问题时所依据的立场。这也反映了一个人所存在的必然的局限性。每个人看待问题均会站在自己角度看问题,十分愿意接受与自己同一立场的亲朋好友的所谓忠告,形成对某一问题的褊狭看法。如经营家族企业的人会认为家族企业的财务大权绝对不能给外人掌握。现实生活中,一个人很难超越自身所处时代的局限,摆脱社会与利益的偏见,提出超越时代的公正观点。

3.克服偏见

要成为有策划思维能力的人,必须克服偏见。

(1)培养开放宽广的视角点

每一个人生活在特定的文化氛围之中,并深受其影响。文化既带给人成长所需的知识,也影响人形成特有的思维方式和理念。要避免已形成的本民族的文化偏见,需培养开放宽广的视角,广泛接触各种异域文化,学习其他民族优秀的文化遗产,以比较超脱、放达的眼光看待自身文化,以较为客观的标准评价本民族的文化,逐渐减少文化偏见。

(2)客观评价事件发生的意义

面对社会上经常发生的各式各样的事件,应以平常心对待,不夸大负面事件的社会意义,就事论事,减少以一当十、以点带面的武断结论,对待事件冷静、全面,既不杞人忧天,也不草木皆兵,培养健康心态。

(3)减少对号入座的思维习惯

心理预期的思维偏见是一种长期形成的不良习惯,会严重影响看待事物的正确视角,造成对事物的片面看法。这种思维习惯的养成是不知不觉的,因而培养正确的策划思维,要格外注意克服先入为主的心理偏见,建立客观、实事求是的思维习惯。

(4)多从他人立场看待问题

克服利益偏见,要注意站在他人角度看问题,不要只从自己的角度出发,注意培养自我批评精神,有意识地关注他人利益,从换位思维的角度去与他人交换看法，使自身利益的维护更加透明和公平。

（三）从众

从众是社会上一种十分普遍的心理表现与行为取向，从众思维也是策划思维的一大障碍。

1.从众的心理原因

长期以来，人在行为的选择上，深受从众心理的影响，原因在于：

（1）相信众人的判断力

人在看待问题，确定取舍，进行决策时，首先会将他人的决定作为参照物，如果有许多人已选择了一种决定，那么，后来的人宁愿相信这一决定是理性的、正确的。因此很多人在做出选择时更多地倾向于从众，认为这样会增加其安全性与可靠性。

（2）担忧被众人排斥

很多情况下，即使怀疑众人决定的正确性，甚至已看出众人决定的谬误或荒诞，但最终仍然会选择与众人一致，实际上就是担忧自己与众不同的选择会遭到众人的排斥。这种恐惧会令人在决策时，陷入矛盾的判断中，可能的情况是：与众人站在一起的冲动会胜过孤独做事的理性判断，于是选择从众。

（3）依附性人格作祟

有些人在思考问题、决定取舍时，首先考虑的不是自己应该如何做，而是先了解他人如何做，然后选择跟随。这种依附性人格会使其失去了基本的判断力，因而在是与非、善与恶等抉择方面变得人云亦云。

2.从众的类型

（1）盲从

即对于他人的指示或安排，不去考虑是对或错，而是认为只要别人都这样被命令而服从，则自己也会毫不犹豫地服从，如果证明是错了，则自认倒霉。

（2）轻信

当有人用“别人都是这样的”话来影响选择或决定时，就会轻信这个判断是对的，就会毫不犹豫地相信。绝大部分的骗子都是用这样的骗术得逞的。

（3）模仿

由模仿而形成潮流，这也是从众的一种表现。许多人担心自己被他人认为落伍，就会模仿明星，追逐潮流，盲目跟风。

（4）追随

对某人或顶头上司（领导）的追随是一种依附性人格的表现。“楚王好细腰，宫中多饿死”,反映了曲意追随所付出的从众代价。这种情况在今天屡见不鲜,只要认为必要,某些人会表现出十分积极的对他人的追随性。

3. 克服从众心理

(1)遇事独立思考

培养独立思考的思维习惯,是克服从众心理的重要利器。因为从众可能会付出较大代价,“真理往往掌握在少数人手里”。从众心理会带来思维的懈怠,影响对问题的正确认识,忽略一些重要的警示性的提示,最终有可能导致决策或选择的失误。对于策划思维来说,没有独立思考,就没有策划思维的鲜活性、创新性,思维的策划就是一句空话。

(2)培养自信心理

从众心理很大程度来源于不自信,相信他人多于相信自己。因此,自信心理是摆脱从众心理及行为的动力。只有相信自己,才会激发自身的判断力和决断力,才会正确选择适合自己情况的决定,才不惧怕与众不同,不担心被排斥或落单。

(3)树立独立人格

从众心理所暴露的依附性人格是一种不健康的心理表现,更对一个组织或团队的建设有害无益。因此,要从思想认识上建立起平等观念,确立自己的独立人格,坚决克服时下追逐功利、见风使舵的不良风气,努力营造良好的组织创新氛围。

第三节　公关策划思维类型

公关策划思维是以公共关系策划活动为中心内容开展创意、创新的思考过程。这一过程也是一种头脑风暴,或者被称为思维激荡。

公关策划思维是站在社会组织的角度为营造组织良好的社会环境而开展的传播沟通活动。其思维类型有以下几种。

一、编故事法

在进行公关策划思维活动时,通过设计各种故事,或以故事的形式展开活动,是一种重要的思维类型。具体来说:

1. 编故事续集

为以前大家耳熟能详的故事编一个续集，使之与本组织的理念、本次活动的宗旨或主题，以及组织的经营或服务内容及产品联系起来，拉近组织与公众的距离，实现组织对公众主动沟通、公众增进了解组织的目的。如设计一个新罗密欧与朱丽叶爱情故事，以此体现组织吸引年轻人、体现爱情浪漫忠贞的活动主题。

2. 改编故事

将原来的经典故事创新改编，增加新的色彩，使故事服务于组织的活动内容，给公众一种耳目一新的感觉。这里特别要注意的是，在改编故事时既要大胆、创新，又要合情合理，既要情节新奇，又要幽默调皮，能够让公众自然接受。如以《新〈皇帝的新衣〉》来引起公众的关注与参与热情。

3. 编新故事

为组织活动或产品编一个动人的故事，或新奇，或感人，或滑稽，引起公众的关注，加深对组织的良好印象，以实现组织让公众关注、了解进而信任的目的。新故事的编写不是无中生有的胡乱编造，而是着力挖掘组织内部感人的、幽默的、快乐的事情，然后将之演绎展示给社会公众，以之弘扬组织文化。

二、整合拼接法

在公关策划时，需要调动策划思维来考虑将某些看似不相关的事件重新整合在一起，使之成为一个既离奇又合理的新故事(活动)，以此吸引公众参与，增进公众对组织的了解，强化公众对组织的印象。这样的整合拼接可以是政治、经济事件与组织活动的结合，也可以是生活小故事与组织公关活动主题的交汇，但不管怎样，策划创意的中心是增加活动的时尚性、戏剧性或趣味性，体现与传播组织文化。

三、逆常规法

即专门选择特别的时间、地点或人物展开公共关系活动，冲击公众的心理预期，造成一种比较新奇、独特的效果。公关策划思维要创新，应该多使用逆常规法，标新立异、与众不同，给公众耳目一新的感觉。

四、时空挪移法

将时间与空间进行错位处理，为组织的目标公众带来不同的视觉与感觉冲击力，以实现组织的公共关系目标。时空挪移常会将古代的预想或痕迹挪移到现代并活化,或将未来的预想放到现在,让目标公众产生完全不同的感受。

五、无中生有法

公关策划思维也需要完全新的创意思考,即为社会组织策划、设计与其他模式完全不同的一种想法或方案,这需要策划思维具有全新的激荡,甚至是革命性的变革,以此实现组织与目标公众的沟通或了解。

公关策划思维为公关创意服务,公关创意是公关策划的核心。灵活的公关策划思维为不同的公关策划活动铺垫了基本的智力基础。

第九章　公共关系策划类型

第一节　日常型公关策划

一、公关新闻

(一)新闻与公关新闻

1. 新闻的特点

新闻指通过大众传播媒介报道的新信息。

新闻具有三个特点:及时性(时效性)、新鲜性(新奇性)、公众性(公益性)。

新闻的及时性要求新闻一定是刚刚发生或发现的事情,如果已经发生很久,就成为旧闻,不再具有新闻性了。因而常有“抢新闻”之说,指的是在最短时间把新发生的事件报道出去。新闻非常讲究时效性。

新闻的新鲜性指的是新闻内容必须具有新意,与身边每天发生的事情有很大的差异性,能令人感到新奇或值得关注,否则新闻就失去了其应有的价值。因此选取新闻报道的内容、报道的视角、报道的形式都是非常重要的。

新闻的公众性则要求新闻的发布与新闻的内容对公众具有意义、与其生活有一定的关系,而不是仅仅是哗众取宠的猎奇,新闻不能仅为某些商业集团服务,必须具有社会公益性质,新闻是给公众看的,应该具有社会价值。

2. 新闻的三要素

新闻是由三个要素构成的:新闻媒体(记者)、新闻事件(被报道单位或对象)、新闻稿(图片或视频资料)。

(1)新闻媒体(记者)

新闻媒体是报道新闻的主体或载体,记者是新闻媒体的执行代表。一篇新闻稿只有承载于特定的媒体上才能叫新闻。新闻媒体有平面媒体(又叫印刷媒体),如报纸、杂志等;有电子媒体,如广播、电视、互联网、手机等。新闻媒体登载新闻首先是由记者采访并撰写,然后由编辑层层审核,最后才可能出现在媒体上。因而,公众在媒体上读到(看到、听到)的新闻,是记者眼中的事实,并由编辑(在新闻学上通常称其为把关人)整理和审查后的情况,因此,新闻可能是真实的,但不一定是如实的。由于绝大部分公众不可能亲眼看到、接触到所有的事实,因此公众会选择相信新闻。

(2)新闻事件(被报道单位或对象)

从理论上说,每一篇新闻都应该言之有物,报道的内容是确定的事实,具有社会价值或意义,即新闻事件。新闻事件是发生在某时、某地、某单位(组织)、某人身上,因此,新闻往往与被报道的组织或某人背后的组织有密切的关系。正面新闻很受被报道单位的欢迎,而负面报道是被报道单位避之不及的。今天,一些个人由于其知名度较高,已经成为公众人物,因而关于他们的新闻也具有了与其他社会组织同样的社会意义。

(3)新闻稿(图片等资料)

这是新闻的承载体,优秀的新闻稿会产生巨大的社会效益,而假新闻也会带来非常严重的社会负面影响。因而提高新闻报道的真实性与稿件质量具有神圣的社会责任。一般来说,新闻稿包括五大要素:题目、时间、地点、内容、结果。

3. 公关新闻的特点

指某一社会组织通过新闻媒体向社会发布本组织的信息。

公关新闻一般具有以下特点:

(1)明确的新闻对象

公关新闻的发布有十分明确的报道对象——社会组织,绝大部分情况下,新闻的登载是该对象主动促成或形成的,而非新闻媒体记者因为其本身的新闻价值而报道的。公关新闻的发布是社会组织呼之欲出的,记者只是代其行使了这一职能。而一篇普通的新闻,则是新闻记者主动报道、被报道单位往往在报道后才知晓的,二者的差异泾渭分明。

(2)有目的的新闻内容

公关新闻的内容目的性很强,是为新闻对象即社会组织服务的,所以新闻的内容是精心设计与安排的,传播内容是专门向公众传递组织某一方面的信息,新闻的长短等表现形式均根据组织的需要而定。而普通新闻稿则是根据新闻事件的实际情况、记者及编辑认为是有价值的信息,才向公众传播的,表现形式既根据事件的社会意义,也根据新闻载体的容量而定。

(3)高效的新闻效果

公关新闻的关注点在社会组织,留给公众印象的不是以新闻内容为主,而是以新闻报道对象为主,使公众在阅读、听到或看到新闻后,留下深刻印象的是社会组织。而普通新闻的关注点则在新闻事件上,留给公众深刻印象的往往是新闻事件中的人或事,公众了解新闻后不会更多的想到新闻事件报道对象背后的组织。

实际上,任何一则新闻都有报道对象,有明确的目的,也在追求最大的新闻价值。但公关新闻因为有社会组织的主动参与,就增加了新闻的目的性,甚至一定意义上的功利性,产生的新闻效果就与普通新闻大相径庭。当然,从根本上说,每一篇新闻都具有公关新闻的意义和性质,因为新闻报道总会涉及新闻报道中人与事背后的组织。但是,只要新闻媒体做到足够公允,只要越来越多的社会组织具有公共关系意识,那么,在大众传播媒体上必然会见到(读到、听到)更多的公关新闻。

(二)公关新闻的写作

公关新闻与普通新闻在本质、形式上没有太大区别,但在其所体现的目的与内容上可以看出一些明显的差异。

1.题目突出组织名称

每一篇新闻稿均有题目,题目是新闻的眼睛。公众关注新闻首先看的是题目。因此,公关新闻在题目上一定要十分鲜明,吸引人的眼球,着力凸显社会组织的名称,让公众对组织产生较深的印象,或引起足够的注意,同时唤起公众对内容的探知欲望。

有些情况下,新闻的内容包含着上级重要领导者、非组织自身的重大事件的信息,但新闻的题目仍然要显示出社会组织的名称,这样的新闻对组织才有意义。

2.内容体现社会价值

虽然是公关新闻,但新闻的内容绝不能表现出组织的功利目的,而应该集中体现新闻的社会价值,具有鲜明的社会公益性,不能释放出宣传组织自身的商业味道。这样的新闻才能被容许在大众传媒上登载,也才符合公共关系的职业道德。尽管目前有个别媒体发布所谓"公关软文",以付费方式大版面宣传组织及其领导者,但这样的做法,既损害了媒体的公信力,也不会被公众所买账,宣传效果并不好。

3.结尾淡化组织色彩

公关新闻的结尾也要与新闻报道对象内容一致,不显示组织的功利色彩,应该提升新闻的社会价值与意义,将组织的色彩淡化,使公众读到(看到、听到)的是一篇真正意义上的新闻,结果自然也会在公众心中留下对新闻对象——社会组织的印象。

在上例中正体现了这一点。

(三)公关新闻的意义

公关新闻对组织的生存与顺利发展有重要意义。

1.有利于组织被社会公众认识与关注

公众对于新闻的了解与信任是建立在对大众传播媒介的毋庸置疑的信赖基础上。社会的广阔与信息的庞杂使公众不可能亲自去感知全社会,而只能是逐渐建立起通过大众传播媒介了解社会,判断、评价社会人与事的习惯。新闻是公众认识社会最主要的窗口之一。新闻的快速、真实,使其在公众心目中建立起了极高的信赖度,社会组织有意通过新闻来激发公众对社会组织的关注,对组织的发展是极其重要的。

2.有利于组织及时与公众的沟通

利用大众传播媒介通过新闻的形式,社会组织可以及时将组织的信息传递出去,极大提升公众对组织的关注度,无形中创造了组织与公众的相互交流沟通的机会,建立起了公众对组织的了解与信任度,营造了组织生存与发展的良性社会环境。

3.有利于组织在不利情况下的危机化解

每一个组织在发展过程中都有可能遭遇不测,当组织遭遇不利的情况时,及时通过新闻将组织的真实情况告知公众,会极大地帮助社会公众了解与体谅组织,有利于减轻对组织产生的猜疑与不信任,使组织能够尽快摆脱危机,从不利的舆论境况中走出。

(四)策划公关新闻

公关新闻可否被策划?这在今天已经不再是问题。

“制造”新闻曾被新闻界质疑,并有影响新闻职业道德的深刻担忧。但实际上,无论是“制造”新闻,还是策划新闻,均是在遵守新闻职业道德的前提下来实现新闻的价值,使用策划或“制造”的词句,无非是在凸显组织对新闻的高度重视及强烈的新闻意识罢了。

对于社会组织来说,公关新闻的形成是需要策划的。

1.策划新闻主题

社会组织策划新闻,首先要精心策划新闻主题。新闻事件天天有,但如果没有敏锐的新闻意识,新闻事件很快就会被淹没而流逝,无法形成新闻。如果以高度的公共关系意识关注组织每时每刻发生的事情,选择有利于组织生存环境营造、及时与社会公众沟通的新闻事件,则新闻就在身边。

新闻主题的选择主要有：

(1)组织实力

主要指有关组织历史、实力的新闻事件。如有关组织的新排名，组织与社会著名机构的合作、交流、兼并等消息。

(2)技术创新

指关于组织的技术发明、创新者事迹与创新成绩，这在今天是组织重要的新闻点。

(3)组织英雄

指着力推出组织领导者、劳动模范、抢险英雄、节能模范人物等加以宣传。

(4)组织花絮

在需要的时候，将组织的一些奇闻趣事捕捉为新闻线索。如特色植物、建筑标志、应季植物等。让公众因一些生活趣事对组织产生好感。

(5)社会公益

在社会发生贫病困灾的情况下，组织开展一定的慈善公益事业也可以作为新闻事件进行宣传。如果是动用较大资金去开展，则需要另外策划，但形成新闻主题是可以提前策划的。

新闻主题还可结合社会热点等问题来选择。中心目的是为组织的公共关系目标服务。

另外，在必要的情况下，策划人物专访、连续的新闻报道、报告文学及编辑出版组织的发展史等都是不错的新闻主题。

2.策划新闻时机

在有了新闻主题后，组织需要选择恰当的时机来发布新闻，时机选择不好，新闻效果就会大打折扣。在考虑新闻发布的时机时，要注意以下几点：

(1)不与重大新闻事件重合

组织在推出新闻时，要尽量避开国家或地区的重大新闻事件。如人大会议、党代会、政治争端、外交冲突等。组织的新闻发布要等待大型新闻事件热度过后再发出。

(2)借重大新闻事件而传播

如果组织的新闻恰与重要新闻事件有一定的关联度，则在新闻事件的冷淡期，适时搭便车发布组织的新闻，则可起到借力使力的双倍功效。

(3)选择社会热点或应季传播

在每一个时期，总有一些新闻热点话题。社会组织如果能将组织的一些事件与社会热点问题相关联，则会引起社会公众的关注。或者在一定季节，动植物的变化，天气冷暖等也可能触及组织的一些内部事务的新鲜事，形成一定的新闻事件，由此引起公众的关注。

(4)选择平淡或冷寂时推出

如果组织的新闻恰是十分新奇的一些花絮事件，则可选择在社会新闻趋于平淡或冷寂时推出，效果会比较好。这样的新闻绝不能制造噱头，或者哗众取宠，而只是与公众分享趣事，以激起对组织的好感罢了。

3. 选择新闻媒体

在策划公关新闻时，选择新闻媒介也是需要精心考虑的。传播组织新闻的媒介及媒介发布组织新闻的具体位置(栏目、版面、频道或时段等)直接影响到公关新闻的效果。

(1)选择恰当的媒体

新闻媒体主要有报纸、广播、杂志、电视、互联网以及手机等。不同的种类与级别的媒体覆盖有不同的公众。正确选择目标公众所偏好的媒体，会使公关新闻发挥其最大的效益。同样，随意发布新闻于不恰当的媒体上，将对公关新闻带来低效或反效果。

(2)选择或确定媒体传播的版面(栏目)

每一种媒介都有登载新闻的位置、频道、时段及栏目。这也是公关新闻策划时要认真考虑的问题。如报纸要考虑栏目、版面及版面中的位置；杂志要考虑栏目及新闻排序的位置；广播要考虑播出时段、重复率等；电视要考虑播放频道、栏目、时间等；网络要考虑投放的网站、位置、点击形式等。这些问题均会对公关新闻的传播效果产生重要的影响。

总之，公关新闻的策划，是在遵守新闻职业道德的前提下高效传播组织信息，针对目标公众开展的重要沟通手段。现实中几乎每一则新闻都是策划的产物。

公关新闻的策划恰恰体现了社会组织对目标公众的高度关注与尊重。

二、新闻发布会

召开新闻发布会是社会组织十分重要的日常公共关系工作。今天，各种社会组织在面对社会需要向公众传达组织的重要信息时，常会选择新闻召开发布会的形式。

新闻发布会与记者招待会具有十分相近的功能。一般情况下，二者不做区别。

一般情况下,策划新闻发布会由组织的公关部就可以完成。

(一)举办新闻发布会的条件

新闻发布会的举办,对一个组织来说并不是经常要做的事情。那么在什么情况下需要举办新闻发布会?

1.社会组织重大事件的发布

当一个组织在某一时期有重大事件需要向社会宣布时,则新闻发布会就有召开的必要。今天的社会组织无论是政府、企事业单位,抑或是一个社会团体,已经不再孤立地在社会中生存,其行为往往影响着社会中的其他群体或公共利益。如政府决策、上市公司的转型、学校、医院的重要决定、公益性团体的行业规则制定等,均会对相关的社会公众产生一定的影响。因此,当社会组织有重大事件发生时,就需要通过新闻媒体向全社会发布。这里的重大事件主要指重大的人事变动、重大决策变化、重要喜庆消息等。举办新闻发布会是社会组织具有社会责任的一种表现。

2.社会组织重要发明创造的宣布

一个组织的重要发明创造的诞生,是社会文明进步的表现,在认为必要的情况下,可举办新闻发布会予以公布,增强社会公众对组织的关注度、信任度,甚至自豪感。

3.社会组织重大危机下的说明

当一个社会组织突然遭遇重大灾难,引起社会公众对组织现状的高度关注时,新闻发布会的召开就十分必要。在危机发生的情况下,社会组织需要通过新闻发布会的形式向公众说明情况。如危机造成的严重情况、组织应对的措施、危机原因的解释等。

现代社会,不止社会组织要通过新闻发布会的形式负责任地向公众公布组织的重要消息,而且一些公众人物或某些重要事件的当事人,也会以组织的名义在必要的情况下举办新闻发布会,让社会公众及时了解情况,减少不必要的心理恐慌。因此新闻发布会已成为全社会高效率信息发布的重要形式。

(二)新闻发言人的素质要求

新闻发布会的召开,核心人物是新闻发言人。因此,对新闻发言人要提出必要的素质要求。

1.表达能力要求

新闻发言人是依靠语言表达来完成新闻发布会任务的。新闻发言人在语言表达上应该做到:

(1)口齿清楚、吐字准确

原则上,新闻发言人应该讲标准的普通话。说话口齿清楚,吐字要准确,发音正确,能够让在场的新闻记者听清楚其讲话的内容,不能语言表达不清,说话拖泥带水,让人听起来含含糊糊,无法做出正确的理解与判断,无法高效率地完成信息的发布。

(2)声音洪亮、声调平和

新闻发言人在主持新闻发布会时,声音应该洪亮,能够让在场的每位记者听清楚讲话内容,即使绝大部分的场合新闻发言人都有话筒,也要声音高亮,底气十足,体现新闻发言人的身体健康,自信坚定,令人信赖。同时,新闻发言人讲话的语调却不能因声音洪亮而上扬,而应该声调平和,语气显得谦虚而不是自负,沉稳而不张狂,使在场的新闻记者听得入情入理。

(3)语言礼貌、言简意赅

新闻发言人在新闻发布会上,要做到语言礼貌,关照到各方面的新闻记者,特别是对于在场的特邀嘉宾,更要给予语言上的周到的礼遇,对于记者朋友的特殊情况或特殊要求,也要细心予以必要的交代和诚意的解释。不忽视在场所有人的情感诉求,努力做到让每个人感到比较满意。新闻发言人在讲话时,要遵守言简意赅的基本原则,语言不拖沓,说话不带口头禅,不反复重复,讲话时头脑清醒,不随口解释或抱怨,更不擅自承诺,话语要严谨,语言要简洁,以免授人口实。

(4)快速反应、语言幽默

新闻发言人面对公众媒体,实际上就是面对着广大公众,必须认真审慎地对待新闻记者的提问。当记者提问时,新闻发言人要做到快速反应,机智应答,适时幽默,巧避锋芒。注意不在某些细节问题上多纠缠,及时而沉稳地将记者的关注度吸引到组织期望关注的问题上来,努力保证新闻发布会的顺利举办。

2.应变能力要求

新闻发言人在主持新闻发布会时,要有很强的现场应变能力,不要让发布会现场出现冷场或令人尴尬的场景,保证新闻发布会的正常进行。

(1)一般问题,从容应对

对于新闻发布会上记者提出的问题,新闻发言人一定要认真对待,不可大意。新闻发言人虽然已有准备好的答案,但也不可贸然回答。听到问题后要先思考一下,然后微笑作答,回答时表情沉着、自信,表达出组织对公众即媒介的尊重和重视。需格外注意这样的情况:记者提出一个显而易见的简单问题或看似荒谬的问题,实际上可能潜伏着下一个核心或敏感问题的诘问。因此,新闻发言人在回答一个看似简单的问题时，也要先想一想，注意提问者的动机，然后再从容作答。

(2)刁难问题，冷静回答

在新闻发布会上，记者提出刁难性的问题，是十分常见的情况。对此，新闻发言人不能动怒和急躁，而是应该冷静、清醒，既要思考应答的措辞，进行积极的应对或反击，也要思忖媒体所代表的特定公众的特殊利益，努力给公众一个满意的答复。新闻发言人培养良好的心理素质非常重要，绝不能因为某些媒体记者的不怀好意、故意刁难而勃然大怒、情绪失控，导致新闻发布会不欢而散。发言人应始终保持清醒、冷静的头脑，在记者面前不表现出任何情绪化的回答，彬彬有礼，不卑不亢。

(3)意外问题，谨慎应对

在新闻发布会上，如果记者提出一个令新闻发言人感到意外的问题，这时新闻发言人草率回答"不知道"，可能未必是一种负责任的态度。因此，对此应该十分谨慎地来应对，既不能怪罪媒体记者捕风捉影，也不能自责自己消息闭塞，而应该经过思考后谨慎回答，不给对方留口实，也不完全排斥对方的探询之意，礼貌上还要做到十分周全。

(4)突发事件，镇定对待

在一些特殊情况下，新闻发布会也会发生一些突发事件，如停电，嘉宾情绪失控，普通公众表现失常、暴怒或出现扔皮鞋、打出反对标语、喊出不恰当的口号等情况。对此新闻发言人首先要做到镇定、不慌乱，然后稳定会场秩序，采取适当措施进行应对，保证新闻发布会有序地进行。绝不能面对突发事件，先慌了手脚，不经过大脑思考，草率处理，结果可能导致新闻发布会的停顿或不欢而散、草草收场，形成一件丑闻。

新闻发布会对组织的影响十分重要。媒体记者是组织最重要的外部公众。他们的态度和判断直接影响着全社会公众对组织的看法和认知。因此，新闻发言人必须有责任和义务保证新闻发布会的顺利举行。

3. 掌控发布会进程的要求

新闻发言人在新闻发布会上有一项很重要的工作，即对发布会进程的掌控——实现新闻发布会从开始到结束的有效管理。

具体来说应做到以下几点：

(1)保证良好的开端

新闻发言人是新闻发布会的主持人，也是新闻发布会全过程的管理者。因此,新闻发言人要让新闻发布会有一个良好的开场。

第一,向所有与会记者表示欢迎,以诚挚的态度拉开发布会的序幕。并在发布会之前与记者进行简单的沟通交流,构建在记者心中的亲和力。

第二,新闻发言人要做好嘉宾的介绍,让所有参会的记者明了嘉宾的身份、专长、出席发布会的任务。

第三,介绍新闻发布会的程序与内容。从一开始就让记者明了整个新闻发布会的主题、议程、重点,使记者便于安排自己的工作内容。

第四,以简单的语言调适会议气氛,营造诚恳、亲切、严谨、有序的基本格调,为新闻发布会的顺利召开做必要的铺垫。

(2)保证顺畅的过程

新闻发言人在新闻发布会进行中,要密切关注会议的进程,及时发现可能的隐患,快速排除可能的干扰,努力做到新闻发布会有序、顺畅地运行。

在新闻发布会上,可能出现的情况有:

第一,新闻发言人或嘉宾被记者难倒,使发布会陷入尴尬、难堪境地。在这种情况下,新闻发言人必须急中生智,善于从不利的场景中摆脱出来,如以答非所问、引用古语或幽默笑话来打岔,或以坦诚态度应对记者的诘难,也可以义正词严的态度表明组织的严正立场,以赢得更多新闻媒体的了解与认同。切忌故意敷衍、愚弄记者,招致记者的反感。

第二,有人故意破坏新闻发布会,搅扰会场。如果出现这样的情况,则新闻发言人要保持镇定,安排必要的工作人员维持会场秩序,适时揭露事情的真相或破坏者的用心,努力保持新闻发布会顺利举行。

第三,出现设备故障,导致新闻发布会停顿。如话筒出现问题,停电,或者发布会外发生突发性事件,等等。如果是这种情况,则根据当时的情况,认真考虑新闻发布会继续进行的可行性,确定是否正常进行或迁址或延期等。但不论设备发生什么情况,新闻发言人都要冷静、从容、不慌不忙,主动关照好记者的情绪。

(3)保证圆满收尾

新闻发言人在掌控新闻发布会时,注意顺利圆满收尾也十分重要。

第一,要把握好发布会的时间,大致控制在 1～1.5 小时之内,如果记者提问踊跃,参会记者的级别较高,则可适当延迟结束。如果新闻发布会持续到中午或傍晚,则要及时收尾,留下余言未尽的感受。

第二,要把握好发布会的节奏。在高潮偏后时即可结束,不要让人感到会议拖沓、松弛。一般来说,新闻发布会开始会有些冷清,然后随着记者的提问而逐渐气氛热烈。对此,新闻发言人要注意掌控发布会的节奏,在主要问题已经说明清楚的情况下,即可适时收尾,宣布发布会结束。

第三,要安排好发布会的程序。在新闻发布会上,要保持进程平稳有序推进,不要前松后紧,留给记者提问的时间有限,令记者不满。新闻发言人在开始时就交代清楚发布会的议程,留足记者提问时间,保证发布会圆满结束。

4. 个人仪表要求

新闻发言人是社会组织的形象大使,面对新闻记者,就是面对社会公众。新闻发言人的个人仪表已经不再是私人的生活问题,而是与社会组织的声誉、印象完全融为一体,因此,在新闻发言人的素质要求中,仪容仪表是重要的内容。

(1)仪表整洁正式

不论是男性或女性的新闻发言人,在仪容上,首先要做到衣着整洁,清爽干练,不给人留下随意、不拘小节、衣衫不整、不洁的印象。对新闻发言人第一印象的建立,在一定程度上影响新闻记者对组织的初步看法。

正常情况下,新闻发言人要着正装,男士西装革履、打领带;女士着西装或套裙,穿长筒袜、皮鞋。这样的装束体现了组织对所有参会记者的尊重,也体现了对广大社会公众的尊重。

(2)仪容端庄亲切

作为新闻发言人,应该有一张端庄、明朗、自信、坚毅的面孔,让人看到这张脸,易于产生信任感。新闻发言人在主持发布会时,表情应自然、端庄、沉着但不失亲切。在各种突发情况或不良的气氛下,始终保持坦诚、积极、平和的表情,从中传递组织对大众传播媒介创新、开放的积极信号。新闻发言人最忌摆出一副高傲、盛气凌人、冷漠的表情,这会让新闻界对组织产生消极的印象。

(3)仪态谦和有度

新闻发言人主持新闻发布会时,要注意仪态自然而不随意,谦和而不谄媚,体现出训练有素的良好职业风范。在台上需要做一些手势时,注意幅度小而有度,不做夸张动作,不做影响优美仪态的小动作,如理头发、提裤子、整理衣服或领带、搔抓身体等。令人感到谦和、儒雅,收放自然有度,以大方、潇洒的个人魅力缔造组织良好的形象。

(三)新闻发布会的策划

新闻发布会的策划是一件比较具体的工作,一般情况下本组织的公共关系部门或专门的新闻办公室就能完成这项工作,不需要聘请专门的公共关系公司

来操办。在策划新闻发布会时,主要有以下几项工作要做:

1. 确定新闻发布会的内容

这是举办新闻发布会时首先要考虑的问题。

新闻发布会的内容主要包括:要公布的事项、说明的内容、解释的细节等。具体来说,社会组织有重大消息需要向媒体公布的,如人事变动、公司重组、公司破产等;社会组织有重要消息向社会宣布的:主要指技术科研方面的成果或进步,如科技发明、专利申请、技术空白填补、新技术引进等;组织在重大事件面前需要尽快向公众解释的事情等。

一般情况下新闻发布会的内容必须要形成书面文字,一则让新闻发言人事先有所准备,发言时有的放矢,语言表达准确,不出现明显语病或违规言辞;二则作为新闻通稿的原型,为传递给新闻媒体做准备。在新闻发布会后,书面内容经修改润色后交给记者。

2. 确定新闻发布会的出席嘉宾

新闻发布会的嘉宾是新闻发布会的主角,他们的出席对新闻发布会的成功起十分重要的作用。因此,确定邀请出席嘉宾的名单是策划新闻发布会的重要工作之一。受邀出席的嘉宾应该具有这样的特性。

(1)相关性

即嘉宾应该与新闻发布会的内容有密切的相关性,如应该是分管领导、主要负责人,或者是事件的直接参与者等。

(2)高级别性

即嘉宾一定是该工作或事件的主要负责人,管理级别应该比较高,显示组织对新闻媒体的尊重和对公众负责任的态度。

(3)代表性

即参会嘉宾应具有很强的代表性,能够在某一方面具有权威性和代表性,其提供的信息具有极强的说服力,嘉宾的发言能够给公众满意的答复。

3. 确定新闻发布会受邀的媒体及记者

新闻发布会的客体是媒体及其代表记者,组织在确定记者所代表的媒体以及参加人数时,应该慎重。应着重从以下几个方面甄选记者:

(1)媒体受众覆盖组织的目标公众

选择媒体要考虑媒体所服务的受众是否包含有社会组织的目标公众。如果能够覆盖,则组织的新闻发布会可以邀请其参加。有些媒体看似覆盖面很广,但与组织的目标公众有很大差异,则不必选择。如组织的目标公众是中老年女性,则就不必通知一般的女性时尚杂志记者参加。

(2)媒体辐射区域涵盖组织的目标公众区域

选择媒体时还要考虑媒体的辐射区域。如果组织的目标公众涉及全国范围,则可邀请全国性的媒体记者参加,如果组织的目标公众只是在本区域,则仅通知本市或本县的主要媒体记者到场即可,因为即使通知全国性媒体记者到场,对方也可能会表示不感兴趣。

(3)引发事态的媒体邀其持续关注

对于社会组织来说,先期关注组织的媒体不论其是好消息还是负面报道,在举行新闻发布会时该媒体也要特别邀请,请其继续关注组织,以飨公众。

另外,新闻发布会不是参加的媒体越多越好,级别越高越好,而是恰当才好,只要社会组织本着诚信的态度,以现代公关意识积极地与目标公众寻求沟通与认可,则新闻媒体就会以同样的态度将组织推向社会公众,实现新闻发布会所期望的目标。

4.确定新闻发布会的时间地点

策划新闻发布会时,还要考虑合适的时间、地点。在时间上,注意组织的消息发布不要与国家或当时的重大事件相冲突,否则,一些重要的记者来不了,即使来了,消息或报道也难以在媒体的重要位置上登载。对于公众高度关注的突发事件,则新闻发布会召开的时间越早越好,不可拖延。否则流言就会成为主流,媒体的关注度下降,组织在公众中的声誉就会降低,对于组织不利的负面报道就会占据主导。

关于地点,对于组织重大事件或庆典,可选择当地条件较好的酒店会议厅举行,而对一般性质的新闻发布会则可选择本组织的正式会议厅举办。这样,也可以就近安排记者参观及就餐。

5.确定新闻发布会会场布置风格

新闻发布会不论在外租用酒店,还是在组织内举办,都要事先确定会议布置的风格。主要包括:

(1)横幅标语的内容

一般的新闻发布会都要悬挂标语或使用多媒体大屏幕,标语的内容需要事先确定。如某某组织新闻发布会。也有内容简单的,只是用投影仪打出五个大字“新闻发布会”,但大屏幕的背景颜色和图案需要谨慎选择。它对于新闻发布会的气氛和格调有重要作用。

(2)主席台的布置

主席台的摆放方式体现了新闻发布会的内容与性质。正常情况下，主席台摆放一排桌子，桌子台布的色调要与新闻发布会的内容有关联度。如重大喜庆事件，台布最好用红色或红黄颜色，如是特大事故的发布会，则可用黑色或白色等。

在重大科技创新发明的新闻发布会上，主席台可以不要桌子，只放几张椅子，围成圆环状，便于嘉宾自由发言。

(3)会场内的其他布置

新闻发布会除了在主席台体现发布会的风格外，还要根据会议内容及其情况，在会场两边或中间上空悬挂标语口号或其他装饰物。会议之前可安排暖场音乐，会议之后可以安排告别音乐，让出席的记者感到比较温馨、舒适。另外，新闻发布会必须安排足够的椅子、凳子，并在可能的情况下，装备有充足的现场报道设施以及上网条件等。

6. 确定新闻发布会前后的接待与参观

新闻发布会的举办要周密安排接待工作。其中包括前期的电话反馈，服务值班电话的值守，信函的寄发，出席人数的核定，届时的接车，到会的签字，参会牌的制作与发放，新闻通稿的配送以及其他一些特殊要求的接待与处理等。这些工作正是考验一个社会组织公关管理水平与公关人员素质与能力的重要机会。接待工作的设计应细致而全面，事先尽量考虑周全，以备临时仓促，无法应付。

新闻发布会后，在可能的情况下，最好邀请新闻记者作一般性的参观。因为组织向媒体公开就是向社会公开，这个机会十分难得。但是参观组织是一件比较慎重的事情，事先要有所准备，在组织内部做好相应的沟通协调工作，明确参观路线，组织好参观队伍，在不影响组织正常工作的情况下，顺利地让新闻记者对组织有全面的了解。

参观结束后，一般可安排记者就餐。

7. 追踪新闻发布会后的报道

这件工作在策划新闻发布会时要认真考虑进去，并安排专人进行追踪。这是新闻发布会效果的检验，更是新闻发布会举办的目的。社会组织对新闻发布会后的工作要密切关注，及时与主要媒体的记者进行沟通，确定报道视角、报道时间及报道版面、栏目或频道，使新闻发布会的后续工作落实到位。

三、媒体开放日

对社会组织来说，当公众对组织经营的业务或产品、突发的危机事件、存在的特别现象等产生质疑、兴趣或强烈的抗议时，组织策划媒体开放日就变得十分必要了。

(一)举办媒体开放日的条件

组织举办媒体开放日需要具备一定的条件，否则随意开展媒体开放日活动会因为条件的不具备而带来严重的后果。

1. 有需要向社会展示事情真相的必要

今天，作为社会公民之一的组织，其行为随时有可能受到全社会的关注，媒体的突然曝光会使组织迅即置于社会公众的高度质疑或特别兴趣之下。那么，当组织感到媒体的曝光有失公允，公众对事情的了解程度有限，公众对组织存在明显误解，组织向社会展示事情的本来面目成为必需时，组织公关部就需要策划媒体开放日活动了。

2. 组织具备可以对外开放的条件

组织决定举办媒体开放日活动，是一次重要的公共关系活动，要举办这次活动，组织需要具备对媒体和公众代表开放的条件。如有可以通行到达的交通条件、可以公开展示的产品、生产厂区、生产过程、实验室、动植物养殖场，或者有未被破坏的危机事故现场等。只有具备这些条件，才可能让媒体记者或公众代表(消协或非政府组织代表)亲眼看到事情真相，直接实地了解组织、理解组织，对组织有全面、真切、正确的认识。

3. 组织有表示正义或正当的充足理由

举办媒体开放日，是组织主动向社会公开自身、积极把自身放在公众视线下接受全社会检阅的重要事件，因此，开放日活动的举办，必须十分清楚地明确组织在要开放的事件中所处的正当性或正义性。如果不能肯定这一点，则媒体开放日活动的效果就可能是副作用。对于具有争议性的现象或事件，媒体开放日活动的举行有可能会引发更大的争议，因而一定要慎审重举办。

(二)策划媒体开放日

当组织确定举办媒体开放日活动后，组织公共关系人员正式进入策划工作阶段。

举办媒体开放日活动的主要步骤如下。

1. 确定参加媒体开放日活动的媒体与公众代表

举办媒体开放日活动，并不是只对媒体开放，大部分情况下媒体开放日应该邀请非媒体的公众代表参加，因为，对媒体开放实际上是对全社会公众开放，有非政府组织的各种公益性组织或消费者代表的参加，更能体现组织开放的诚意，有利于增加组织开放日活动的效果。

组织确定参加开放日活动的媒体单位,主要应考虑以下代表性:

(1)是否是具有国际、国家、全国或地方影响力的媒体?

(2)是否在专业领域具有广泛的代表性?

(3)是否在消费者或公众中具有较高信任度或美誉度?

在可能的情况下,组织还应该主动邀请一些具有敌意的媒体或公益组织代表参加媒体开放日活动,以便释疑解惑,化解误解。

举办媒体开放日活动,对媒体的邀请要具有广泛性和代表性,因此数量可根据组织可接纳的情况予以确定。

2.进行参观安排

这是媒体开放日活动的主体内容,要求公关策划人员一定要精心安排。

(1)设计参观程序或路线图

组织邀请媒体来访参观,是组织主动开放自身的一项重大举措,对组织未来的发展影响深远。因而,如何参观、怎样展示自身是需要认真研究布置的。

在设计参观程序或路线图时,要本着真实、真诚的状态,按照组织需要开放的内容顺序进行。参观的程序或路线图要合情合理、具有内在的连续性和层层递进性,既节约时间和体力,又科学有序、条理清楚、让参观者一目了然、内心信服。

设计程序或路线图最忌没有条理、杂乱无章,东一榔头西一棒槌,让参观者摸不着头脑,反而越看越糊涂,那开放日的活动就失败了。

(2)确定专人进行导引与讲解

在相对独立或封闭的环境中,组织在安排参观工作时,必须要确定专人进行讲解与导引,解答媒体记者或公众代表的疑问,澄清事实,展示真相。讲解或导引人员必须具有清醒的头脑,对开放日活动的重要性有深刻的认识,语言表达流畅,思维敏捷。

如果是重大的动乱或自然灾害的危机事件,则不必专门设置导引与讲解员,可以让媒体记者或公众代表自己参观即可。但必要的注意事项或路线图则需要提前准备好。

(3)设置专门的信息说明栏

在要开放的厂区、车间、实验室、养殖场或事故现场等地,应该安排设置关键信息的说明栏,将有关的历史、现状、原委等重要信息予以文字说明,有利于媒体记者和公众代表了解。事实胜于雄辩,实物场景的展示配以文字的说明,会具有极强的说服力。

(4)安排当事人、技术人员或亲临者的现身说法

在媒体记者或公众代表参观中,组织可在一些关键地方,如实验室、车间、种植园、养殖园、事故现场等,安排专门的技术人员、工作人员或事故亲临者进行讲解,由他们以专业的讲解或现身说法来证实组织的实际情况,以增加开放日活动的说服力及效果。只有亲眼看、亲耳听,才能让参观者真正地了解组织、认识组织。

(5)安排必要的休息区

如果参观区地域较大,则可安排必要的休息区域,供参观者进行短暂的休息,休息区可提供免费饮水。这种细心安排对媒体感受组织的诚意、增进对组织的了解是有一定帮助的。

3.召开新闻发布会

媒体记者参观之后,召开新闻发布会是必要的环节。

与专门召开的新闻发布会不同,媒体开放日的重点是组织情况的对外公开,记者及公众代表的到来,不仅是被邀请而来,更是有备而来的,很多媒体记者或公众代表是怀着质疑或对立的态度来的,这时,新闻发布会的召开是真正交锋的开始。

(1)充分准备新闻发布会

组织在举办媒体开放日活动时,丝毫不能对随后举行的媒体新闻发布会有懈怠或放松,其重要性不亚于任何一次正式的新闻发布会。需要准备的内容有:新闻通稿的撰写、发布会现场的布置、新闻发言人的确定、落实邀请出席的嘉宾名单、对参观内容详尽情况的提供、可能遇到的刁难问题的准备等。

(2)新闻发言人的出场亮相

一般情况下,媒体记者和公众代表参观组织后,会有一种急切的想与新闻发言人见面的冲动,因而新闻发言人的到来在新闻发布会上能够起到一种十分解渴的作用。新闻发言人要对即将召开的新闻发布会有充分的准备,心理自信而沉稳,对事情了解充分而定性准确,用词温和而立场坚定,有廓清事态、明了是非、引导舆论、阐明实质的能力,能够帮助发挥出开放日活动的最佳效果。

(3)嘉宾的选择

在新闻发布会上,记者的发问主要是一些十分敏感或带有一定尖锐性的问题,因而,现场嘉宾的解答十分重要。嘉宾的选择主要是组织的主要领导、分管部门的负责人、行业协会的负责人,有必要的话还可选择社区代表、大客户代表

等有关人员出席。

(4)安排充分的提问空间

作为开放日活动的组成部分,新闻发布会不仅是组织要“说”,也是让媒体或公众代表充分地“问”,只有这样,才能实现全面的沟通交流,达到开放日活动的最终目的。因此,新闻发言人可以安排记者或公众代表充裕的提问时间,双方进行充分的对话交流,把原来有疑问的、参观中想到的一些问题一并解决。无论是新闻发言人还是嘉宾都要态度和善、语言精练、取向鲜明、解答耐心,努力与记者及公众代表构建一种坦诚的沟通氛围。对于纠缠不清、蓄意曲解组织动机、故意为难组织的记者或公众代表,也要有理有据有节地礼貌待之。

4.送别记者与公众代表

新闻发布会结束后,可安排记者就餐。在条件许可的情况下,把记者与公众代表安全送达到其指定的地点。同时可告知电话或电子邮箱,以备今后继续联系。

5.密切关注开放日后的媒体反映

在媒体开放日进行之后,一般会有密集的媒体报道,组织要高度关注媒体反映倾向,如有与事实出入较大的情况,一定要及时出面澄清,千万不要作壁上观,以沉默待之,甚至期望事情会自然明了,总会有人出来为组织说话。只有组织积极地为自身的声誉做最大的努力,组织的声誉危机才能平安度过。

今天,媒体开放日活动已成为组织公共关系活动的常规工作,及时、主动地开展媒体开放日活动,对组织化解危机、亲和公众,具有十分积极的作用。

四、公关广告

(一)公关广告的含义

公关广告是广告的一种,指社会组织为了在公众中强化组织声誉,实现组织更好地生存与发展而使用的一种付费宣传活动。公关广告不同于一般的广告,它是社会组织为传播组织声誉、实现公众对组织了解、认同的重要手段。因此,公关广告承载着更多的社会责任。

(二)公关广告的特征

公关广告与商业广告有很大的不同。其特征如下。

1.主体的广泛性

公关广告不同于商业广告的重要一点是任何一个社会组织都可以成为公关主体,都可以通过付费方式来向社会公众传递组织的重要信息。对于营利性组织来说，公关广告着重于向社会公众传递组织基本信息与核心信息；对于非营利性组织来说，公关广告带有明显的社会公益色彩，通过社会公益理念的宣传，显示社会组织的存在价值与社会责任。

2. 内容的非功利性

公关广告的内容与商业广告相比，一般突出两个方面，一是组织自身，一是社会公益。公关广告应具有非功利性特征，它以宣传社会组织的经营宗旨、使命、企业文化及社会公益理念等为目的，意在努力达成公众与组织的共同认知，着力实现传播组织声誉的广告目标。公关广告的内容应严谨、内敛，用词简洁，减少情节渲染与鼓噪。

3. 形式的稳定性

公关广告的内容一旦确定后，会在相当长时间内不再改变，因而在表现形式上，公关公告也会相当稳定、持久，尽量不要随意更改。不论是户外广告还是媒体广告，组织的公关广告都应保持一种恒久稳定的形象。而这与商业广告不同，商业广告常以及时变换广告形式为特征，老套的广告会被公众认为组织缺乏与时俱进的精神。

今天，许多组织都十分欢迎运用公关广告来宣传自身。面对公众越来越厌倦商业广告的情况，公关广告无疑是效果更好的组织宣传形式。

（三）公关广告的策划

策划一则公关广告不是一件随意的事情。公关广告不论是通过媒体与公众见面还是竖在户外，对组织来说都是一件彰显组织声誉、引起公众关注、实现组织与公众双向沟通的重要事情。策划步骤如下。

1. 确立广告目标

在策划公关广告时，首先要确立广告期望达到的目的及需要实现的目标。只有明确目标，才能切实地策划好广告。广告的费用支出才不会枉费。

(1)公关广告的第一个目标——知

对于一家没有做过广告的组织来说，首先确立的是“知”的目标，即让公众知道。这一目标的重要内容包括：通过公关广告让公众知道：组织的名称、组织的性质、组织所在行业、组织领导者的名字、组织所在的地区或城市、组织的基本业务、甚至组织的产品名称等。组织通过公关广告，将这样的信息传递给公众，以此实现让公众对组织初步了解的目的。

(2)公关广告的基本目标——晓

有的组织成立多年，公众对该组织有一些零星的了解，这时，就适合做以

“晓”为目标的公关广告。“晓”的目标包括:组织基本业务、重要产品或服务、组织员工数量及构成、组织发展历史、组织宗旨或文化、组织领导者的基本情况等。即通过这个公关广告,公众对组织可以有比较全面的了解。

(3)公关广告的根本目标——信任

做公关公关是为了广而告之,广而告之的根本目的是构建公众对组织的信任,这也是公关广告策划的高级目标,是组织努力要实现的重要目的。尽管通过公关广告,未必能够立即实现公众对组织的信任,但信任一定是组织通过公关广告要达成的目的。在组织优质的产品、良好的服务基础上,公关广告应该始终传达给公众这样鲜明的信号。

(4)公关广告的最高目标——忠诚

当一个组织在内部管理、外部服务等方面都达到了最佳状态、也赢得了公众的普遍信任时,通过公关广告来确立公众对组织的忠诚是策划公关广告的终极目标。一则诉求表达明确、内容清晰精炼、画面优美传神的公关广告,在一定时间段里可以持续、稳定地传达给公众组织的信息,起到强化公众对组织的认可、实现公众对组织忠诚度的目的。

2.设计公关广告的诉求点

公关广告的诉求点,指的是公关广告要表达的主题思想和切入点。一般来说,广告表达的主题角度,可以分为理性诉求、感性诉求。从广告表达的手法来说,可以分为直白诉求、曲隐诉求。下面分别论述。

(1)理性诉求

指社会组织在制作公关广告时,向公众表达的内容是从直白的说理角度来阐述的,不使用或极少使用抒情描写的语言。理性诉求主要有这样一些角度:

①组织文化

组织在公关广告的内容中,向公众传播的主要是组织文化,其中重点是组织精神、宗旨信念、追求目标、经营理念等。这些内容严肃而庄重,往往会给社会留下很深的印象,对增强公众对组织的信任感能够起到很大作用。这在组织的正式网站上比较多见。

②组织特色

在广告内容中着力突出组织的优势与特色,借此以不同于其他社会组织的突出优势强化组织在社会公众中的印象。如果这一特色成为该组织持续稳定的竞争优势,则组织特色的广告会成为该组织的代名词。如:

东易日盛装饰——中国家具行业的领跑者

张裕:传奇品质,百年张裕

③组织技术

如果组织的技术实力在同行中具有突出的优势,则通过公关广告可以将此优势传递出来,向公众表达组织在技术上的独特能力。如:

格力,掌握核心科技

华为,双核时代的终结者

④组织管理

有些组织拥有十分先进的管理手段,内部管理成为其核心竞争力,则公关广告可以将此凸显出来,给公众留下鲜明印象。

⑤组织实力

组织,特别是企业,如果拥有较强的综合实力,是同行中的佼佼者,则可以通过公关广告向公众彰显组织的突出成就,给公众留下深刻印象。

组织公关广告举例:

华为,不仅仅是世界500强

汾酒,中国酒魂

(2)情感诉求

如果说理性诉求的公关广告着重于以理服人的话,则情感诉求的广告偏重于以情动人,即从感情描述方面,去打动公众。在一定程度上,情感诉求的广告,同样具有很强的说服力。

情感诉求的广告可以从以下几方面来入手策划。

①社会公益

即将该组织所应承担的社会责任作为组织公关广告的主要内容,以生动的语言描述社会公益事业的内在意义,在落款处表明组织的名称。这种形式的广告,有利于打动公众,便于唤起公众的合作感,激发公众的社会责任意识、并认同组织所提倡的公益理念,同时公众也会自然加深对组织的好感,是一个十分智慧的切入点。

②目标公众

组织从目标公众的心理需求角度出发，以某一情感话题唤起目标公众的心理认同，联想到组织所从事的业务或产品，由此产生对组织的信任与好感，强化公众对组织所从事事业的认同感或良好印象。如：

联想，汇聚世界的力量

李宁：把精彩留给自己

③组织经营理念

组织以富有表现力的语言向社会公众传递组织的经营宗旨及理念，以自身别具特色的理念口号来打动公众，赢得公众的认同，从而使公众留下深刻印象。如：

飞利浦，让我们做得更好！

海尔，真诚到永远。

相比之下，理性诉求是直白的描述，感性诉求常常是曲隐的表达，但二者的共同点都是通过广告形式让公众强化对组织的认同，加深对组织的印象。

(3)制作公关文案

公关文案的制作分两个方面：文字方面与图画方面（影视表现）。一个优秀的广告需要这两部分都是精彩、独特。

①文字部分策划

广告文案文字部分的写作，要求字字斟酌，细细推敲，能恰到好处地体现组织所表达的信息。

第一，准确传递公关广告目标

公关文案的文字不论是理性诉求还是感性诉求，都应该文字精炼、准确，能够准确传递公关广告的目标。这是成功公关的核心。文字部分是最初打动公众和最后留下印象的内容部分，故而文字内容的设计一定要十分准确。

第二，高度概括与凝练组织的信息

公关文案的文字很重要的是体现公关主及组织的信息。但一则广告能够容纳的文字很有限，因此，对于广告中描述的组织情况，在文字上要有高度的概括力和极强的凝练性。努力做到在有限的时间或版面中，全面概括和良好包容地把组织信息传递给公众。

②图画(影视表现)制作

图画或者影视表现不凡是广告文案的又一重要内容。能否达到图画的精彩或影视表现的传神是十分关键的。

第一,图画具有视觉冲击力

广告中的图画,主要指平面媒体。如报纸、杂志、户外张贴广告等的图画部分等。图画内容应该富有表现力,尤其是在视觉上要有冲击力,在设计制作图画时,要色彩鲜明、图画独特、色彩对比鲜明,意境悠远,整体的表现力体现广告主题,意义所指明确,画面简单易懂。

第二,影视表现生动传神

一些组织在制作公关广告时,会考虑选择使用电视或网络媒体形式。广告内容在文字说明之外,还要考虑戏剧表演场面。因此,这部分的策划非常重要,需要根据广告内容,以独特、生动、引人入胜的场面吸引观众关注广告内容,传播组织信息,尤其是能够传神地表达广告的诉求点,给公众留下难以忘怀的印象。对此,广告内容的编导发挥着重要的作用,需要广告策划人员下功夫认真研究。

第三,谨慎使用明星

广告中要吸引公众目光,因而花大价钱请明星出场,在今天已经司空见惯。对此,组织要谨慎决策。使用明星出场,为组织代言,虽然可以赢得公众对广告的关注,但负面作用是,明星的炫目亮相,往往抢了组织形象的风头,大部分情况下,公众记住广告,不是因为组织,而是因为明星,特别是一些明星代理多家组织的广告,其自身形象已浸染了多重产品形象的色彩,公众很容易被明星干扰而影响对组织的关注,如果所请明星本身不为目标公众所喜爱,则这样的明星代言,结果往往是得不偿失。

(4)选择广告媒体

公关文案设计完成后,就要确定选择广告媒体。具体包括:

①确定公关媒体类型

将公关广告放在什么样的媒体上向公众传播,首先必须评估媒体在目标公众中的影响因素,其次了解不同类型媒体在目标公众中的占有率,最后要审视不同媒体在目标公众中的接触习惯。不论是平面媒体,还是电子媒体,决定因素不是组织的资金,而是目标公众的倾向、喜好。

②确定广告媒体级别

即决定公关广告是投放在中央媒体、省级媒体还是地区级媒体上,如果是广告牌,则要考虑放置的地点,是在闹市区、交通路口还是高速公路一侧等。确定媒体的级别应根据组织计划要覆盖的公众目标而定。

③确定投放广告时段(频道、版面等)

在确定媒体时,要仔细考虑与评估所投放媒体的时段、频道或者平面媒体的版面位置、重复率等,户外广告要确定广告版面的大小等问题。

好的公关广告,必须选择恰当的媒体为载体,才会保证如期的广告效果。

五、CI 传播策划

(一)CI 的内容

CI(Corporation Identity)指组织识别。CI 实际上指的是 CIS(Corporation Identity System),因为 CI 是一个较为系统的组织识别,是由 MI,BI,VI 三个内容组成的组织识别系统。

具体来说:

1. MI(Mind Identity)理念识别

是社会组织所表达的精神内涵。每一个社会组织在长期发展过程中,或者在组织新建立的时候,均需要形成一个适合于组织健康运行的文化思想。这个组织文化应体现其独特的价值观、精神追求、组织目标和经营理念等。组织在发展过程中,为了便于内外公众的识别,会将其文化内涵阐述的清晰、简洁、独特而便于了解与区分。这样的精神阐述,被称为理念识别。

无论是企业还是政府或事业单位,为了体现本组织独特的价值观、经营宗旨、精神追求等,会十分认真地去提炼理念识别的语言表达,将之凝练成便于公众识别的独特用语及表达方式,以强化公众对组织的识别与认同。

2. BI(Behavior Identity)行为识别

是社会组织依据组织文化而设计阐述的工作制度与行为规范,它充分体现了组织独特的管理制度与行为准则,在理念识别的指导思想下,组织文化被具体化、制度化、可操作化,形成一整套规范员工行为、影响员工思想的工作制度。

3. VI(Visual Identity)视觉识别

社会组织将本组织的精神内涵与行为规范用图形等的表现手法展示出来,绘制成方便公众辨认,由特定字体、颜色等组成的独特图案,便于组织在经营活动中传播与识别。

20 世纪 80 年代以来,很多企业曾对视觉识别工作十分热衷,在引入 CIS 的过程中,过分偏重 VI,认为只要有了 VI,就可以方便公众识别,快速提升组织的知名度。而实际情况的发展并没有预想的乐观。很多企业在拥有了VI的标志后，由于内部管理不到位，产品不过关，企业的知名度反而下降，甚至破产，证明CIS并非包治百病的良方，打造优秀组织文化需要组织多年的努力，而非一日之功。因而，近年来组织对视觉识别的了解也更加的理性。

(二)设计CIS的基本原则

设计CIS需要遵循一些基本原则，以帮助CIS有效运用。

1. 理念识别的严谨性

在CIS的设计时，首要考虑的是内容的严谨，尤其是MI即理念识别的设计。在对组织历史与现状全面分析的基础上，深入思考组织应确立的价值观、组织精神、组织任务与目标等。这些方面要能用精练的语言表述出来，要求用词格外严谨、准确，不能出现任何歧义或含糊不清的理解。在CI的传播中，理念识别的严谨准确，有利于使组织获得内外公众的欣赏与认同，有利于公众对组织的接纳。

2. 行为识别的规范性

在行为识别的设计时，应强调规范性，在贯彻落实理念识别内容而制定的一整套制度和行为准则上，要强调规范与标准，一切有章可循，使理念识别扎实落地。在必要的情况下，可以编辑制作工作手册，或规范标准，将行为识别的内容固定下来，便于公众识别。

3. 视觉识别的独特性

在CIS的设计中，VI的设计最强调独特，以体现组织自身的特色与内涵，区别于其他同类组织的标识，VI的设计要注意图案的色彩与搭配，字体的美感、线条的唯一，给人极强的视觉冲击力与美感，便于公众的识别与记忆，有利于组织对外活动、产品包装中的传播和展示。

4. 组织识别系统的稳定性

CIS的策划设计应该是经过组织较长时间的反复选择与斟酌而确定下来的。因此，一旦方案确定，就要保持相当时间的稳定，不可轻易变动。CIS整体推向社会，常常会给公众留下第一印象，会比较长久地留在公众心中。如果发生改变，极易造成识别系统的紊乱，导致公众对组织印象的模糊，最终可能招致对组织印象的淡化或排斥。因此，CIS必须要保持持久的稳定性。

(三)策划CIS传播

组织识别系统完成设计后，传播工作的策划就开始了。

1. 确定传播渠道

传播组织的CIS,首先要确定通过哪些传播渠道来进行。常见的有两大渠道:一个是人际传播渠道,另一个是大众传播渠道。

(1)人际传播渠道

CIS设计完成后,先要在组织内部进行传播。组织内的传播主要通过人际传播渠道进行,其次可以通过内部公众逐渐辐射至外部公众宣传。

组织内部传播渠道主要是通过上下级之间、以原有组织层级结构来进行。如从董事会到企业管理层,再到员工层,逐级传达CIS的全部内容,让内部全体员工知晓、了解、认同CIS的内涵,并进行专门的培训学习,最终在内部公众中确立新的组织文化、行为规范与形象标志认知。

组织外部传播渠道主要针对社区公众、政府公众、顾客公众、当地媒体公众、重要客户等来开展。组织可以有意识地通过产品介绍、CIS宣讲会等方式与他们面对面地进行沟通传播,逐渐在组织周边环境中构建起一个熟知组织CIS的良好氛围。

(2)大众传播渠道

组织在设计完成CIS后,可以根据组织所服务对象的覆盖面,来选择大众传播渠道进行必要的宣传。在电子类媒体中,可以选择电视广告、互联网的组织网站、手机微博和广播等进行专门的说明;而印刷类媒体选择的排序则为编辑专辑的宣传册和在专业的杂志上登载文章进行介绍等。

2.选择传播方式

确定CIS的传播方式是结合传播渠道实现有效传播的重要决策,在选择传播方式上,主要有:

(1)语言宣讲

即在人际传播的渠道中,经过培训,选择组织优秀讲师传播CIS的重要内容,达致内部公众、社区公众、政府公众、媒体公众、顾客公众、客户公众等,有计划地在组织周边区域将CIS迅速传播开来。

(2)公告栏展示

使用公告栏及黑板等形式,将CIS的内容详细、全面地展示开来,让内部公众长期耳濡目染,努力达到耳熟能详,并逐渐内化为自身理念与行为部分。

(3)产品或服务展示

对于经营性企业来说,CIS确定后,可以通过其生产的产品来传播,尤其是视觉识别(VI)部分,更可以成为商标的组成部分,经注册登记后,成为产品的商标或外包装的组成部分,广泛地将之传播出去,对服务型的社会组织,则可将视觉识别印制到工作服、服务场所的墙壁、服务工具等方面，在潜移默化中把组织识别内容传播出去。

(4)公关广告传播

在利用大众传播媒介进行 CIS 的传播时，较好传播的形式是公关广告。组织通过广告的形式，以艺术手法在针对性的媒体上进行集中的 CIS 宣传，尤其是 MI 与 VI，更是可以快速、公开地将之传播宣传。同时还可以利用互联网，以点击活动图标的形式将组织的新标识、新组织文化展示给公众，有利于在最短时间内传播给目标公众。

(5)新闻宣传

在 CIS 开始使用时，组织可以通过新闻发布会或新闻稿、人物专访等形式，向社会公众阐释说明 MI 的内涵、VI 的寓意等，以引起公众的关注，形成最初的注意效果。

3. 监控传播过程

要想推动 CIS 顺利传播与推进，就必须高度关注 CIS 在传播中的情况。当组织的内部公众或外部公众面对 CIS 时，会有不同的反应，如欣赏、反应平淡或反感等，对此，组织的策划部门要密切关注，积极搜集反馈信息，随时调整传播计划，审慎思考下一步的传播工作，及时挽回不良影响，快速调整传播计划。切不可放任自流，不闻不问。

CIS 的传播就如同新娘出嫁，总要见公婆。CIS 的设计是否成功要靠公众决定，公众的认可是对 CIS 工作的最好评判。对 CIS 传播工作的全程监控，有利于组织及时应对不良后果，快速将负面影响降低到最小范围。

对 CIS 传播的监督还要包括一些低效率的传播方式的调整。如一些花费较多但收效甚微的冷门频道电视广告或维修停运公路上的户外广告牌等，都需要随之了解情况，及时予以调整。

4. 评估传播效果

当 CIS 传播工作开始后，组织的公共关系策划人员就开始准备评估工作了，需要在传播工作中，全面收集各种反馈信息资料。

(1)确定评估指标

在评估 CIS 的传播状况时，要事先确定评估指标，以便做出客观的评估效果。一般来说，评估指标有以下几个：

①接受 CIS 传播的公众人数

CIS 传播不论是通过人际传播渠道，还是通过大众传播渠道，都需要掌握接受传播的人数。这是一个基本数据。

②公众反应情况

在 CIS 传播期间,不论是通过人际间谈话,大众传播媒体的反馈,或是网上的跟帖,都可以反映公众对组织 CIS 的关注情况。为了更充分地了解公众情况,组织公关人员还可以通过问卷调查、电话访谈、广告关注度测试等方式来了解公众反应,掌握公众对 CIS 的反馈情况。

③大众媒体的评价情况

在对 CIS 的评估中,大众传播媒体的反应也十分重要,这一方面可以通过公众对 CIS 的认可度来了解,另一方面还可以从媒体的引用次数来看出公众的反应。

④传播操作人员评估

在评估 CIS 时,需要高度关注组织 CIS 传播工作人员的反馈,他们在传播过程中对公众的了解也是一个不可忽视的重要指标。

(2)提出评估标准

这是 CIS 评估的基本内容。一般来说,评估会依据业界常规体系标准来进行,同时可以参考组织以前公共关系活动的状况,同时综合一些环境因素,提出一个基本合理的评估标准。

(3)收集评估资料

在确定 CIS 传播的评估工作后,收集公共关系活动的全部资料工作相应开始。资料收集可依据三个渠道:

①公众调查

通过问卷调查、访谈调查、观察调查等方法抽样了解目标公众对 CIS 的反应,整理数据,形成报告。这是评估工作的一手资料。

②媒体报道

以收集媒体各种报道为主,特别要了解权威媒体引用的情况。这个数据是评估工作中的重要资料之一。

③组织内部反馈

通过 CIS 传播工作的进程和操作人员工作记录资料,可以成为评估该工作的基本数据,依此判断 CIS 的成功与否。

(4)总结评估效果

通过对评估工作的开展,形成评估效果报告,则 CIS 的传播工作圆满收尾。评估报告的完成应本着实事求是、客观公正的原则进行,对某些数据的缺陷不能主观武断，也不能夸大成果、淡化工作的不足，给后期的公共关系工作带来不利影响。评估总结报告一般提交CIS设计与传播的主管部门及领导审核。

六、组织宣传物编辑与发行

在社会组织的日常公关工作中，编辑与发行宣传物是十分重要的内容。

(一)宣传物对组织公关工作的意义

组织宣传物是组织对内宣传、对外传播的重要载体之一，它对组织公关工作有重要意义。

1.组织宣传物有利于组织内部的信息沟通

对于一个组织来说，内部信息的沟通非常重要。组织员工需要了解本组织的重大决策和工作安排，组织管理者有责任将管理内容、相关信息告知内部员工，只有这样，才可以实现全员一心，同心同德，将组织的凝聚力提升到有利于组织发展的高度，推动组织快速发展。在组织内部沟通中，内部宣传物具有重要的使命：一则组织宣传物时效性强，信息及时；二则宣传物成本低，利用率高，便于内部传阅；三则使用宣传物信息内容正式、严谨、规范、方便，因此，宣传物对组织公关工作有积极意义。

2.宣传物有利于组织对外部的信息传播

社会组织在发展过程中，需要赢得外部公众的了解、理解以及支持，信息的及时传播是根本。组织宣传物能够有效地将信息传递给外部的目标公众，使外部公众比较及时、全面、完整地认识组织。这对于构建组织良好的生存与发展空间有积极意义。有些组织内外宣传物分别编辑，内外有别，对外宣传物针对性强，目的明确，可以有效地促进组织外部公众的了解与认可。

(二)组织宣传物的种类

在组织的宣传物中，常见的有以下一些：

1.内部报纸

如厂报、公司报、院报、机关报等。定期出版，可以反映组织近期的基本动态和情况，也可就某一专题进行讨论或阐述观点。

2.组织简报

针对组织的日常管理工作，定期编辑简要消息，在组织内部散发。简讯一般不做综述或评论，较多地反映会议情况或管理层的决定等。

3.组织刊物

组织定期出版的杂志，可根据情况确定月刊、季刊或年刊等。组织刊物一般容量大,可设专栏在一些问题上进行深入思考、讨论,也可根据情况刊载组织年度或季度工作计划,也可登载领导者的讲话或文章,便于内部员工的学习与留存。

4. 组织宣传活页

组织在某一时期针对一些重大事件而编辑印制的宣传物。宣传活页内容集中,容量少,阅读简便,成本低廉,便于传播。如编辑严谨、内容精当则传播效果更好。

5. 组织海报

组织针对某一宣传主题所制作的重要信息承载物。海报时效性强,传播面广,也是组织对内重要的宣传物。黑板报是传统的内部宣传载体,定期更换,与组织宣传物类似,也对信息沟通发挥重要作用。

(三)组织宣传物的编辑

组织宣传物的编辑工作是一项具有公共关系意义的策划工作。不可因为是内部传播为主、不是正式宣传物而降低编辑水平。

1. 风格确定

组织宣传物在编辑时要根据宣传物的内容、阅读者、版面容量等因素先将宣传物的风格确定下来。

(1)报纸可以分版面考虑风格,如一版严谨、二版专业、三版亲和、四版活泼。但作为组织的报纸,总的报纸风格以体现专业特色为主。

(2)简讯的风格则以严谨、简约、大方、规范为佳。

(3)刊物的风格以专业性、知识性为主,要有基本的栏目分类。

(4)宣传活页则以集中刊载某一方面内容为主,风格简朴、自然。

(5)海报的风格则要活泼一些,以一些休闲、娱乐性的通知为主,版式往往与内容相配合,醒目而略带俏皮。

2. 版面设置

组织宣传物的版面情况根据内容与阅读者的层次而定,可因时因地制宜。如报纸版面一般以四板为主,头版刊载重大会议性的新闻事件或消息,其他版面分别登载专栏文章、专业内容及文体娱乐、散文诗歌等。在一些特殊情况下,如重大庆典活动、重大危机事件、重要事件方面,可以出版号外或增加版面,以提高宣传力度。

简讯的版面一般很少,多则 3～5 页,少则 1～2 页,主要起到通知和沟通的作用即可。

刊物的版面根据杂志的规模、专业性确定基本的版面,在特殊时期可设增刊。在对外发行的刊物中,版面的要求更加严谨,专业性也更加突出。如高等院校的学报在版面的要求上特别强调符合规范。

宣传海报或活页在版面上比较随意些,根据内容可多可少,没有太多拘泥。

3.栏目要求

对于编辑比较正规的宣传物来说,栏目的安排是必要的,也是重要的。可以给读者条理清晰的感觉。如内部刊物可分为营销动态、领导出访、内引外联等栏目。简讯有时也会根据常规性的内容设置会议信息、重要议题、人事动态、业务通报等。宣传活页与海报则因为内容集中而不必设置栏目。黑板报会根据某一时期重点主题设置一些小栏目板块。

4.文章排版

当宣传物的风格、版式、栏目确定下来后,文章的排版就显得很重要。一般来说,文章排版会根据作者的权威性、文章的重要性、内容的时效性及版面的容量等诸因素来确定。在必要的情况下,要对文章进行删节。文章的选用要考虑质量、创新性以及原创性,尽量不选用已在其他出版物上发表过的文章,更不能出现剽窃他人成果的文章。

(四)组织宣传物的发行

组织宣传物的发行也需要一定的策划,只有顺畅的发行,才会实现信息传递、组织沟通的宣传物的使命及组织公共关系的目标。

为使组织内部能够顺利得到宣传物,一般发行渠道会与组织内部的层级关系一致。同时,要扩大宣传物的发行面,可以设置组织的公共信息平台,使组织内部每一个成员都可以便利地获取宣传物或宣传物内容。如公共阅报栏、公共资料发放橱窗(书架)等,对外部公众,组织一般可采用赠送的方式进行,如选择与目标公众接触的机会进行宣传并赠阅;在特定假日或节日(企业厂庆、消费者权益日等)集中发给公众,以最大限度地实现组织信息的传播。

七、电子媒体节目制作与网络宣传

对于一个社会组织来说,为了引起目标公众的关注,更加高效率地传递组织信息,为组织的生存与发展营造良好的社会环境,组织制作电子媒体的节目,是十分必要的,也是日常公关策划的内容之一。

(一)电视专题片的策划制作

电视专题片是指利用电视媒体,以宣传组织各方面信息为核心内容的电子有声材料。电视专题片需要大量电视素材,通过剪辑,形成可以直接播放的电视片。它的策划制作有以下几方面。

1. 录像素材的采集

如果电视专题片是以专门反映某一社会组织发展情况为题材的,组织策划人员的第一步就是要对组织历史、技术状况、产品、重大荣誉、领导者活动,员工状况等进行录像拍摄,将之作为专题片的原始资料,以备后期编辑所用。

2. 专题片主题确定

在录像素材采集的基础上,确定专题片的主题,根据主题命名恰当的专题片名字、为系列专题片设置分标题等。专题片的制作主题要鲜明,全部内容要紧密围绕主题展开,不能随心所欲,让主题迁就画面或图片,为了所谓的经典照片,而不顾及与主题的关联性,最后导致专题片主题分散,内容支离破碎。主题确定后,对录像素材进行剪辑、编辑,形成专题片的基本雏形。

3. 解说词撰写

为配合专题片的主题与内容,需要撰写解说词。解说词的写作应该语言精练、优美,内容生动、深刻,并与专题片的画面有恰到好处的协调一致,为专题片增色添彩。

4. 专题片配乐与解说

组织专题片,是一种具有极强表现力的媒体传播手段。在录像、图像资料甄选、编辑基本成形之后,应该精心选择与主题和内容恰当、匹配的音乐,配合音色端正、清晰的解说,使组织专题片达到内容饱满、表现力强劲的传播效果。有些组织会将厂歌、校歌或一些特定的乐曲作为配乐资料,如与内容配合恰当,也会起到良好的视听效果。

5. 专题片预播放

在专题片制作完成后,可选择内部媒体试播放,在内部公众中广泛征求意见,进行修改完善,增加必要的背景说明,删减不必要的内容,使之日臻完美。

6. 专题片播映

专题片制作完成、审核通过后,组织可以认真选择大众传播媒体及组织网站,在恰当时间隆重推出,正式播放,有条不紊地实现专题片宣传组织实力、传播组织信息、塑造组织声誉的目的。

(二)电视公关广告的策划制作

电视公关广告的特点在于,传播的广泛性和对公众的影响力,但公关广告时长较专题片要短、单位付费却很高,因而制作难度更大。故,制作电视公关广告需要更加严谨。

1. 主题具有表现力

公关广告在主题上,应体现出鲜明的公益性、社会性、艺术性和沟通性。不论公关广告的目标是什么,其目的都是寻求被目标公众了解与认同,让公众在观看广告中了解信息、受到启发,获得精神升华,或者赢得内心的认同。公关广告主题最忌站在组织的角度看问题。因此,公关广告在主题上要十分鲜明地表现出组织的理念与追求,尤其是社会公益主题,更要展示组织强烈的社会责任感,体现出组织对社会关注、对人类关心的真切之意。

2. 画面具有吸引力

制作电视公关广告,在画面上要想吸引人,就要精心设计策划广告的表现方式,让画面优美、清晰、动感、内涵丰富、色彩明快,让人过目不忘。否则,电视公关广告会因为没有特色而淹没在大量商业广告中,并被公众忽略掉,最后得不偿失,无果而终。

3. 语言、音乐具有震撼力

电视公关广告是通过最具有表现力的媒体来展示的,因而要充分利用十分有限的时间,在语言和音乐方面精心锤炼,努力达到震撼的效果。一则电视公关广告长则 10 秒、短则 3 秒。语言多则 50 个字,少则 10 个字以内。而音乐更应具有清扬、独特的现场感觉。所以,策划语言与音乐必须锱铢必较、惜字如金,实现持久、深刻的视听效果。

(三)电视新闻片

指社会组织根据自身发生的新闻事件,初步制作新闻报道资料片,经一定加工后报送电视台,配附新闻稿,由媒体决定是否采纳报道。

今天,组织与周边社会环境发生着许多联系,有许多新闻需要及时让公众知晓。如果组织的新闻报道都期待新闻媒体来上门采访报道,可能记者的工作量是难以承受的。因此,组织公共关系人员在物质条件具备的情况下,将组织发生的新闻事件制作成电视新闻片,再由新闻媒体的编辑进行加工整理,则对组织新闻事件的快速播出是有帮助作用的。

1. 捕捉新闻事件

在组织的日常工作中,会有许多事情是有新闻性的。问题在于组织公共关系人员是否意识到其新闻价值。所谓的“制造”新闻,不是由组织公关人员或媒体记者去炮制新闻,而是组织的公共关系人员以新闻人员的眼光将刚刚或正在发生的事件确定为新闻,及时报道出去,因此,制造新闻必须遵守新闻职业道德,绝不炮制假新闻。平时,组织的公共关系人员要善于在工作中发现新事物、新信息,如果发现这些新事情具有新闻性,那么,就可以将之认定为新闻,以电视录像或照片等手段将之拍摄下来,再配以新闻稿,及时送达新闻媒体,有可能被新闻媒体采用,促使组织的信息以最快的速度告知公众。

2.编辑新闻素材

当具有新闻价值的电视资料素材收集完毕后,要先对之进行编辑加工,从中删减无关紧要的画面,将新闻报道视点体现得更加突出与鲜明,使之更具有新闻报道价值。因此组织的公关人员应不断增强新闻编辑能力,将组织的新闻片编辑的更加专业化,便于新闻媒体的采用。

3.撰写新闻稿

电视新闻片基本制作完成后,新闻稿的撰写要同时跟进。新闻稿应该能够起到交代背景、阐述事实、提升意义的作用。一篇语言简略、措辞准确、表达清晰、与新闻画面基本匹配的新闻稿会有效地增强新闻单位的采稿可能,也会为组织的新闻报道起到锦上添花的作用。

4.报送新闻单位

制作完成的新闻片要报送新闻单位,即电视台。报送前要仔细斟酌媒体单位,着重考虑两个因素:一是电视台的级别,如中央、省、市、县级电视台;二是电视台的频道及播出时间,如综合台、经济台、科教台、社会台等,播出时间是在晚上黄金时间、还是白天时间等。在考虑媒体时,最重要的是依据目标公众接触媒体的习惯,只有让目标公众看到新闻片,组织的努力才算有了基本回报。因此,选择媒体十分重要。

5.收集反馈信息

当电视新闻片报道播出后,公关人员应注意收集反馈信息,了解新闻传播的效果,分析新闻报道策划的得失,为今后的媒体报道及电视新闻片的制作打下良好的基础。

(四)广播剧的策划与制作

在电子媒体节目制作中,可以利用广播媒体将企业文化、组织发展历史、企业家个人传奇等内容,制作成具有故事情节、极强吸引力的广播剧定期播放,传播组织的重要信息。

广播剧的策划主要包括以下内容。

1.主题策划

策划广播剧,首先要确定其主题,让整个内容围绕并服务于主题。一般来说，主题应该具有鲜明的社会性、公益性和组织特性。社会性指广播剧的内容适合社会公众收听，具有广泛的受众群；公益性可以使听众从中受益，获得更大的人生启发或鼓舞；组织特性则可以使广大公众在收听广播剧时，感受独特的组织文化，从而产生了解与认同，最终实现组织在公众中的辐射力，实现组织的公共关系目标。

2. 情节设置

广播剧的情节需要具有感召力的故事性，否则无法吸引听众的注意。但情节的设置又不能太过曲折复杂，而应该轻松、简单、愉悦、智慧，让听众获得愉悦的收听感受。广播剧的剧本编写要实事求是，同时不乏诙谐幽默。

3. 导演与排练

广播剧的剧本确定后，开始进入到编排阶段。在公共关系策划人员的统一设计安排下，专业的导演要进行专门的编排与演练，不同角色安排妥当，使之达到录制水平。

4. 音乐与配器

在制作广播剧时，恰当的音乐必不可少，好的音乐伴奏可以增强广播剧的感染力。同时，还要根据剧情内容进行必要的配器伴奏，使之具有现场感。制作精良的连续剧，可以产生十分强大的社会影响力，如果可能的话，可以将广播剧制作成为品牌节目，以期产生更大的社会影响。

5. 选择媒体播放

广播剧制作完成后，组织可以选择能够覆盖目标公众的媒体，择机播放广播剧。如果播出效果反响良好，则可推出连续剧，将该档期节目做成精品节目，产生更好的社会效应。

6. 监控广播剧效果

广播剧通过媒体播出后，需要密切关注播出效果，及时调整播出时段与播出内容。对不良反映要迅速予以应对处理，切不可放任自流、不管不问。

（五）网页的策划与制作

在互联网时代，组织通过网络宣传自身已经成为常态。具有公共关系意识的组织，都会十分注意组织网站及网页的设计与制作，将之作为组织最重要的对外信息沟通与传播的窗口。网页的策划与制作是组织公共关系工作的重要内容。

在对网页进行设计时，要考虑这样几个问题。

1. 网页特色

设计制作具有特色的网页非常重要，它能给网友留下深刻印象。

网页特色主要包括：网页版式的独特性、排版与画面的醒目性与网页内容的有用性。网页的独特性要求在网页的版式风格上能够令人耳目一新，与其他同类组织有较大差异性，如主要包括色块的运用、版图的划分、图案的展示等方面；在网页的醒目性上，要求策划人员能够充分利用互联网的优势，使其在色彩、动感、栏目划分等方面展示出组织的特色，给人以较强的视觉冲击力；在网页的内容方面要求充分体现组织的行业特色，技术优势、文化特性等，给人强烈的吸引力，并能获得一种精神享受，展示组织的综合实力与长远的影响力。

2.网页内容

组织公共关系人员在网页策划时要清醒地认识到，网页不仅要有动人的美感，更要有实质性内容，优秀的网站，一定是内容为王。同时，网页工作人员必须保持随时更新信息，不可拖沓放任。当网站维护人员对网页维护懈怠时，网友会立即发现，因为大量旧信息占据网页主要区域，自然说明网页陈旧。在网页内容的编排上面，策划人员要考虑内容的精选，更要体现内容的全面，还要关注网页每条信息的可点击性，使公众通过网站窗口，能够全面地了解组织的各方面信息，并对组织有鲜明印象。另外，一般情况下，网页文字内容应简单、有条理，基本知晓即可，不必详细展示。

3.网页及网站维护

组织在设计完成网页全部内容后，要注意监测与维护，密切关注竞争对手的网站情况，及时对本组织的网页及网站进行公共关系方面的审核与评估，通过网上互动，随时了解关注组织网页及网站建设的邮件，及时进行更新与修缮，始终保持组织网页及网站的高点击率。

八、领导者形象设计

作为组织领导者，在对内对外的活动中，自然是组织的形象代表。领导者的一言一行、一举一动已不再是只体现其个人的风格与气质，而是集中体现了领导者所在组织的精神风貌、作风气质，甚至折射出该组织的企业文化、理想追求、信念理念及对未来的信心等。因此，在公众场合，组织领导者的一言一行、穿着打扮都需要设计，决不可随心所欲，自以为是。

(一)语言设计

语言设计主要包括组织领导者在重要的活动场所该讲什么话、如何讲话、怎样展示语言魅力。经过设计的语言会增加领导者的个人魅力，也无形中传递给公众对该组织的信心。

1. 会议讲话

(1)正式会议讲话

在一个组织中,外部或内部经常会有一些重要的活动需要领导者出席到场,并且成为主要的发言人。发言的内容有致贺词、做重要报告、开场发言等。因此,领导者的讲话一般应该有发言稿。发言稿忌讳讲大话、官话、空话。因此对领导者的讲话稿要进行认真设计。这是日常公共关系工作的一部分。

正式发言稿要精心撰写,努力使其成为言之有物、言简意赅、发人深省、令人印象深刻的佳作。

①发言稿内容主题鲜明

在正式场合的领导者讲话,首先应体现出开门见山、主题鲜明的特点,在向各位嘉宾问好后,应直入主题,不拖泥带水。大部分情况下领导者的讲话内容有更多的鼓励性成分,会让人产生较为强烈的内心震撼和认同感。

②发言稿语言简洁、深刻

正式会议上的领导者讲话稿往往会印发出来,给与会者现场阅读。因此,发言稿的质量要求很高。发言稿除了在内容上条理清晰、逻辑性强以外,在语言的表达上也要精心锤炼、仔细推敲,努力做到简洁、深刻,让公众感到值得回味与留存。

③发言者声音洪亮、表达清晰

在正式会议上主要领导者上台发言,应该声音洪亮、语言铿锵、表达清晰流畅,显示其身体健康、精神饱满、坚定自信、积极乐观。使与会公众从中感受到一定的教育作用和来自组织的强大影响力,并对组织的经营现状充满良好的期待。

(2)一般会议讲话

指组织领导者出席组织内外一些会议时所做的临时讲话。这种情况下,大多数属于即兴演讲,不需要带讲话稿。对此,组织领导者的讲话更要事先由公共关系人员设计安排。

虽然在一般会议上,参加的人员并非社会知名人士或组织特别重要的公众,但即使是普通的听众,组织领导者也一定要认真对待,不可草率应付,因为很难预料在台下的听众中是否有组织未来最重要的公众。

公共关系人员为领导者设计讲话主要包括以下几点注意事项。

①讲话思路清晰

公关人员为组织领导者安排的即兴演讲,要事先列出一个演讲提纲来,讲什么内容、哪几个方面、彼此的逻辑关系如何建立等，在构建一个讲话的完整内容基础上，公共关系人员要让领导者对之了然于胸，领会吃透。这样领导者的即兴讲话才能具有有的放矢的影响力。

当然，一般来说，一个领导者本身是具有在一般会议上即席演讲的能力的，但是，站在组织全局的高度，理性地阐述问题、把握主题，却是组织公共关系人员能够更好地把握的。因为领导者毕竟有太多事情需要场面应酬与考虑，不可能面面俱到。特别是对于一些比较专业的小型会议，需要领导者去评价与推动，而领导者未必精通专业，很多专业术语也不一定熟识，因此，公共关系人员事先的策划就非常重要了。否则，领导者没有一些基本的思路，在台上的发言就可能语无伦次，难以顺畅地传达领导者的思想，可能就会让公众对组织的实力产生怀疑。

②内容简洁明晰

领导者在即席演讲时，要紧扣会议主题，内容既要高度概括，又要言简意赅、高屋建瓴，让听众感到有思想、有内容、有高度、有深度，清楚、明晰，令人心服口服。切忌言语拖沓、离题万里、言之无物，让人不明就里，故而在必要的情况下，领导者进行即席演讲前要进行一定的训练与排演。

③语言抑扬顿挫

领导者讲话需要生动鲜活，注意与下面公众的呼应和互动。根据公众的不同情况，在语言的运用上要情感丰富、抑扬顿挫，注意留给公众消化、吸收、思考、应答的时间，让领导者的演讲成为带动公众情绪、影响公众士气、强化公众价值观的重要催化剂。因此，演讲中必要的引经据典和插科打诨是很重要的。在这方面公共关系人员应该予以一定的准备，让领导者在讲话时信手拈来，增强演讲的感染力。

④表情亲切自然

组织领导者在一般会议上进行即席演讲，是一个展示组织领导层人员素质、组织实力及组织文化的重要机会。因而，领导者在演讲时，也要注意表情方面的设计。讲话中要注意语速适中、表情自然、面带微笑、风趣亲切，让人产生亲和力、内在的人格魅力，让感受演讲成为一种享受。切忌面无表情、二目无神、语调平淡、表情呆滞、语言乏味老套，让公众对领导者以及组织产生厌倦或失望。

2.日常对话

领导者与公众的日常对话分为两种。一种是组织的员工到领导者办公室与领导者对话；另一种是领导者下到基层与内部公众的对话。对于这两种情况，需要组织的公共关系人员进行一定的策划设计，确定基本的常规对话规范，充分利用这种便利的条件为组织的发展铺设良好的基础。

(1)办公室对话

当领导者的同事、内部基层员工、媒体记者及外部其他人来到组织领导者的办公室与领导者进行商谈或对话时，领导者的语言表达需要进行事先的策划与设计。

①平等温和

当组织的其他管理者、普通员工及媒体记者走进组织领导者的办公室时，领导者要以平等的状态来接待，切不可以主人自居，居高临下，摆出一副官腔吓唬人。在与其他人交谈时，领导者的态度应该温和而平静、宽厚而礼貌，给人一种信赖、亲和的感觉。

②谦和倾听

一般情况下，走进组织领导者办公室的人往往是来向组织领导者汇报、请示或反映情况的。因此，领导者面对他人的态度应该是认真倾听、谦和坦诚，让对方知无不言、言无不尽，讲对讲错都不必有顾虑，给所有与领导者接触的人留下良好的印象。

③适度表态

领导者不是和事佬。在与他人对话中，组织领导者在适当情况下面对一些问题应该予以适度表态，对一些正确的做法或说法予以支持，对一些不合适的做法表示谨慎的不同意见。但不管怎样，领导者面对来访者，均要清晰传递组织信息，表明对某些重要问题的明确立场，给来访者以积极的信息，借此传递组织负责任的基本姿态。

④礼貌接待

对于走进领导者办公室的人，领导者应展示出温良、宽容、礼貌、平和的心态，不轻慢任何一个来访者。谨守端茶倒水、请坐寒暄、送客出门的基本程序，让来访者感到温暖与尊重，树立起尊重开放、包容、平和的领导者形象。

(2)基层访谈

当组织领导者下到基层与一般公众(内部公众，如本单位职工；外部公众，如消费者、顾客、中间商等)见面交谈时，应该讲什么、怎样讲，也是组织公共关系人员要提前策划的内容，因为这些是领导者在公众中确立组织声誉的重要方面之一。

①谈工作，虚心听意见

领导在内部下基层常去的地方可能是职能部门或车间、工地等;在外部则更多的是与消费者、顾客或客户见面。在这些地方,双方谈得主要话题是工作。当领导者与内部职工谈工作时,注意不要颐指气使,发号施令,而应该虚心听取下属意见,坦诚地向一线员工交流看法,全面了解清楚内部某一方面的实际情况。领导者给员工留下的印象应该是工作作风是朴实的、工作态度是虚心的、决策是讲求民主的、对组织情况是了解的。

②谈生活,真正关心人

组织领导者下基层与内部或外部公众交谈,除了谈工作,也一定要谈谈生活。这一方面需要公共关系人员的提醒与设计,另一方面也是领导者必须具备的平民心态。领导者与员工谈生活,首先要让领导者提前了解内部员工的一些基本情况,特别是有一些值得关心的特殊员工,然后领导者在基层主动地去关心下属和员工,问询员工个人及家庭成员的生活、身体及父母等情况,让员工感受到组织的温暖,展示组织领导者的侠骨柔肠。

③谈细节,彰显真功夫

组织领导者在与内部或外部公众交谈的时候,要注意把握细节。对某些问题,不要浅尝辄止,让公众感到是搞走马观花的形式主义,而应该有刨根问底的认真劲儿,抓住问题不放,执着探究事情的原委,直到彻底把事情搞清楚。这样做一方面让领导者下基层卓有成效,另一方面也使公众(主要是内部公众)知道不能敷衍领导,必须扎扎实实地把工作做好。

④问名字,深度了解对方

领导者下基层与公众交谈,在彼此有一定了解的基础上,要注意了解一部分公众的名字,让对方对领导者有更加深刻的印象,领导者也由此对自己的公众有深度的了解。同时,主动问询名字,也是对公众的尊重,体现领导者亲和、热情的一面。这方面组织公共关系人员需要事先有所设计。

3.宴会讲话

作为组织领导者,出席一些重要的宴会,是一件十分平常的事情。但在宴会上,领导者常常作为重要客人去讲话或讲些祝酒词等就需要认真对待了。组织公共关系人员需要考虑为领导者的赴宴讲话进行一定的考虑与设计,因为如果领导者言语不周,影响的是组织的形象。

酒席宴上是一个十分重要的社交场所,领导者说什么话,该如何表达,酒宴上应该表现出什么样的形象或风采,绝非小事。如果领导者在平时表现得彬彬有礼,在宴会上,几杯酒下肚,行为变得随意或放纵,则对组织的影响就比较大了。

(1)讲祝福的话

领导者在酒宴上是敬酒或被敬酒,要说的多是祝福的话,这些话看似平常,但把握好分寸则要讲究艺术性。同样是祝福语,不同的人要用不同的表达方式讲出不同的话,也要事先有所考虑。酒席上很忌讳说错话,讲对方不爱听的话。因此,预先对参加宴会的嘉宾有所了解,适时讲出令对方快意的祝福语,是领导者必须具备的能力。

(2)讲感谢的话

在宴会上不论是本组织做东,还是出席他方的宴会,领导者要多说感谢的话。一些平时场合说不出的话,敬酒时却可说出来。因而,领导者在出席宴会时,对老领导、老朋友、重要客户等要多讲感谢的话,借此表达组织对重要客户的谢意。

(3)讲问候的话

领导者在酒席宴会上,与业界中的前辈见面时要多讲问候的话,以加深与新老朋友的亲密关系。尤其是年纪较大的老同志,更要注意多多问候,不可怠慢。最忌讳领导者在酒宴上一个人喝闷酒,旁若无人,或者只与几个熟朋友推杯论盏,那样的话,损害的不仅是领导者个人的形象,更是组织的形象。

(4)讲告别的话

领导者在酒宴上要提前离场或最后结束的时候,注意要讲告别的话,千万不可不打招呼悄然离场,这会被视为很失礼。打招呼时要先与重要的客人告别,同时不忘与新朋友真诚道别、互致祝福,给对方留下深刻印象。

总之,在酒宴上,领导者切忌不可喝酒过量,更不可借酒胡言乱语,大放厥词,要始终注意维护自身良好的形象。对此,公共关系人员要予以必要的提醒与设计。

(二)行为设计

组织领导者行为的设计,主要指领导者举止上的表现,特别是在公共场所,领导者的举止行为体现了领导者的修养,更体现出其所在组织的整体管理水平与经营理念。

组织领导者的行为设计包括以下几个方面。

1.公众场合的举止表现

组织领导者在公众场合的表现,体现的是所在组织的整体素质和管理水平,并由此令公众推断组织的经营理念和社会责任意识等。因此领导者的举止表现具有重要的代表意义。

(1)谦和而自信的站姿

领导者在公众场合出现的时候,往往成为众人关注的焦点,举手投足都被很多人注意。其一举一动会被人看在眼里。因此,其站姿应该是谦和而自信,稳重而优雅,既不显得孤僻,又不表现为傲慢。站姿不松垮或随意抖动。谦和的站姿要求领导者身体放松,自然而优雅;自信的站姿要求领导者身体挺拔,站有站相,沉着稳重。

具体来说:

①不东奔西跑

在公众场所,除非在找人,否则领导者不要表现出东奔西跑的不安定站姿,否则会被认为有点彷徨无助、魂不守舍。

②两手不晃

在与人交谈时,领导者虽然站着不动,但两手也不要有太多动作,不可乱晃,如说话打比方,幅度不要大。在打招呼、寒暄或告别时,动作点到为止,举止优雅大方。

③两腿沉稳

领导者在站立时,要注意不要有明显的摆腿或抖动的动作,更不要出现上踢或下蹲等大幅度动作。对于女性领导,在一般情况下,更要注意举止温和、柔美,不要有高抬腿部、双脚交叉踏地或交叉站立的动作,否则会十分不雅。

④腰身挺直

除非身体有病或腰部受伤,否则领导者站立时,腰身一定要挺直,不可左右扭动或前后摆动。若腰身不挺拔,便会显得萎靡不振,或太过随意。这种站姿传递给公众的会有点不负责任、玩世不恭的味道。

(2)沉稳而自持的坐姿

领导者的坐姿一般是交谈或会谈的姿态,这种坐姿的一个重要原则是坐如钟,即坐稳不晃,不频繁调整坐姿,坐下后上身挺拔,双脚平放地下,女性要注意双脚放于侧方或前后交叉,两腿不抖,体现领导者的自尊与自信。特别要注意以下几点。

①上身不松塌

不要因为坐久了,就将上身松塌后泄,窝成一团,那样会显得精神不振。

②两腿不前伸

坐下后,不要将双腿伸向前方,占据很大的空间,显示一种张狂与霸道的傲慢姿态。

③双腿不抖不晃

特别是与同仁坐在同一条长椅上时，坐下后，更要注意不能抖腿或不停地变换坐姿。

④目光平移

在坐下后不要东张西望，或紧盯着一个地方不动，目光应该平静地移向说话的人，头部的动作要缓而少。

⑤手不指人

说话时，领导者注意保持与他人平等交谈的态度，手的动作要少，一般情况下不要用手指人，但不排除必要时做任务的安排需要这样的动作。但在与他人观点不同发生争辩时，则伸手指人会显得有些傲慢，令人难以接受。

(3)平静而节制的表情

领导者在公众场合的表现，还包括其面部表情。面部表情是与举止密切相连的重要组成部分。领导者的面部表情在重要的场合同样需要事先训练与设计，否则，会造成难以预知的后果或误解。

在大部分的情况下，领导者的面部表情应该保持平和、放松。

①面部沉静、温和

在没有事情时，领导者的面部要保持沉静温和的表情，给人坚定、沉稳、开放、自尊的感觉，令人肃然起敬。

②去除不良习惯

在公众场合，领导者的表情是很多人关注的焦点。因此，领导者切忌有一些不良的坏习惯。如挠头、捏鼻子、摸下巴、打哈欠、打喷嚏、皱眉、挤眼、鼻子抽动、咬牙、舔嘴唇等，也包括与人打招呼时，做鬼脸、夸张的大笑等。

③目光柔和而坚定

在与人接触中，领导者的目光容易给人留下深刻的印象。领导者应该双目有神，目光坚定、沉静、柔和、自然，目光尽量扫过在座的所有人。善于与人目光交流，亲切而又坚定。

④勿大笑大叫

在公众场合，领导者高声交谈或大叫大笑，都会给人十分不好的印象，被视为严重的失礼行为。在遇到好友或知交的情况下，可在单独一隅畅叙，回避众人目光。

2. 公共场合的举止表现

主要指组织领导者在公共场合,作为普通人的举止表现,如作为顾客、食客、乘客、游客、司机、路人、听众及观众等。对于一个有影响力的组织,领导者可能会不知不觉成为公众人物,被很多人所熟识。其在公共场所的表现也有可能被一些公众所关注,一些不当行为有可能通过网络被传播开来。因此,在作为普通人出现的公共场所,领导者要格外注意自己的言行。组织的公共关系人员也需要有意识地帮助策划或设计领导者的表现,使之在一些特殊的场合,不经意地为自己的组织添光增色。

(1)做事低调

组织领导者在公共场合的行事应尽量低调,不要招摇摆谱。如出门不要携带随从、秘书或保镖,不开豪华车或将车停在贵宾车位,尽量服从服务人员或工作人员的统一安排与调动,不搞特殊化,不要求特殊服务,尤其是在他人已认出组织领导者或有意主动提出特别安排时,更要显得谦虚诚恳、客随主便,不惊扰他人。

(2)举止自敛从容

组织领导者在公共场合的举止要比较收敛,举手投足幅度要小,在与他人打交道时,要显得自然、从容,不大张旗鼓、动作夸张,更不要有意显示自己的特殊身份,举止上显得特殊或张扬,如独享公共资源、高门大嗓说话、出手付账生猛、与人发生肢体碰撞等。如出现这种情况,受害的是领导者及领导者所在的组织。

(三)服饰设计

组织领导者在很多场合可称为是组织的形象代表。因此,不仅其言行与举止要由组织的公共关系人员进行策划设计,服饰方面也要进行策划与“包装”。

1. 正式场合

在正式场合组织领导者的服饰要注意以下几点。

(1)身着正装

男士一般是西装革履,打领带,全身整洁。西装应大小合身,熨烫平整,不褶皱,不油污,领带色彩偏素,与衬衣颜色相搭配,西裤干净平整,没有下坠或凸痕,后面(臀部位置)不显得光亮,皮鞋以深色为主,上面不得有明显油污。整个形象感觉精神、大方、得体、文雅。

女士一般着套裙、长袜、皮鞋,色彩根据正式场合的内容而定,也要与自己的肤色匹配。套裙要紧身得体,内衣与外套的颜色协调搭配,根据情况选择项链或胸针,穿套裙或一定情况下搭配得体的短裙时,必须穿长筒袜,最忌光腿,穿高跟鞋的颜色要与套裙相协调,同时考虑与手提包的色彩相协调。套裙要比较挺括、平整，整体显得娴雅大方。

(2)饰物得当

不论男性领导或女性领导，佩戴饰物已是一件比较平常的事情。但在正式场合，饰物的佩戴要注意得当。男性领导着领带可选择恰当的领带夹，上衣口袋可放置恰当的胸花，手上可戴结婚戒指，女性领导则佩戴合适的耳环、项链、戒指等。但不论男女领导，在公众场合，饰物要少而精，更不可将大量价值昂贵的珠宝在正式场合戴出来，这样做既不合适，也不安全。

(3)慎用香水

在正式场合，领导者还要注意慎用香水，女士香水尤其不要太浓，男女香水均要清淡雅致，不要影响工作氛围。

2. 非正式场合

(1)随装便服

组织领导者在非正式场合，着装上应该穿便装，甚至可以入乡随俗，与非正式场合相协调，衣着要普通、简洁，不要显示名牌标志或过于花哨。着便装不一定很考究，但要得体合身；不要太时尚，但不显得落伍；不可太亮丽，但一定要干净、整洁，既显示出领导者的优雅风度，又让人觉得普通亲切。这样的形象在公共场合可以给人深刻的印象。

(2)饰物从简

在一般非正式场合，领导者在饰物上应该从简，不张扬显摆，给人感觉自然、从容、放松、随意。

(3)气味淡雅

在一般非正式场合，可根据情况喷洒一些香水等，以营造一种适宜、轻松的氛围。

九、全员公关教育

在一个社会组织中，开展日常型公共关系活动中一项重要的工作就是对组织内部全体公众开展公共关系教育，这项工作对于组织内部管理效率提高、凝聚力提升、品牌塑造和组织生存环境的营造等具有极为重要的意义。

(一)全员公关教育的内容

对内部上下全体员工开展教育工作，主要包括以下内容：

1. 声誉至上教育

对于社会组织的成员来说，声誉教育是头等重要的事情。一个组织中比资产和技术更重要性的，是组织的声誉。一个组织的声誉就是这个组织的声名，是组织经过多年打造累积在公众心中的信任度与忠诚度，塑造声誉、维护声誉，为组织赢得声誉是组织上下员工每个人的最高使命和义不容辞的义务。声誉教育是组织永远不能终止的核心教育。组织应该长期不断地加强声誉至上的教育，让每一个人都自觉地为维护组织的声誉而工作，为传播组织的声誉而尽责。一个具有公共关系意识的组织应该将声誉教育放在组织文化的核心内容中去宣传。在长期持续不断的宣传与教育中，将声誉意识内化成组织员工的自觉行动，使公关声誉教育成为组织文化软实力的核心内容。

2. 主动沟通教育

公共关系的核心是沟通。公共关系教育的一项重要工作就是进行主动沟通教育。具体包括组织中上对下的主动沟通、下对上的及时沟通、上下级之间、同事之间的流畅沟通。要通过长期的教育使员工形成主动沟通的公关素养，实现每个人都是组织的公共关系人员的最佳状态。当组织员工面对外部公众开展各种各样的业务活动时，他们就会积极、主动地宣传自身，为塑造组织的品牌、传播组织的声誉自觉地做出贡献。

3. 尊重公众的教育

公众是一个改革开放后才出现的新名词。在中国，尊重公众的意识比较单薄，等级观念深刻地影响着中国人的思想。以职业、职务、经济收入、衣着、消费方式、年龄等为标准区别待人的情况十分普遍。因此，对全体员工开展尊重公众的教育非常重要。要让全体员工知道，面对任何一名公众个体时，都应该以衣食父母的理念平等对待，不论其年龄、性别、收入水平、职务、职业等，尊重公众就是尊重他们的民族、习性、偏好；尊重公众就是要把公众放在心中最主要的位置。在从事自己的各种工作时，踏实、尽责，主动地站在公众的角度看问题，一切为公众着想，这样组织的发展才会稳定长久。

4. 着眼长远教育

在大部分人的工作理念上，往往只是为了眼前利益，不会站在公众角度为其长远发展而考虑。对于组织全体员工的公共关系教育就要让其着眼于长远的发展，不看重组织一时一事的得失。在组织产品生产、销售、社会责任承担等方面都应该加强质量意识、诚信意识、社会公益意识等，不为了眼前的利润指标而在公众中失去信任。因此，对员工的教育要站在有利于组织成员发展的高度，将正确的经营理念贯彻到全体员工中去。

（二）全员公关教育的形式

开展全员公关教育，其形式有多种。

1.当面授课

由公共关系人员利用工作间歇、下班及周末等时间,集中对全体员工进行培训,将声誉教育、沟通教育、尊重公众教育、长远意识教育等灌注到员工的心中。当面授课的好处是可以充分交流,及时反馈,切中问题要害,及时发现问题、解决问题。

2.电化教学

即运用多种电子传播手段进行集中播放收看。如电视专题片、专题录像片、电视讲座等。这种形式的教育一般来说,内容生动,收视效果好,操作简单,传播面广,但无法了解反馈效果,不一定对症下药,也易将公共关系人员的教育工作流于形式,走过场。

3.资料发放

公共关系人员还可以有针对性地编辑一些公共关系教育资料,定期发给全体员工,让他们自己阅读学习。这种潜移默化的教育可以不占用员工的工作与休息时间,也能起到一定的传播教育效果。但缺点是对文化水平较低的员工,资料的利用率会较低,有些人因为忙于其他事情会忽视这些资料,特别是缺乏监督机制,这样的教育会被各种工作或私事稀释,效果无法评估。

4.网络教育

如果利用组织内部网络,开展员工教育,效果也不错。如定期更换教育内容,同时在线讨论,答疑,让员工学习与讨论主要的观点。这种形式兼具以上学习教育形式的优点,又不局限在线人数,如果参与的员工普遍,则效果会很好。但可能有相当多的员工不接受网络在线的沟通方式,也很难监控在线学习的状况,学习效果可能很难保证。

当然,组织可以根据自身情况,选择一种或多种教育形式,提高学习效率,将全员公关教育工作长期不懈地抓下去。

十、公关调查与咨询服务

在社会组织的日常公共关系工作中,定期开展公共关系调查并提供专业的公共关系咨询服务,是公共关系人员的重要工作之一。

(一)公共关系调查

公共关系调查是公共关系四步工作法的第一步,同时,策划一定主题的公共关系调查,并深入开展调查工作,也是一次公共关系的宣传活动。绝不能将公共关系调查仅仅看成是一次普通的信息采集工作,而要从组织战略的高度,做好扎扎实实的公共关系活动。

从公共关系策划的意义上看公共关系调查,在安排公关调查时,应做好以下几个方面的工作。

1.做好公关调查主题宣传工作

每一个公关调查都会围绕一定主题或内容来开展。在开展公关调查之前,应该利用各种媒体将调查的主题传播开来,让目标公众周知。提前做好宣传工作对于下一步调查活动的开展有十分重要的意义。

如杭州市开展社区垃圾分类工作时,进行了大规模的宣传活动。主要宣传标语如下:

垃圾分一分,环境美十分

配合垃圾分类,争做文明市民

举手之劳,资源永续的源泉

积极参与废电池回收

参与垃圾分类,保护地球家园,共创美好世界

垃圾分类益处多,环境保护靠你我

2.做好公关调查的信息传播工作

组织开展的公共关系调查大部分情况下是调查人员直接与被调查者面对面进行的。如问卷调查、访谈法等。在针对目标公众进行调查时,公众不仅会对组织的调查产生兴趣或疑问,也会对组织本身产生一些好奇,因而有可能创造一个组织员工与目标观众互相交流沟通的机会。对此组织公关人员要利用调查积极宣传组织的基本情况、调查的动议、调查工作对社会公益的意义等,同时适时介绍组织实力、经营理念以及人员素质情况等,让公众(被调查者)近距离地对组织予以了解。

3.做好公关调查人员培训工作

开展公共关系调查工作,实际上是组织的公共关系人员——调查者与组织的公众——被调查者之间重要的人际沟通。不论是面对面请公众填答问卷,还是直接进行访谈,都要经过打招呼、问好、提问、解答疑难,完成调查、道谢、告别等过程。公共关系人员的沟通能力是一项十分重要的能力,其好与坏对组织的声誉、公关调查的顺利开展,都具有直接的影响力。因此有必要对公关调查的人员进行一定的训练与培训。

4.做好调查资料整理与结果分析工作

公共关系调查工作完成后，要对调查情况进行汇总、整理，对调查数据进行分析，然后撰写调查报告，作为决策参考。同时，在必要的情况下，将调查报告向公众公布，并对调查中反映的问题及时做出处理，以飨公众，向社会展示组织创新、负责任的形象。

(二)公共关系咨询任务

公关咨询服务曾被美国的公共关系学者认为是公共关系中最主要的公共关系职能。因为它对组织生存的社会环境发挥着一种环境监测，决策参考的重要作用。

1.公关咨询的内容

社会组织的公共关系部门所提供的咨询服务主要针对组织的决策层。公共关系部门应该在组织决策时提供所需要的相关参考资料。这些资料越真实越好、越及时越好、越详尽越好。

(1)目标公众的情况

组织的公共关系人员应在平时掌握尽可能详尽的目标公众情况，以便在组织决策层考虑问题时，作为重要的参考。如政府公众的情况、顾客公众的情况、重要客户的情况、媒体公众的情况、社区公众的情况、内部公众的情况等。当组织决策考虑某一个问题时，公关人员能够及时提供详尽、准确的情况，对决策会起到重要的参考作用。

(2)软环境确立

在组织决定重要问题时，公关人员需要对软环境提出咨询意见。软环境主要包括政策环境，即相关政策的变化情况；法律环境，即国内外相关法律的基本情况；舆论环境，即一定时期内公众的舆论反应；制度环境，即内外部有关制度的推动或制约；等。软环境情况的搜集需要公共关系部门的工作人员平时注意积累这些方面的情况，以备决策时参考。

(3)经验与教训情况

公共关系的评估职能是对组织已完成的重大事件的量化评价。它对组织决策会起到重要的借鉴作用。在重大决策讨论开始时，由公共关系人员提供以往工作的经验教训，会对组织所进行的决策起到十分积极的指导作用。

2.公关咨询的方式

(1)参与决策讨论

由组织公共关系主要人员直接参与决策层的重大决策会议，提供必需的参考资料，对重要问题提出意见建议。陈述是最好的辩论，公关人员并不参与决策，但参与讨论对组织正确的决策会起到十分积极的作用。

(2)提供参考材料

公关人员在某种情况下可以通过提供相关问题的参考资料来进行咨询服务，积极为领导决策提出重要的参谋帮助。参考资料包括二手资料数据、一手资料报告、视听资料等。

(3)帮助征询意见

在一定情况下，公关人员可以帮助组织决策层将重大决策草案提交内部公众或股东讨论，向他们征询意见，然后将意见汇总分析，提出有建设性的意见与建议，供决策层再次决策时参考。

在组织的日常公共关系工作中，大量的工作是默默无闻的收集资料、持续不断的培训教育、点点滴滴的指导建议、兢兢业业的品牌维护等工作。这些工作虽然没有轰轰烈烈的场面与动辄巨大的财务开支，但对于组织的生存与发展环境营造来说，却是至关重要、不可或缺的。

第二节　交往型公关策划

一、政府间公共关系交往

(一)公共关系意义上的政府交往

1. 国际关系与公共关系

在公共关系学来到中国30年的时间里，对于公共关系的核心内容及概念界定仍然存在着较大分歧与比较混乱的认识，将公共关系与人际关系、国际关系混为一谈的情况屡见不鲜。

(1)国际关系与公共关系内涵不同

国际关系是研究国与国之间政治、经济、军事等方面矛盾处理、实力较量的状态；公共关系是研究社会上某一组织构建与其他社会组织良好关系的管理手段。国际关系的内涵包括政治关系确定、边界划分、势力范围分割、军事结盟及冲突解决等。国际关系的处理对一国的命运有深远影响。

公共关系的内涵包括组织对环境的调查、对沟通活动策划与实施、对目标公众的传播与影响等。组织公共关系的好与坏决定了该组织在社会中的生存质量。

(2)国际关系与公共关系主、客体不同

国际关系在外延上只局限于国家与国家、国家与地区、国家与联合国等国际组织之间的关系处理。从事国际关系活动的主体是政府,国际关系的工作人员是政府高级官员或政府所授权委托的代表,国际关系工作的客体即对象是政府及政府官员。而公共关系的主体可以是任何一个社会组织,其客体会涉及社会组织周边的几乎所有公众,尤其是与之生存相关的顾客公众、政府公众、媒介公众、社区公众等。

(3)国际关系与公共关系手段不同

国际关系开展的手段大多通过外交渠道进行。如递交国书、外交说明、外交照会、官方谈判,甚至军事威胁或打击等。国际关系中,为了赢得有利地位,一国不惜使用十分隐秘的计策,或突然抛出秘密武器来压迫对方就范或让步,国与国之间的斗争,极尽斗智斗勇之策。而公共关系开展的手段绝大部分情况下是通过组织传播、大众传播、人际传播等来求得双方共识的,使用的手段全部可以公开,开展公共关系的组织(也包括国家)会非常注意遵守基本的职业道德或社会公德。

(4)国际关系与公共关系目的不同

国际关系实现的目标是确定一个国家在国际事务中的独立主权,政治地位,并维护国家权益;公共关系实现的目标是构建一个社会组织在发展中顺畅的生存环境。主要是与周边的其他社会组织建立稳定良好的关系。因而,国际关系中国与国之间的关系不一定是平等的关系,而公共关系中双方的关系一定是完全平等的关系。

国际关系与公共关系也有一些共同的内容,正是这些内容容易使公共关系与国际关系陷入模糊之中。

第一,国际关系与公共关系都以与人打交道为主要工作方式。

国际关系虽然与公共关系工作范畴不同,但大部分情况下,二者的表现均是以人与人之间打交道为重要工作内容,如二者都有互访、谈判等。

第二,国际关系与公共关系都使用大众传播媒介。

绝大部分情况下,国与国间的国际关系情况,会通过大众传播媒介来告知,但告知的内容会非常谨慎;而公共关系则将公开传播作为影响公众的最重要手段。只要是能告知的,都会广而告之。同时,国际关系公开的内容一般是事后结果,而公共关系则是事前计划。

2.政府公共关系的表现形式

政府公关是指作为公关主体的政府主动采取传播沟通手段针对目标公众进行营造组织生存与发展环境的战略性管理活动。

政府公关与其他的社会组织的公关均是双向平等的沟通活动,其目标公众既可能是与自身相对等的其他政府,也可能是政府管辖区内的所有公众。

(1)政府公关的特点

政府公关与其他社会组织的公关有一定的差异性,其特殊点在于:

①权威性

政府是一个地区公共事务的管理者,对所辖区域的公共事务有一定的权威,政府对公共事务的决策会影响到一个区域几乎所有组织及个人的生存与发展。政府之间关系的建立具有与其他社会组织之间所没有的排他性。

②非功利性

政府公共关系的目的是营造政府所在区域的良好生存与发展环境,表现为建立社会公众中的创新与亲民声誉,赢得当地公众的了解与合作,在其他地区或国家树立较高认可度和信赖度等。开展政府公共关系会投入很多的人力与物力,但政府不会有直接的利益要求或功利性目的。

③长远影响性

由于政府现阶段在一个地区或国家所处的独特地位,政府公关的每一个举措都会对这个地区或国家的发展产生深远的影响力,会在当地公众中留下深刻的印象。因此,政府公关对促进一个地区或国家的发展具有十分重要的意义。

(2)政府公共关系的表现形式

①重大庆典的举行

通过这样的活动,增加公众对政府的了解与好感。

②重要新闻的发布

将政府管辖内的重大事件及时进行新闻发布,让公众知晓、加深印象。新闻发布既有好消息,也可能有不好的消息。

③政府领导人出访

政府领导人去其他政府管辖的地方访问,也可能是在自身管辖区域内巡访,或考察,这样的活动对于树立政府良好的口碑、拓展政府在外部的影响都具有十分重要的意义。

④重大政策或举措的推广

利用传播媒介,对欲推行的重大政策、举措等对所辖范围的公众进行宣传与解释活动。

3.政府交往活动的公共关系意义

政府之间交往的表现形式是政府主要代表人物如领导人的互访。在双方友好、平等的交往基础上,领导人的访问具有公共关系的意义。

(1)政府领导人的互访有助于促进双方政府的了解,构建求同存异的友好关系

在现代社会,国与国之间,政府与政府之间,不再是闭门自守,而是被裹挟在利益相关的地球村里,在一些共同面对的问题上,政府之间的平等、友好交往,会有利于彼此了解、理解,达成基本的共识,这不仅是形势所迫,也是政府必须要选择的积极作为。

(2)政府领导人的互访交往有助于推动地区与地区、国与国之间公众的相互了解

在现代传媒极为发达的环境下,政府领导人之间的行为几乎无一遗漏地被大众传播媒介跟踪报道,领导人之间商讨的重要议题、谈判内容等会通过媒体快速被各国或地区的公众知晓。这对增进国与国之间、地区与地区、民族与民族之间的了解创造了十分便利的条件,也对缔结民间、民族间的友谊奠定了重要的基础。

(3)政府领导人的互访有利于扩大所辖地区或国家在对方国的影响力

国与国或国家与地区间领导人的互访,对于扩大一个国家或地区在另一国或地区的影响创造了极为重要的机会,会对国与国之间的经济发展、文化交流、和平相处等带来重要的影响,也会减少或消除彼此之间的误解、隔阂,化解郁结的矛盾,打开封闭的大门,增进一国公众对另一国的了解,对推动由官方到民间的往来,带来十分积极的影响。

今天,政府领导人的互访已成为政府公关的重要表现形式。

(二)各国政府领导人公关交往的策划

国与国之间在政府层面的公关交往主要是国家领导人之间的友好互访,互访的目的在于促进双方的了解、理解,通过直接沟通,达成或增进两国直接的友好关系。因此,这样的访问具有鲜明的公共关系意义。

策划政府领导人公共关系交往活动,主要步骤如下。

1.新闻发布的预热

一个国家或地区领导人的出访或来访,对出访国与访问国来说,都是一件重

大事件，尤其是出访的国家或来访的国家领导人是国际关系中分量很重的国家，则意义更加重大。因此，在本国领导人出访之前，或来访国领导人到来之前，应该进行前期的新闻发布会预热。如果是本国领导人出访，则可以进行新闻发布会，介绍领导人将要出访的国家、出访的目的、随行的人员等。如果是他国领导人的来访，则可以在主要媒体或政府网站上发布来访领导人的基本情况，来访国的情况介绍等。

新闻消息的发布既是外交上的基本礼貌，也是对本国公众与他国公众的尊重，可以引起社会公众对该事件的关注。

2.相关资料介绍的铺垫

对于要出访的国家或要来访的领导人所在的国家，如果本国公众了解得不多或原来有一些误解或隔阂，则这时需要进行一定的情况介绍，尤其是欲访问的国家或来访者所在的国家在外交关系上地位很重要时，资料的介绍和宣传是十分必要的。

具体的做法有：在平面媒体上推出一些访问国或来访国的情况介绍文章，着重报道该国家的正面新闻；在电子媒体，主要是电视上播放一些该国家的资料片、电影或风土人情的新闻报道等；在政府网站上也可登载一些访问国的资料介绍等。

通过新闻报道或情况介绍，积极营造比较良好、适宜的外交接待或出访氛围。

3.政府领导人出访(或接待)的高调宣传

当本国政府领导人去他国访问或他国政府领导人来本国访问时，如果双方外交关系十分重要，则应该在新闻报道上高调宣传，即注重宣传他国来访的领导人情况，或本国领导人出访或接待的情况，让两国公众对这一重大外交事件有及时了解。宣传内容包括核心媒体的新闻播报、报纸头版的大幅照片、特别推出的新闻专稿、新闻通讯等。

4.巧妙安排国家领导人与公众接触的机会

国家领导人的来访与出访，既是一次重要的外交活动，更是一次影响面宽广的政府公共关系活动，恰当利用这种机会，对于增进国与国公众之间的相互了解、促进两国公众之间的友好感情有极为重要的意义。

创造政府领导人与本国或当地公众的接触机会，主要从以下几个方面展开策划。

(1)参观活动

出访的本国领导人或来访的外国领导人去当地或本国参观著名的企业、学校、社区和风景名胜等。在参观中，应精心安排领导人与普通公众去交谈或发生一些接触。如果领导人曾经到访或生活过该参观地点，则应该精心设置一些怀旧仪式，来表达本国领导人或访问国领导人的特别情感，如赠送鲜花、发表演讲、表演节目等。

(2)大(中)学演讲

即本国出访的领导人或他国来访的领导人去大(中)学做演讲及与大(中)学教师、学生进行交流。

应注意挑选恰当的大学或中学举行演讲会。这是政府领导人展示个人及国家形象的重要机会，更是让当地或本国公众了解他国或本国领导人及本国情况的重要机会。因此，政府领导人要高度重视，周到安排。万一发生一些意想不到的事情，如有人故意捣乱，或现场有人昏厥、出现设施故障等问题，都应沉着应对，体现领导人应有的风采与气度。

(3)与企业家洽谈

当今社会，和平与发展成为全世界的主旋律，各国领导人出访或来访，绝大多数情况下均把促进两国经贸合作或解决经贸合作中的矛盾作为出访或来访的目的之一。

安排国家领导人与当地企业家会谈见面是一项十分重要的活动。对此，在安排上要用心和周到，既要对洽谈的意向内容有明确的说明，又要对本国随行的企业家或对方国家企业家的情况有充分的了解，积极地创造机会，促进本国经济与他国经济的主动交流与合作，这样的合作，对于融洽国与国之间的外交关系也具有深远的意义。

(4)与社区公众聊天

为体现国家领导人亲民、随和的形象，领导人来访或本国领导人出访，也可能安排领导人亲临个别社区，与社区的老人、小孩进行交流。这样的活动通过媒体的宣传报道，会起到很好的宣传作用，易于引起两国公众的情感共鸣。

5.离访后的收尾报道

当政府领导人访问结束、启程回国或离国时，公共关系人员也应做些收尾宣传，如将访问中的花絮、感人事例等予以报道。这样的通讯文章可以起到十分隽永的作用，同时，也标志着政府领导人公关活动策划与实施的结束。

(三)国内地方领导间公关交往的策划

指国内地方政府之间互相的公关活动。这样的交往具有邻里之间相互走动的亲和色彩。在国内,不同地方政府领导人之间相互交往,是融洽该政府与其他区域政府之间相互关系的重要举措。

策划政府领导人与其他地区政府之间的互访,主要包括以下几方面的内容。

1.做好事前沟通

地方之间主要领导人的互相来访,是发展本地区经济文化、促进本地区与其他地区相互交流与互惠、为本地区构建更好、更大的生存与发展环境所做的重要举措。在主要领导人准备访问前,访问方的公共关系人员应做好充分的事前沟通,对访问工作进行周详的安排。具体包括:

(1)了解被访问方的工作日程安排,商讨彼此合适的会晤时间;

(2)了解被访问方主要领导人的工作日程安排,确定具体见面时间、时段、时长、会议议程、拟解决的问题等;

(3)与拟访问的单位进行充分联系,确定对方具体安排的详细情况;

(4)告知对方自己方面访问人员的具体情况,如人数、性别、职务、民族,拟到访的具体事项等;

(5)告知对方自己方的出发时间、行程时间、车辆详情等;

(6)必要的情况下,告知对方自己方主要领导人的特殊要求及癖好等;

(7)了解对方地区或区域经济、政治、文化等方面的基本情况;

(8)了解对方政府领导人的详细个人情况,如民族、工作节奏、性格爱好等;

(9)如签订双方合作协议,要事先充分磋商协议草案,并准备好草案文本;

(10)准备先期的新闻宣传。

对于准备出访的一方来说,事先的策划与准备应该细致而全面,不可有大的纰漏。如果领导人在出访前,对拟出访的接洽工作联系得不充分,对拟出访地区的情况了解得不够全面,则领导人的出访就会显得仓促(如对方主要领导人恰好出差、一些做法违反了当地的民族风俗等),收到的效果就会很小,公共关系的意义就不大了。

2.形成新闻热点

当一方政府主要领导人计划去其他地区访问时,公共关系人员应提前做好新闻宣传工作,积极形成新闻媒体的报道热点,引起两个地区公众的重点关注。要做到这一点,具体策划的内容有:

(1)撰写新闻稿件;

(2)确定新闻媒体——争取在主客两个地区的主流媒体上充分报道,如电视台、报纸及电台等;

(3)安排新闻报道的时段、频道、版面等,成为新闻头条,实现最大化的新闻宣传效果;

(4)报道及时、客观、充分,宣传讲究实际效果,不哗众取宠;

(5)报道要突出领导人,但落点要放在影响两个地区社会经济文化发展的公益层面上来。

3.双方领导人开展深度交流

国内不同地区政府领导人的公共关系往来活动,一般是在行政级别相同的层面上开展。领导人间的交流会谈是这一公共关系活动的核心内容。在安排双方会谈时,要事先经过双方工作人员的充分沟通,确定本次会谈内容,准备好必要的工作文件、协议等材料,做好双方交流会谈的铺垫工作。会谈一般主要包括文化交流、经贸合作、地方帮扶等方面的问题。为营造双方融洽的会谈气氛,公共关系工作人员应注意:列出清晰、简约的会谈提纲;提出初步的合作构想;标出协商的重点议题;等等。

4.走访重点单位

在政府领导人出访其他地区时,安排领导人去基层走访参观,是增进领导人与当地公众接触了解、扩大领导人出访影响的重要举措。访问方公共关系人员在与被访问方协商安排后,可选择典型单位进行参观、调查、学习取经。如果访问方领导人恰有在被访问方区域工作或生活的经历,则还可用心而巧妙地安排去该地旧地重游。在领导人一行参观时,注意安排现场的交流座谈,创造彼此融洽的合作气氛。

5.做出一定的公益奉献

政府领导人间的访问,重点是增进相互的沟通与合作,同时,也是通过这一活动,关注对方公众的生活与工作状况。在可能的情况下,可以做些社会公益活动,体现访问方地方政府对被访问方公众的关注与切实的关心。公益奉献应与对方认真磋商,选择好项目和受益公众,对项目的落实予以切实的监督,保证公益活动不仅在面上做好,更能真正发挥出效果,以期能够对当地公众产生长久作用。

6.低调离访

访问方政府领导人一行,在完成与被访问方的广泛沟通交流后,可以低调离访。在新闻媒体方面,可以通过发表比较简短的新闻报道告知公众,注意不要搞大张旗鼓的欢送仪式,惊扰百姓。能够在当地媒体上刊发人物专访、大篇幅的通讯等方式,把出访领导人的情况做一个总结式的宣传,给当地公众留下长久的印象，倒是一个很好的安排。

二、企业间公共关系交往

在市场经济的机制下，以营利为目的、主动开展各种各样活动的企业是市场机体上最活跃的细胞。在企业开展的诸活动中，为使业务扩大或保证业务工作正常、顺利发展，与自身有密切关系的组织开展广泛的相互沟通活动是企业最常进行的工作。沟通活动主要是在企业领导人、企业核心业务负责人之间进行。

（一）针对业务客户的公共关系交往策划

在企业里，与自身业务的客户开展日常工作交往是一件十分平常的事情，彼此之间的沟通在每时每刻都可能发生。但是，双方之间的沟通未必总是通畅的、顺利的。在某些业务工作中，沟通不畅的情况也是十分常见的，这就需要企业双方领导人或业务主管通过面对面的沟通交流来增进彼此的了解，化解一些误会，推动业务工作更加顺利地进行。

策划企业业务客户间的公共关系交往，有两种情况：一种是与主要客户的单独交往，一种是与几乎所有客户的集体式的交往。

1. 策划企业与主要客户的单独公共关系交往

(1)选择公关原因

企业与自身关系密切的客户保持通畅的沟通、交流是十分重要的。选择适当的时机进行面对面、深入地沟通是公共关系策划的主要内容。选择公关原因也就是寻找恰当的时机，使双方自然而愉快地走到一起交谈的机会。

①一方发生喜庆之事

当一方单位或个人(主要是领导)有一些重大好消息时，彼此见面分享快乐、表达感恩谢意就成为自然而贴切的理由。

②重要节日、纪念日

在一个重要的节日或纪念日时，企业向重要客户的领导发出邀请，借节日或纪念日之名，双方见面叙旧话情。

③对方祝寿

如果组织的公共关系人员留心，会记住一些重要客户的领导的生日，之后，借给客户领导祝寿之名，诚请客户领导相聚，由此创造彼此交流的良机。

有时，公共关系原因的寻找会很随机，企业可以随时确定，积极创造机会，与组织的重要客户开展交往型公共关系活动。

(2)参加重要活动

在企业邀请重要客户领导人来访时，不仅是彼此见面交流，更重要的是让组织的重要客户参加企业组织的一些重要活动。如家族聚会、内部联谊会等，加强重要客户对组织的进一步了解，有利于强化组织与重要客户的合作关系。

(3)安排广泛接触

组织重要客户领导人的到访，是组织(企业)对重要客户开展的公共关系。企业公共关系人员要注意安排客户领导人与企业各个层面的领导进行广泛的接触与了解，使客户的领导人自然地融入企业中，对企业的情况有更加深入的了解与认同，双方易于达成更多的共识，促进企业与主要客户的长期、稳定的合作。

(4)进行深度交流

在与主要客户领导人的交流中，企业要创造更多的机会，加深彼此间对业务工作的更多了解与认同，对一些双方合作中存在的误解或不同看法，进行广泛的交换意见，真诚、坦率地将自己的情况告知主要客户，赢得客户的认同，真正实现双方稳固的合作关系。

(5)达成主要共识

与主要客户领导人的见面交流，要有比较明确的目的性，努力为双方达成一定的重要共识而努力。如签订重要的备忘录、签订重要的补充性协议等，使这次公共关系活动结出重要的果实。

(6)深情道别

当重要客户的领导人一行要离开企业时，要精心设计或策划真诚的道别仪式，表达企业与重要客户牢固的合作关系与深厚的友谊，给客户留下美好而深刻印象。

要注意重要客户领导人来访时，企业可能出现的一些不恰当的做法：

①将重要客户领导人来访仅仅看成是与主要对口业务部门的见面交流，将重要客户的活动范围仅仅局限在与组织高层及业务部门经理间的交往中，而不是让其广泛地与企业员工的接触和交往。

②将重要客户领导人的来访，仅仅看成是吃一顿饭、喝一顿酒的事情，而不是双方深度交流，广泛与组织员工进行接触、交流的重要机会。

③将重要客户领导人的来访看成是个人关系的加深，而不是重要客户与企业的公共关系，对客户领导人的来访没有明确的目的性，对重要问题的讨论停留在议而不决的层面，使这次来访活动看似热情洋溢，实则劳而无功，甚至如果接待不周，还可能产生副作用，淡化了重要客户与企业的关系，最终有可能导致疏远或中断了与重要客户的合作。

2.策划企业与合作伙伴的集体交往

对于日常业务量十分繁忙的企业来说,一定时段与全体合作伙伴进行统一集中的见面沟通,是十分必要的,也是较为高效率的公共关系活动。

具体策划步骤如下:

(1)提前安排集体见面时间

企业要开展与几乎所有重要合作伙伴的见面交流活动,对企业来说是一次较为重大的公共关系活动。必须提前数月或在年度开初就确定并较早向合作伙伴发出邀请,以便他们安排时间出席。

对于一家经营性的企业来说,重要的合作伙伴大致有以下一些类别:

原料供应商、地区总经销商、当地政府主管领导、社区领导、银行重要负责人、对外贸易合作伙伴、法律顾问、专业调研机构、公关或广告公司业务负责人、新闻媒体业务负责人等。

企业每年选取一定时间或为某一重要主题与这些合作伙伴进行面对面沟通交流,对增进双方了解,促进彼此联系,会起到十分重要的作用。

(2)举行隆重的欢迎庆典仪式

当八方宾朋齐聚企业时,企业的欢迎仪式,要策划得精心而周到,以表达企业对合作伙伴的期盼诚意。

欢迎仪式的策划,主要包括:

①现场的布置,如标语悬挂、彩灯、彩旗的设计与挂放,主席台的设计,嘉宾的签名,签字簿、台签的设计,安保、礼仪人员的周到服务,暖场音乐,小节目或乐队的配合,等等。让人感受到十分温馨、浓烈的欢迎场面。

②仪式程序的安排,如不仅安排重要领导讲话、具有代表性的客户讲话等,还可安排员工代表讲话、员工家属讲话、新产品展示、新获奖荣誉展示等,给人激奋、感动。

欢迎仪式的进行主要体现在两个方面:

第一,看重所有伙伴,展示组织的感恩之心,让每一个受邀者感到自己十分被企业看重,企业有着感恩、仁义的君子待客之道。

第二,展示企业文化,感受企业的凝聚力量,在欢迎仪式上让内外公众深深体会到企业尊重、团结、积极、高效的企业精神,受到企业文化的熏陶。

(3)企业领导人到会致辞

在安排企业领导人出席欢迎仪式上,领导人的现场致辞十分重要。公共关系人员要对演讲词认真推敲、设计,努力使之激情洋溢,又真挚感人,真正表达出企业全体员工对合作伙伴的欢迎之意。

(4)增进广泛的交流合作

这是公共关系活动的重要内容。由于到来的合作伙伴人数多、类型复杂,因而,企业与合作伙伴的交流要有序进行,分类安排,忙而不乱,面面俱到,不冷落任何一位合作伙伴,不怠慢任何一位来宾。将平时彼此合作工作过程中存在的一些问题、疑问一一坦诚交流。

(5)参观企业与员工接触

在企业与合作伙伴的交流活动中,要创造条件让合作伙伴更多地了解企业,因此,参观企业是本次活动的重要内容之一,在参观企业中,要安排企业员工代表主动向合作伙伴介绍情况,或者举行不同层面的座谈会、联谊会,加深他们对企业的全面感知,联结他们与企业员工的感情,增强合作伙伴与企业持久合作的信心。

(6)举行专业性论坛或沙龙活动

针对企业与合作伙伴面临的共同话题,以及在理论上或实践中的重要前瞻性问题,企业可以举行专业性的论坛或沙龙活动,邀请著名学者或专家讲授前沿发展动态,学习研讨与交流对一些重要专业性问题的认识,提高彼此对问题的认识深度,传递企业文化,加深彼此之间思想的碰撞与交流,在互相研讨中促进思想的深度认同。

(7)安排一定的文娱联谊活动

主要有企业专门的文艺团队的表演、大型舞会、足球赛、桥牌赛等,通过文娱活动,放松精神、愉悦心情、融洽感情、增进友谊。

(8)诚挚道别

有序地安排道别,特别是赠送一定有纪念意义的礼物可以增进这种交往的公共关系意义,同时倾情送别至机场、车站、码头等,做好公共关系活动的重要收尾。道别最重要的是心诚,即让合作伙伴获得一种自己在该企业中的重要感,为今后双方的合作铺垫伏笔。

(二)业务拓展中的公共关系交往策划

企业在业务拓展中,会遇到新的重要的合作伙伴,对此,企业需要专门去探访或邀请对方今后来访,以建立或巩固双方的合作关系。

具体策划要点有:

1. 企业最高领导人或主管业务领导人亲自出访

对于业务拓展中新建立关系的企业伙伴,如果认为该业务伙伴十分重要,则企业最高领导人或主管业务的负责人可以考虑专程出访，以表示本企业对新业务伙伴的重视，以及对新业务伙伴的尊重。这样的出访会引起新业务伙伴的相应关注，有利于今后双方关系的稳固。

2.举行双方高层会谈，达成合作协议

通过与对方公共关系人员的具体洽谈，可以安排企业领导人与新合作方的高层进行会谈，广泛交换对今后合作的看法，以增加双方了解，融洽双方关系，以期最终达成一定合作协议或为今后双方合作奠定稳固基础。

3.安排企业领导人演讲

企业领导人的到访，不是简单的双方见见面认识一下，而是彼此了解、求同存异、达成合作的过程。如果条件许可，到访的企业领导人能够在新业务伙伴的管理层或主要业务部门中进行演讲，阐述本企业的基本情况，提出企业对市场、技术或其他方面的看法，增加合作伙伴的主要公众对企业的了解，进一步夯实企业与新业务伙伴的合作基础，则对双方今后的合作具有重要的意义。

4.参观合作伙伴，与基层员工交谈

即安排企业领导人参观合作伙伴的生产与研发场所，了解合作伙伴的真实情况，借机与合作伙伴的员工进行一定的接触与了解，增强合作伙伴对企业的认识与好感，实现双方进一步的了解与认同。

5.安排答谢

企业领导人可通过座谈会或宴会的方式，向新合作伙伴表达一定的答谢之意、也可借此阐释企业与合作伙伴开展合作的意义及合作内容，为双方今后的合作营造良好的氛围。

6.真诚道别

企业领导人与新合作伙伴真诚道别，互致留恋之意，难舍之情，由此揭开企业与新伙伴的合作序幕。

三、上下级间公共关系交往

在一个社会组织中，经常存在着上级与下级之间的礼节性交往活动，这些活动要使其具有公共关系的价值，就必须要进行精心的策划，以公共关系活动的理念和操作手法进行安排，而不能将之视为常规性的上下级之间的简单来往。

(一)上级对下级的公共关系交往策划

上级对下级的公共关系交往，一般被看作上级深入基层的调查活动、上级对下级的看望，或是上级对下级工作的监督检查等。如果作为公共关系的交往活动，则具体要安排的工作较之常规出访要有所区别。

1. 了解所探访、调查的下级单位基本资料

当上级领导要到下级单位走访时，要先让上级领导对欲造访的基层单位有一个比较全面的了解，对其人员、业务、以往成绩或问题、突出的特点和现存问题等有较全面的掌握，以便实地考察时有的放矢。

2. 指导下级安排简约、热情的欢迎仪式

欢迎上级领导走访是下级单位的必然之举，但欢迎仪式切忌搞得隆重奢侈、劳民伤财甚至哗众取宠。如个别单位在欢迎上级领导到来时，不惜动用大量人力、物力、财力来烘托气氛，实则虚张声势，弄巧成拙。因此，对上级领导造访，要通过自然、巧妙又简约、大方的形式来展示，表现出下级员工对上级领导的敬重而不阿谀、欢迎而不谄媚的态度。

3. 与下级负责人亲切交谈、坦诚沟通

安排专门的会议室举行调查、沟通与恳谈活动，上级领导以倾听下级汇报为主，先不对问题表达意见，营造一个积极、热烈、开放的会议氛围。

4. 对下级重点与亮点工作进行调研参观

上级部门领导来访，重要内容之一是对一些重点或亮点工作进行实地参观，了解进展程度、面临问题、遭遇的困难、取得的成绩等，通过眼见为实，发现问题，及时解决，可极大地推动基层工作。

5. 安排专门与普通员工交谈、接触的场合

上级领导走访基层，并非仅止于领导层面的见面，而是要在基层员工中打造对上级主管领导亲切、随和、关爱下级的良好印象。因此，安排上级领导与下级普通员工的交流、接触，应是这一造访活动的中心内容，而绝非走过场。

与普通基层员工的近距离接触，有以下形式可以选择。

(1)上级领导做专题讲座；

(2)上级领导与员工在工作场所交谈；

(3)举行上级领导参加的员工座谈会；

(4)举行联欢会，员工生日会、单位某一节日庆典或国际性节日的纪念活动；

(5)安排与劳动模范、先进团队或后进变先进员工见面交谈；

(6)安排与员工代表、退休员工、伤残员工等参加的茶话会、宴会等；

(7)参加员工组织的各种劳动竞赛、业余文化活动、游艺活动等；

(8)通过内部网络与员工在线沟通、交流、答疑解惑等。

6. 召开基层干部参加的正式会议

在所走访的单位,召开有基层干部参加的干部大会,请上级领导对当前形势、该单位及其他同类单位存在的一些紧迫性的问题做重要讲话,对好的做法予以肯定,对不好的现象予以严肃的批评,勇于揭短,对今后工作做出重要的指示,提出目标,指出方向。

7. 低调告别

上级领导走访基层单位结束后,应悄然离去,不张扬,不惊扰下级普通员工,不影响下级单位的正常工作,留下的仅是基层员工对上级领导美好的回忆。

8. 全程新闻关注

在可能的情况下,对上级领导的公共关系交往活动应全程进行新闻关注,在当地媒体上进行及时的新闻报道,让更多相关公众了解此事,知悉上级领导指示的重要精神。

9. 内部与外部媒体的及时报道与综述

当上级领导离开所走访的下级单位时,组织内部与外部的媒体,应及时报道,并进行较有深度的综述。让上级领导的公共关系交往活动影响力持续较为长久的时间。

(二)下级对上级的公共关系交往策划

下级对上级的公共关系交往活动,一般被视为下级对上级领导的请示和汇报,这样的行为应成为真正的公共关系活动,而不是一般性的简单拜访和接受指令。

实际上,对下级来说,向上级领导汇报情况并接受指示,本身也需要认真的准备与安排。

1. 与上级主管领导的工作秘书协商公关交往活动

下级领导先与上级领导的工作秘书了解领导的日程安排,最近工作情况,确定是否是最佳的拜访时机,如果领导近日工作忙碌或有出差事宜,则拜访活动推迟。

2. 确定准确的拜访时间

在没有其他事情冲突的情况下,将具体拜访时间确定下来,地点一般在上级领导的工作场所。

3. 准备必要的汇报资料

下级人员不应把对上级领导的拜访看成官场上的拉关系、送礼物、与领导套近乎、为小集团谋取私利等,而应该将之视为下级对上级领导正常而必要的沟通交流活动。因此,下级要认真地准备对上级的汇报资料、沟通的诸事项内容等,以期通过面对面地沟通交流，使上级对下级部门情况有全面的了解，对下级人员的处境和需求有切实的体会，能够面对问题做出全面而慎重的决策性指示。在必要的情况下，下级还应该提供一定的实物佐证，如产品样品、农业种子、照片、资料片等一些有利于说明问题的材料，以利于上级领导全面地掌握情况，做出决定。

4.安排在上级领导出席的干部会上发言

努力争取参加上级部门领导主持的干部会议并获得一定的发言机会，争取让更多职能部门的领导对下级部门情况有充分了解，这样的机会必须主动创造，以推动下级单位的情况被上级各部门领导了解、关心，以赢得日后上级各职能部门对下级工作的支持。

实际上，下级人员对上级的公共关系交往活动最主要的内容就是下级面对上级各职能部门的这次发言机会，这一次活动的安排是此次公共关系交往活动的核心。

5.去上级重要部门拜访分管领导

下级领导对上级领导的公共关系交往活动需要专门安排对上级重要相关部门及领导的拜访活动，将下级遇到的问题积极主动地与上级部门及分管领导进行汇报、沟通，赢得上级部门与领导的了解与支持，为今后工作做好铺垫，打好基础。

6.下级内部刊物或媒体的报道

下级人员在对上级领导的公共关系交往活动应全程记录，保留必要的资料，交往活动结束后，及时通过组织内部的传播媒体如内部刊物、电视、广播、网站等进行报道，并专门将有关报道情况送达上级领导及部门，予以了解、知晓，使这一公共关系交往活动被下级单位全体员工周知，增强全体员工的信心和凝聚力，发挥公共关系的辐射作用。

7.保持与上级各部门领导的请示汇报联络

通过这样的公共关系交往活动，下级与上级部门及主要领导就建立或保持了这种正式、通畅的沟通渠道，下级人员注意要让这样的联络交往活动保持常规化、稳定性，使下级单位的工作处于与上级部门十分透明、通畅的交往状态。

四、跨行业间组织的公共关系交往

在社会组织的公共关系活动中，不仅有同行间、上下级之间的公共关系交往，而且还有跨行业间组织的公共关系交往活动。这是应社会组织发展需要营造其生存与发展环境而采取的必要的公共关系活动。常见的跨行业间的公共关系交往有企业对政府的公关交往、政府对企业的公关交往、事业单位等与政府或企业间的相互公共关系交往。

(一)企业对政府的公共关系交往

指企业作为公关交往活动的主体,在必要的情况下对当地政府、本国政府或他国政府开展的公共关系沟通拜访活动。

要做好企业针对政府的公共关系交往活动,事前必须精心策划、周密安排,借用媒体,影响公众,努力获得最大的社会效益和较大的经济效益。

具体步骤如下:

1.企业领导人亲自出访

当企业在经营中认为需要与当地政府建立相互了解、理解和信息沟通的关系时,企业领导人就到了该主动拜访当地政府领导人的时候了。

同样,当企业在开拓海外市场,需要赢得某国政府的了解、接纳和信任的时候,企业领导人就有必要去拜访某国政府领导人及其主管领导。

这里有两点需要注意:

第一,企业领导人去拜访或邀请本地、本国或外国政府主要领导人,绝不能以昂贵的礼物或豪华宴席来接待,否则有行贿之嫌。

第二,企业最高领导人亲自出访,以此表示企业的最高礼遇与尊重。

在企业领导人确定拜访政府主要官员时,前期的了解是十分重要的。在与政府的工作人员反复接洽、商议的过程中,确定明确的时间、地点、谈话内容等,这是必须要提前做好安排的。

2.争取与当地、本国、外国政府最高领导人见面

企业领导人出访当地、本国或外国政府部门,其公关交往的目标是沟通企业情况,了解政府的相关政策、法规,增进政府对企业的了解,认同与信任,为企业的发展创造顺畅的生存、成长环境。因此,当企业领导人要对政府部门进行公共关系交往活动时,就要努力实现政府最高领导人出场的目标,由此赢得政府其他相关部门的支持,获得最大的公共关系交往活动效率。

3.开展社会公益活动

在企业领导人与政府部门的公关交往活动时,企业可配合开展有力度、有创意的社会公益活动,由此表达企业优秀社会公民的诚意,赢得政府的好感与对企业的信心。

4.安排与当地公众的联谊活动

企业领导人针对政府开展的公关交往活动,绝不是不可曝光的私下活动,而是正大光明地与政府及政府属下的社会公众的全方位接触。因此,由企业最高领导人出面同当地的公众接触,进行轻松愉快的联谊活动,是企业被公众了解、认可并赢得信任的重要举措,更是这次公关交往活动的重要内容之一。

5. 安排媒体全程跟踪报道

企业可首先通过新闻发布会向媒体说明这次公关交往活动的基本情况,激起媒体报道兴趣,然后企业可推动媒体全程报道企业领导人的公关交往活动,让企业更多地被社会公众所知晓和关注。

6. 安排企业领导人的专访或在线沟通

在这次公关交往活动中,要特别安排企业领导人在当地有影响的媒体如电视、网络上亮相,更多地介绍企业情况,展示企业领导人的风采,扩大企业影响力,让更多社会公众进一步对企业加以了解与认识,获得这次公关交往活动的最大社会效益与较大经济效益回报。

(二)政府对企业的公关交往

指政府主要领导去企业视察,与企业员工开展面对面双向沟通活动。一方面作为政府主要领导人需要深入基层,调查了解典型企业的实际情况,通过现场办公,解决企业中存在的宏观环境方面的问题,为政府决策提供实证依据;另一方面,企业能够接待政府领导的来访,对企业来说,是巨大的支持与鼓舞,企业有机会与政府领导面对面沟通交流,对营造企业在当地良好的生存环境有极大的益处,更有利于企业一些需政府协调解决问题的快速处理。

1. 通知企业政府领导人来访的行程安排

从政府角度来说,主要领导人要去企业调研考察,一般会提前通知企业方面,并要求安排好必要的接待事宜。企业领导人应高度重视,在政府部门的具体部署下,将企业的各方面工作做好,以接待政府领导的来访。

2. 政府与企业员工接触:视察企业

政府领导一行人到达企业,一般要进行一个简短而热烈的欢迎仪式,这是政府领导与企业员工的近距离接触,政府领导可以主动与企业主要领导、员工代表握手、问候,企业领导要表现得积极大方。

简单地与企业员工寒暄后,政府领导一般会对企业的生产车间、科技研发实验室、员工生活区。附属医院学校等进行参观、视察、了解企业概况,与一线工作人员简单交谈,对企业某些方面问题进行现场了解,现场办公。

3. 政府领导人与企业领导人(层)沟通交流

政府领导人一行视察结束后，与企业领导人及其决策层、管理层人员面对面的交谈就开始了。虽然政府领导可以对企业领导及领导层、管理层的工作进行指导，但从公共关系角度看，双方的交流是平等的，而不是有的，交流应该是坦诚的、相互的，实现彼此平等通畅的沟通氛围，主要是由来访的政府领导人来营造的。

在政府领导到企业的调研中，企业可以抓住时机，将企业目前的情况全面地予以介绍，情况说透，问题说足，既让政府领导对企业有信心，也要使政府感到自己的责任与使命，双方交流时间不多，效率要高。

4.政府领导与企业员工的全面接触

政府领导对企业的公关交往，核心内容不是与企业领导的见面，而是与企业员工的近距离接触，这是今天很多政府领导到企业视察时容易忽略的地方。政府工作人员要提前安排好领导与企业员工全面接触的场合，让政府领导的影响力深入到企业的基层。

具体内容有：

(1)对全体员工的主题演讲

以企业大会的形式面对企业全体员工做振奋人心的演讲，让基层员工感受到政府的支持与关怀，了解政府在企业所在行业政策和指导意见，了解政府应对问题、解决问题的勇气与做法，感受政府领导人的魅力，由此对政府产生信任与忠诚的感觉。

(2)召开企业骨干参加的座谈会

政府领导通过这样的座谈会可以在较大层面与基层员工深度接触，双方通过平等、坦诚的交谈，让政府了解到更多基层员工的情况，也使政府领导在骨干员工中有较大影响力，由此，使政府领导及政府形象通过骨干员工传播到企业更多的员工中去。

(3)深入某一典型班组进行交流、座谈

政府领导在企业难以召开全体大会的情况下，也可选择一个先进或典型的班组，走进去，坐下来，与班组的全体员工进行近距离的亲切交谈，了解情况，沟通信息，亲切交谈，嘘寒问暖，将政府对企业员工的关怀体现出来。

以上三种形式在条件允许的情况下，可以通过电视转播、电话会议形式、网络在线实况播放等，让企业未能参加的员工及全体企业甚至全社会公众了解与知晓，并实时参与活动，将政府对企业的关心与关注辐射到社会的其他企业及全体公众身上。

5. 媒体及时报道

政府领导深入企业调研与考察应提前通知新闻媒体做好报道与播放的准备。记者在现场可适时参与采访，将兴趣新闻点予以及时报道，采访既要考虑到政府领导，又要对企业基层员工予以关注，对领导来访的反馈可及时采集资料，进行加工报道。

6. 企业内部情况反馈

当政府领导一行对某一企业公关交往活动结束后，政府还应适当关注企业方的反馈。企业可及时将反馈情况通过内部简讯、报纸、电视、刊物、网络等形式报道出来，然后将内部媒体反馈的情况向上级政府汇报，实现公关活动效果的追踪与评估。

(三)事业单位与政府的相互公关交往

事业单位是中国社会单元的一种特殊组织，其经营与管理的模式介于政府与企业之间，在人员管理上归国家统筹，在经营方面具有较大的自主与灵活性，既承担着社会服务的公益职能，又蕴藏着一定的市场竞争性和营利性的内在动力，成为中国市场经济进程中最后保留的一块“特区”。今天，典型的事业单位主要有医院、学校、研究机构等。

1. 事业单位对政府的公关交往

事业单位是具有较强学术研究性与社会服务性的组织。它们与政府的公关交往主要是自身的直属上级单位、发生直接关系的政府管理部门、当地社区的政府、省级及部委主管单位等。因此，事业单位对政府的公关交往活动具有比较明确的目的，即沟通信息、增进了解。具体策划的步骤如下：

(1)确定事业单位领导人出访

无论事业单位是学校、医院或研究机构，如果要去与上级主管单位(教育厅、卫生厅、科技厅等)或当地平级单位(如市政府、区级政府等)，就某些事情进行沟通协调，必须确定是该事业单位的最高或主管领导人亲自带队，有其他特殊情况则另当别论。随行出访的成员应是负责相关工作的人员，既要精干又要有学识。

(2)准备相关的汇报材料

拜访政府机构之前，应由工作人员对拟汇报的情况做充分的准备，这一方面有利于出访人员汇报时条理清晰、头脑清醒，与政府主要领导——拜访对象的沟通交流更加充分；另一方面也有助于政府领导及主管部门负责人了解比较全面的信息，对事业单位产生信任和好感，体现事业单位来访的认真与慎重。

(3)确定恰当的时间

事业单位领导在决定拜访政府有关部门及领导后，应由公关人员与对方单位进行充分的沟通与交流，确定好双方见面的时间，以便政府提前安排工作日程，迎接事业单位领导一行人的来访。

(4)安排事业单位领导作学术讲座(演讲)

事业单位领导一行人到政府及有关部门进行拜访、交往，不仅是人与人之间的感情增进，还是事业单位与政府及相关部门进行的正常工作往来，其目的是希望政府部门能够对该事业单位有更加全面、深入的了解，因此，交往活动不能走马观花式地仅仅与主要领导或部门负责人见见面、吃吃饭就结束了，而应该让这次交往活动的影响面扩大至政府相关部门的最大多数的工作人员中。因此，事业单位的来访人员可以通过校长、院长或所长等的学术性报告，向政府机关介绍学术前沿动态，并将本事业单位取得的研究成果和发展情况系统地介绍出来，这样做影响力度大，效果好，更能夯实这次交往活动的意义。

(5)开展与政府主管领导或部门负责人的坦诚交流

这是这次公关交往活动的核心内容，对此，事业单位领导人一行应精心准备，在交流中既表现出理性、严谨的工作思路，又展示出温和、亲切的沟通诚意，将与政府交流、协调的内容充分地谈出来，努力实现这次出访的成功。

(6)一定的媒体报道

事业单位一行结束公关交往活动后，应通过内部媒体进行报道，同时将有关情况反馈至政府部门，对后面的进一步来往打下良好的基础。

2.政府对事业单位的公关交往

作为主管或管辖区内的政府部门，对于事业单位具有重要的管辖或监督权力，因而适当的下访调研与交流是十分必要的。策划政府工作人员对事业单位的公关交往，需注意以下步骤。

(1)提前与被访的事业单位公关人员确定该活动

政府重要领导或部门负责人及其工作人员要到事业单位来访，相关的公关人员或负责此事的工作人员应提前与被访的事业单位公关人员进行联系，以便安排具体事宜。

(2)确定政府人员来访的时间与逗留时段

由于来访的政府工作人员行程安排比较紧凑，特别是重要领导来访，时间的要求更加严格，因而要事先向事业单位通知好来访者一行的具体情况，包括：领导级别、随行人员情况、逗留时间、参观场所、其他活动等。

(3)安排新闻媒体随行报道

根据政府部门来访领导的行政级别、访问事项等，通知相应的新闻单位进行随行报道。

(4)通知被访的事业单位做好准备

在政府领导人一行来被访单位调查与视察时，要提前安排拟参观的部门、科室、实验室及设计研究室等。要求各部门的工作人员表现得热情大方、诚恳、礼貌。

(5)安排政府领导现场即兴演讲

为扩大政府领导对事业单位调研的影响力，将这次公关交往活动做实，应该安排来访的政府领导人即兴发表演讲。演讲的内容主要针对事业单位的工作提出努力目标、要求与希望，这些讲话通过外部与内部媒体传播出去，可以有效提升政府领导的公关交往活动的影响力。

(6)开展政府来访人员与事业单位领导人员的会谈

政府来访人员与被访事业单位领导人员的会谈是这次公关交往活动的最主要内容，政府领导的指示将会对事业单位的各方面工作起到重要的推动作用。事业单位主要领导应积极全面地将本单位工作向政府领导进行口头汇报及多媒体演示，努力给来访的领导留下良好的印象。

(7)关注媒体报道与被访事业单位反馈

政府部门公关交往活动结束后，还应关注媒体的报道，同时了解被访单位的反映，评估该次调研情况，为今后公关活动积累经验。

(四)事业单位与企业的互相公关交往

现在，事业单位的对外发展，与企业的交往十分频繁，如研究所、高校的技术成果转让，专业的社会服务，中小学教学设备配置，医院的药品采购、医疗设备的增设、维修与淘汰等也离不开专业厂家。因此，事业单位与企业之间开展一定的公关交往就显得十分必要。但是，由于事业单位与企业之间具有跨行业的特性，发生业务往来也仅局限于彼此某一方面的范围，因此，他们之间的公关交往一般比较简单。

1.事业单位对企业的公关交往策划

(1)事业单位主管企业业务的负责人带队出访；

(2)通知被访企业安排接待；

(3)事业单位一行参观企业，与一线工人交谈；

(4)事业单位来访者与企业最高领导见面，与相关部门领导会谈及签约；

(5)来访者与企业相关部门工作人员座谈，增进了解；

(6)简单告别。必要情况下,进行答谢晚宴。

2.企业对事业单位的公关交往策划

(1)企业主管相关业务的负责人带队出访;

(2)企业出访一行确定与事业单位有关负责人见面的时间;

(3)企业来访一行与事业单位相关负责人会谈及签约;

(4)企业负责人举行小范围的产品说明会或意见咨询会;

(5)企业方举办茶会或答谢宴会,增进双方了解;

(6)简单告别。

事业单位与企业之间的公关交往活动对双方的发展都具有十分积极的作用,这样的活动要精心安排、用心创意,努力实现双方更加全面的了解和稳固的合作。

第三节　庆典型公共关系策划

一、开业(工)庆典

(一)举办开业(工)庆典的目的

在传统情况下,一个社会组织有时会遇到新开张或开工的情况,组织会比较认真地做些准备,约一些至亲好友,或者主要的合作伙伴,到场举办一个或大或小的仪式来庆贺一下。

在现代社会,每一个社会组织都面临着一定的生存竞争压力,其生存与发展都依存着其周围的目标公众,组织的每一个重要举措都可能与周边公众发生着密切的关联,对于开业或开工这样对组织的生存与发展极其重要的事情,就需要通过庆典形式来引起公众的注意了。

1.举办开业(工)庆典是对公众的尊重

每一个社会组织,不是孤立地存在于社会,其生存与发展要依靠周围其他组织或公众的认可与支持。要做到这一点,首先需要让公众了解组织。而让公众了解组织的前提是尊重公众。

对于一个商业企业来说,开业是事业的第一步,是极为重要的开端,好的开端等于成功的一半,举办一定隆重的庆典,表面上看是企业大张旗鼓自我宣扬,深层次看，是企业郑重其事，对自己目标公众的尊重，是以这样的形式表示企业主动开放自身的心迹；对于一个制造业企业或政府、事业单位来说，开工可能是新的工程上马，意味着组织的事业向纵深发展或是进一步前进的重要里程碑，通过庆典形式来凸显它，邀请重要目标公众及媒体代表出席，同样是对公众的尊重，是向社会证明组织在重要事件上对公众的重视。

2. 举办开业(工)庆典是对公众的告知

如上所述，举办开业(工)庆典是社会组织发展的大事，必须要让组织的目标公众知道，特别是要让周边——主要是社区公众知道，还要让未来可能成为自己的目标公众知道，这一活动也是组织向全社会展示自己积极、开放、接纳、友好的一种姿态。因此，组织要认真策划，通过举办恰当的庆典活动，为组织开一个好头，给目标公众留下良好的印象。

3. 举办开业(工)庆典是对声誉的构建

对组织来说，举办开业或开工庆典，意味着帆船即将远航，行者准备上路，事业马上开始，从根本上说，是组织声誉的正式构建。因此，开业(工)庆典的举办意义重大。策划严谨、进程顺利的开业(工)庆典不仅意味着组织对社会公众的高度重视，更意味着组织对自身声誉的倾情打造。反之，则一定程度说明组织对公众的忽视和对自身声誉的不自信。因此，有责任感的社会组织往往都极为重视开业(工)庆典的策划，绝不会将之看成可有可无的小事情。

(二)开业(工)庆典的策划

策划庆典，可由组织的公关部或临时组建的策划团队来完成，也可以由特聘的公共关系公司委托策划，庆典策划要根据组织实际，始终与组织的主管领导进行密切的沟通交流，使策划工作得以顺利实现。

具体策划工作包括：

1. 确定开业(工)时间

万物择日而行。在开业或开工的重要时刻，要慎重选择良辰吉日。有两点注意要避免的。

(1)注意回避传统节日或重大纪念日。因为这些时间可能是法定公休日，或者被告知特别关注，因此，组织的开业或开工的日子要尽量避开或错开时间。

(2)注意回避特别的纪念日

今天，我们面对的纪念日很多，有些纪念日与组织开业或开工的内容冲突，要格外注意回避。如烟草公司不能在国际禁烟日搞开业或开工庆典，男装商店不在三八妇女节开业，儿童食品店不在九九敬老日开业，等等。

(3)选择恰当的公休日

公休日一般是公众出门购物、心态闲适之时,在这样的日子举办开业(工)庆典,普通公众可以闻讯参加、观览,重要嘉宾也可以抽空出席,现场气氛就会比较热烈。

(4)选择民间认为的吉日

在传统文化的影响下,开业或开工庆典作为组织的重大事件,也要符合当地民间民俗,不可无所顾忌。如,民间认为农历的三、六、九日,公历的逢六、逢八的日子等比较吉利,可优先考虑,努力做到皆大欢喜。

2.确定嘉宾及参加人员名单

开业(工)的举办,邀请嘉宾到场是其主要的内容之一。

(1)邀请行业或政府主管领导

他们的出席对开业或开工庆典的规模及档次具有决定性意义,也在某种程度上是对主办者重要的心理支持。

(2)邀请组织的重要客户

通过对他们的邀请,体现主办者对客户的感谢和重视,更是标志组织与之业务合作序幕的拉开。

(3)邀请相关媒体人员

媒体是社会公众呼声的反映者和社会进程重要事件的转述者。对媒体的重视,也是对公众重视的一个反映。要选择与组织业务有较强关联度的媒体工作人员参加,借此扩大组织开业(工)庆典活动的影响力。

(4)邀请内部或外部公众代表

如组织员工中有一些具有很大影响力的员工,如劳模、老员工等,可邀请作为嘉宾出席,组织外部的公众如顾客、邻居、社区代表等,也可以作为嘉宾出席。

(5)邀请社会公益的受益者

如组织在开业(工)活动中安排公益活动或之前已开展了公益活动,则可在此时适当邀请受益者代表出席,如受扶助学生、受资助群众、受关照的清洁工人、残障人士等。

3.创意活动形式

开业(工)的活动形式是开业(工)庆典的重头戏,活动形式决定了庆典的质量,因此,要认真创意有新意的开业形式。具体要求:

(1)形式独特但不哗众取宠

开业(工)的活动形式要尽量表现独特,不要仿效他人,让人耳目一新、印象深刻，但切不可为追求独特而做出令人啼笑皆非的事情。否则会在众多嘉宾和参观的人面前贻笑大方。

(2)内容健康但不平庸流俗

开业(工)庆典的活动形式是内容的集中体现，因此，在策划时必须保证活动内容积极向上，但同时，活动的表现形式又不能平庸而普通，更不能迎合社会的低俗与媚俗，必须保证在活动现场气氛热烈、形式健康、活动新颖、过程顺利。

(3)现场隆重但不奢华张扬

在开业(工)庆典活动上，既要营造出比较隆重热烈的气氛，但又不提倡动用大量钱财搞一些过分豪华、令人惊诧的活动，给人感觉出手大方气派，但不善于理财，更显得张扬或霸气。这样的印象将会是庆典活动的失败点。

4.策划活动报道

新闻的报道对于组织的开业(工)庆典意义重大。它可以很快扩大组织的影响力，引起广大层面社会公众的关注，产生较为广泛的影响力。因此，对活动报道的策划是开业(工)庆典活动策划中的重要一环。这些年来，关于开业(工)庆典的报道早已不成其为新闻，难以引起社会公众的关注，所以，要实现庆典的新闻报道，必须注意从以下角度做好工作。

(1)选择报道视角

一个纯粹的开业(工)庆典，很难引起新闻界的注意，成为记者报道的内容，但开业(工)活动背后蕴含的丰富信息或信号，会成为新闻关注的热点。如行业背景、经营特色、经营团队、消费者关注的热点等。

(2)确定报道话题

组织开业(工)庆典的组织要从社会公众需求、特别是媒体的角度确定新闻报道的话题，挖掘出庆典的社会价值或意义，由此引起社会公众对组织开业(工)的关注。

(3)制造报道热点

有创意的开业(工)庆典会容易吸引新闻媒体的眼球，并会因之成为报道的热点，尤其是具有公益性的活动或者是激发社会良好风尚的开业(工)活动形式，都会成为新闻报道的热点，引起全社会对此的关注。

5.确定活动程序

这是开业(工)庆典的全部过程安排。对程序的精心设计前提是保证活动顺利、圆满完成。活动程序的确定，既要按一般庆典形式符合基本常规形式，又要有一些特别的颇具感人意味的内容安排；既要让在场的人感到意外，积极参与，受到感动或震动，又要符合心理上的预期，合情合理，巧妙而快乐，增加开业(工)庆典的影响力。

6.策划场景布置

一般来说，开业(工)庆典的现场往往布置的热烈而令人眼花缭乱，但重要的是，在红旗飘飘的掩映下，宣传口号的内容是否有吸引力或震撼力，是否是具有积极的社会意义、更大涵盖度的公益性公共关系目标。如果现场没有提升庆典内涵意义的标语体现，则再热闹的场景布置，在所有现场公众看来，都不过是过眼烟云，印象模糊。因此，场景布置要特别体现开业(工)组织者的用心，展示更大的社会关爱和更多的社会责任。

7.策划活动收尾

开业(工)庆典的收尾也很重要，不要给人锣鼓一响，鞭炮一放，礼物一发，散场走人的不良印象，而要努力做到意犹未尽、意味深长，让嘉宾和现场的观众印象深刻。尽管开业(工)庆典已经结束，但却是组织事业的开始或新台阶的里程碑。因而，活动收尾时，也要精心设计，如深情的告别仪式、有序的离场、悠长的音乐、令人不忍丢弃的小礼物等。

8.策划纪念品

大部分情况下，开业(工)庆典都会设计纪念品。因而，纪念品的设计也十分重要。对此，有几点要把握的：

(1)纪念品要有长久的留存性

能够成为日常有美感、有展示性质的物品，使之长久留存。

(2)纪念品不要成为消费品

如果纪念品成为日常消费品，则很快会被遗忘，所以工艺品常被作为纪念品。

(3)纪念品设计要独特

由于太多单位用工艺品作为纪念品，因而使用一般工艺品作为纪念品已不再被很好地珍惜，而设计具有特色、有长久留存价值的纪念品必须要精心策划。

(4)纪念品不要成为奢侈品

不要把纪念品定位在价格昂贵、装饰豪华的奢侈品上，否则会让公众对组织产生不良印象。

总之，开业(工)庆典是社会组织第一次向公众登台亮相，是一件十分重要的事情。这一亮相的好与坏，很大程度上决定了公众对组织未来的初步期望与印象，因而策划好开业(工)庆典意义重大。

二、节日庆典

(一)节日的分类

节日是因传统、事件或发起者特别的目的而确定的专门日子。从古到今，节日总在人们的日常生活中发挥着重要的作用，人们会以不同的方式来庆祝节日的到来。

节日一般分为三类。

1. 传统风俗节日

这种节日是由某一地方世代生活的人们在生产、生活中自然形成的一个重要节点，或者是与当地的宗教活动、图腾崇拜等有密切联系的纪念日。在中国，民间的节日非常多，如一年的开始有春节，然后是清明、端午、中秋等；西方由宗教活动形成的圣诞节、复活节、感恩节等，伊斯兰教的开斋节、古尔邦节，佛教的成道节(腊八节)等。

2. 国际组织或国家确定的节日

在民主与环保运动不断发展的过程中，国际组织不间断地规定了一些特定的日子作为纪念与推动这些活动的重要形式。如三八国际妇女节、五一国际劳动节、六一国际儿童节、国际禁烟日、环保日、爱牙日、戒毒日、植树节等。各国政府也在公共事务管理中规定了一些重要节日，如国庆节、建军节、国耻日、重要人物诞辰日、去世日、重大事件纪念日。

3. 日常生活或当地文化经贸活动节日

在日常生活中人们逐渐约定俗成和被一些特定人群关注的节日，如情人节、愚人节、母亲节、父亲节等。这些年，某些地方又开始掀起一些经贸活动节日，如风筝节、荔枝节、苹果节、服装节、啤酒节等，这些节日逐渐成为当地文化经贸活动的重要载体。

(二)举办节日庆典的目的

从以上三类节日中可见，举办特定节日庆典纪念活动，一般有三类主体。一是国家(含地方政府)或国际组织、宗教组织等，或合二为一；二是一些企业或商家；三是个人、家庭或小团体组织。

1. 国家或地方政府以及宗教团体举办庆典的目的

从政治上说，国家或地区政府举办庆典是为了巩固政权、增强人民的凝聚力与向心力，并向外界彰显自身的实力；从经济上来说，是政府为了创造商贸交流的机会，借此扩大业务，促进经济快速发展；从文化上来说，政府或宗教团体举办节日庆典是为了追溯传统，纪念先人，数本念祖，传承文化精髓。如，很多国家都会举办国庆节、建军节等；一些宗教国家和宗教团体会举办与宗教有密切关联的节日。因此，确定举办节日庆典是一件十分重大的事情。

2. 企业或商家举办庆典的目的

节日庆典的举行总是蕴含着一些商机，因此，企业或商家是节日庆典的重要推手甚或主要策划者，通过对节日的隆重纪念，可以借机传播企业的名声，扩大企业或商家的业务，形成商业销售的热点，同时他们的行为也不自觉地承担起了一定的文化传播的社会义务。如中国的端午节、西方的情人节等。

3. 个人、家庭或小团体组织举办庆典的目的

特定节日的举行还是家庭聚会、朋友交往、个人传情达意的重要载体。中国的春节、西方的圣诞节等，都会被家庭成员精心策划，成为心灵放松、精神调适、沟通交往的最佳机会。

因此，不论是由谁发起的节日庆典，总会推陈出新，认真策划，使之实现，达到目的。这里我们重点阐述政府、企业或事业单位针对节日的庆典。

(三)节日庆典策划

节日庆典是一件隆重而喜庆的大事，对一个组织来说，则是一件需要高度重视的公共关系活动。在组织确定要在节日期间开展一些特别的纪念活动时，公共关系策划人员就到了全力以赴开始工作的时候了。

1. 节日气氛的预热——策划新闻事件

在某一节日到来之前，组织要提前开始营造节日的气氛，传递举办节日庆典的信息，让公众对之有所了解、有所准备、有所期待。

预热一般有两个方面，一方面是做好举办庆典活动现场的各种物质准备或资料介绍，另一方面是开始在宣传舆论上造势。

对庆典活动的策划者来说，要把庆典的预热气氛营造起来，需要策划 1－2 个新闻事件，以此推动公众对组织拟举办节日活动的关注。

具体可以有以下几个角度来挖掘新闻策划的切入点：

(1)介绍庆典活动举办地的风俗民情；

(2)报道庆典举办方的准备情况；

(3)介绍节日由来、传说故事等；

(4)报道公众对庆典活动的期待和看法；

(5)颁行与节日庆典相关的一些政策、法规、特别的优惠等。

如此，通过新闻媒体的报道与节日庆典活动准备工作的介绍，可以营造起节

日的气氛，吸引公众了解与关注该节日，对该节日庆典活动产生关注热情和积极参与期望。

2. 节日活动的创意

开展节日庆典活动，要把独特的创意作为实现庆典活动成功的前提。庆典活动的策划者在进行创意时，必须把握几个原则。

(1)创意的形式与内容要与节日的特点有关系

如春节是团圆欢聚的主题，六一国际儿童节，要以儿童为中心，愚人节可以荒诞怪异为主格调等。如果主题或中心把握不好，则精彩的创意也只是南辕北辙。

(2)创意的形式要与传统表现方式有内在的承接性和某种延续性，符合人们的心理接纳习惯

在进行创意时，最核心、最有难度的是创新，创新必须与继承相联系，二者不能割裂。因此，在创意时，必须要对某些重大节日的庆典活动内容准确把握。如圣诞节要有圣诞树，有圣诞老人；中秋节要有月饼；情人节要有玫瑰等，否则，离奇的创意将会因违背公众的心理接受习惯而遭到冷落或受到公众的抨击。

(3)创意的主题要表现节日的文化内涵

在开展创意时，创意主题的确立是首先要明确的。创意主题的精炼概括需要策划人员能够精彩地用短语表现出来。既然每一个节日都是某种文化的集中表现或主旨强调，因此，节日庆典的主题必须要极为鲜明地表现这一节日的文化内涵，应该在创意时不偏离主题，将活动的表现形式服务于主题，如此，才能保证节日庆典获得成功。

(4)创意应体现出层次与辐射面

在开展节日庆典创意时，策划者应特别考虑创意体现出的层次与辐射面。主要指在庆典活动中，要有起承转合的节目安排及节日主题的递进与多元化表现力，节日与节目之间既有内在联系，又有清晰的边界。节日的影响力可以覆盖到不同的公众群体，让组织的公共关系活动目标真正得以实现。

(5)创意活动要避免商业气息与功利化色彩

不论是什么样的组织发起的节日庆典，在策划时都要特别注意回避展现商业化或功利性的目的。节日庆典是影响社会公众日常生活的公益性活动，不是专门为某一社会组织服务的工具。不论是传统的节日，还是由地方政府或国际组织新设立的节日，都是从让广大公众受益的角度出发的。因此，创意庆典活动时，非常忌讳将之与企业产品宣传、商家促销、主办方自我宣扬相挂钩。否则，这

样的公关活动其效果就可能是负面的。

总之,庆典活动的创意是节日庆典最重要的内容,在创意时必须把握一定的原则,不偏离公共关系活动的总目标,努力实现组织的根本目的。

3. 节目时间的安排

在策划节日庆典时,要对活动的开展时间进行认真的安排。一般的人可能认为,节日庆典举办的时间应该是节日的当天,实际上应视具体情况而定。

(1)重大节日应遵从传统习惯安排庆典

如中国的春节、西方的圣诞节等,庆典仪式的举行都是在晚上。各国的国庆节、普通的国际性节日如五一国际劳动节,各国的经贸节日如服装节、啤酒节等,则在上午举行。因而,在节日庆典活动的时间安排上,要符合社会公众的传统习惯,以保证公众的参与度高,活动效果好。

(2)企业或商家主办的活动最好提前举行

如果是企业或商家要借特定节日来举行庆典,则最好是提前数天拉开序幕,并且,庆典的高潮要避开节日,让过风头,给公众留下自我享受节日活动的余地,也能在公众心中留下对企业或商家良好的印象。

(3)某些公益性节日可退后举行

对于一些国际组织确立的公益性节日,则可以略加推迟举行,拉长公益活动的推广时限,将公益活动向纵深推进。如植树节、世界无烟日、世界心脏日等,都可以在相关协会或社会公益组织的支持下推后进行,以便将这一活动的宣传工作做得更加深入、普及。

4. 媒体宣传活动的配合

在策划节日庆典活动时,媒体的宣传活动是重要的策划内容之一,也是保证节日庆典公众参与活动与扩大影响的重要保障。做好媒体宣传要注意做好以下几个内容。

(1)有序安排新闻通稿的写作

要让媒体做好节日庆典活动的宣传工作。社会组织公共关系人员必须对新闻通稿做总体的安排,而非由新闻记者自己报道,否则可能破坏整个庆典的效果。

(2)精心安排记者招待会

对于记者招待会的安排,庆典活动的策划者要事先谋划,不要等很多记者要求时才举办,更不能等新闻媒体爆料时才被迫召开。组织应该根据庆典活动的总体安排,在恰当时候主动召开,让媒体感到各项活动的安排是有序的,是充分关心与尊重媒体及公众的。

(3)随时接受媒体的专访与问询

在策划节日庆典的宣传工作时，要确立主动积极接受媒体采访的态度，组织新闻发言人可以随时接受一些重要媒体的采访，公共关系人员也可安排组织领导者接受媒体的专访，由专人解答媒体提出的疑问与探询，为媒体的报道创造一切方便条件。

(4)对突发事件主动配合媒体报道

如果节日庆典活动因有一些原因发生了意外，给这次活动的顺利举行带来了一些困难，策划者也应本着诚实、开放的态度，协助媒体主动报道此事，绝不隐瞒真相或擅自解释一些原因，而是在维护组织声誉的前提下，配合有关部门积极解决问题，协助媒体做好报道与宣传工作。

5.节日道具、礼品的设计

在重大节日庆典活动时，准备庆典活动的专门道具与礼品是不可或缺的。组织在提前设计活动用道具与礼品时，除了道具与礼品的形式独特、内容与节日有密切关系外，还应注意以下内容。

(1)内容积极健康，不庸俗、媚俗

在现代社会，一些设计者在设计庆典道具或礼品时，不仅追逐式样新颖，而且更有一些设计者用过分夸张的表现力，迎合一些低级趣味、庸俗而媚俗的东西。因此，在道具、礼品的设计上，要彰显积极向上的表现内容，体现主办方博大的组织文化与核心价值观，传递社会组织经营理念与节日本身的内在相关性，塑造组织的良好社会声誉。

(2)内容与形式要服务于环保与社会和谐

在道具与礼品的设计上，策划者要本着环保与促进社会和谐的理念来进行，在相当长的时间里，社会环保与社会和谐发展始终是政府提倡、公众响应的主题。因此，道具的设计要考虑使用与回收的方便，礼品的设计要彰显社会和谐、天人合一的主导思想。努力使道具与礼品的表现性有助于促进节日庆典活动的良性效应。

(3)投入的资金要适度

节日庆典的举行，一般要本着量入为出的原则，不铺张浪费，不浮躁哗众。因此，庆典使用的道具要简洁、朴实，不夸张浪费。设计礼品时要本着意蕴丰富、风格简约的思路进行，切忌一掷千金、炫富摆谱、招摇过市，给嘉宾及公众留下经营者不善理财的印象。

6. 节日庆典活动的收尾

一般有两种方式收尾:缓缓退出和戛然而止。

对于一些重大传统节日,社会组织采取缓缓退出的方式收尾更合适一些,即慢慢将活动规模缩小,宣传报道也逐渐减少,直到节日气氛愈来愈淡,活动再完全停止。

对一些社会公益性节日或政府组织的一些节庆活动,则宜采取戛然而止的结束形式,在特定时间开始,在规定时间结束,不拖泥带水,不留尾巴。在活动收尾时,也要仔细设计,达到完美落幕的目的,注意将组织的庆典活动与社会公益活动完美结合,给社会公众留下美好的印象。

三、周年庆典

对于一个国家、企业、学校,甚至一个城市来说,都十分重视其自身的创建日或成立日。每到一定时间如五年、十年及其倍数时,都会隆重地纪念,这样的重大活动,即是周年庆典。

(一)周年庆典的公共关系意义

举办周年庆典,对于一个社会组织来说,意义非凡。

(1)可以引起外部公众的高度关注

对于绝大部分的社会组织来说,不论成立或存在的时间长短,往往不会被太多的人关注,其个性与特点会被淹没在大量同类的组织中。通过举办周年庆典,组织可在平凡的同行中脱颖而出,显出其独有的魅力,或通过活动使组织独有优势凸显而令世人尊敬,或因为品质持久非凡而备受信赖等。因而,通过周年庆典活动,可以给社会组织一个自我宣传的平台,可以借此将自身推向社会公众的聚光灯下。

(2)可以提振内部公众的信心,提升自主竞争力

对于一个社会组织来说,在发展的一定时期,很需要选择一个节点来进行内部历史的回顾、成果的总结、经验的归纳以及对未来的展望。而周年庆典则是一个重要的契机,可以在一个较长时间段(5～10 年)内,对自己进行回顾与铺垫,对员工进行教育与鼓励,并从中凸显组织的竞争力,增强员工对组织的信心。

(3)可以拉近与密切组织重要公众的关系

一个社会组织的周边有很多对组织发展有重要作用的公众,他们或是组织重要的支持者,或是组织不可或缺的合作伙伴。在组织周年庆典时,可以借机表达对这些重要公众的感谢之意,进一步巩固与他们的联系,并进一步增进他们对

社会组织的认知，对组织的发展带来更加稳固的支持。

（二）周年庆典的策划

1. 周年庆典的预热

对于一个社会组织来说，不论是国家，还是普通到一个店铺、学校，要举行周年庆典，都是一件十分重大的事件。组织公共关系人员可能会提前几个月或一年的时间来准备。

（1）时间的确定

如果是一个国家或庞大的机构，则庆典的时间往往是其当时成立的时间。在决定举行庆典时，时间上应该已经明确了。但对于某些成立时间特别久远的机构或单位，则需要事先认真地考证、决定，然后才能确定下来。如全聚德举行成立 260 年的纪念活动，就需要认真考据成立的时间；山西省太原市举办建城 2500 年庆典活动，则更需要经过细密的考证、经市委研究后确定。

（2）宣传造势

组织周年庆典的举行是组织的一件重大事情。宣传的造势是要认真策划的。一方面组织庆典的策划者可以有序地将组织的历史资料进行传播，在公众中宣传组织发展历史、企业文化，激发公众对组织的好感，增进公众对组织的了解与信任，加深公众对组织庆典日的期待；另一方面，策划者要有序地将庆典的准备工作通过媒体传播给内部与外部公众，逐渐营造组织庆典的气氛。

（3）物质环境的营造

在重大周年庆典举行前，组织内外环境都需要进行一定的设计与整修，通过修缮，给到访的嘉宾耳目一新、赏心悦目的感受，增进公众对组织的好感。

2. 周年庆典的策划与设计

为成功地举行周年庆典，组织的策划者需要认真、精心地为庆典进行策划与设计。

（1）庆典主题的确定

虽然一个组织每隔一段时间会举行同样的周年庆典，但是由于时间不同，举办庆典的主题会有很大的差异。因此庆典主题的确定是一件十分重要的事情。只有确定了主题，才会为庆典活动的色彩、现场布置的格调与气氛、活动的内容与形式、邀请的嘉宾与媒体记者等确定下基本的框架与原则。

主题的表达是庆典活动的灵魂，应以简单、凝练的口号式短语作为表达的主要形式，让人看后容易记忆，上口好记，平易简单，成为活动的符号。

（2）庆典活动内容的创意

组织的重大周年庆典，要保证其精彩与成功，最关键的是独特创意。

当然，周年庆典都会有常规性的议程安排，如剪彩仪式、文艺演出、研讨会、参观游览、晚宴等。但庆典让人难忘的一定是有亮点出现。要实现这一点，需要做到以下几点。

①活动内容的表现形式令人耳目一新

这种表达方式或运用了他人从未有过的形式，或动用了高科技的手法，表达的效果令人震撼、感动或心悦诚服、印象深刻。

②活动内容紧扣普通的公众，具有极强的公众性

在周年庆典上，组织向公众传递的信息主要是感恩与答谢，活动影响的对象应该是公众，公众应具有很强的代表性，能唤起现场及传播受众的高度认同感，产生对组织较好的美誉强化作用。

③活动现场具有较强的公众自觉参与度

社会组织举办周年庆典活动，不能理解为只是组织自身的一个自卖自夸活动，当地公众是不是参与似乎意义不大。实际不然，组织是社会肌体的一个细胞，组织健康发展的重要庆典，也佐证了社会良好氛围的构建，其成功也会让当地社会多方群体受益。因而当组织在举办周年庆典时，要能有更多的公众主动地关心并参与其中，对组织来说就是一种最高的奖赏和最大的信任，也无形中证明活动内容与形式的成功。

(3)庆典现场的布置

周年庆典现场的布置也是策划的一个重要部分。在布置现场时，要表现出格调高雅、气氛热烈、风格简约、内涵丰富，不搞复杂而招摇的游戏，不铺张浪费，同时要选择安全而足够空间容量的地点，保证嘉宾与代表及参加者的参与，并兼顾到硬件设备的先进及局部活动时的季节与天气。

另外，庆典现场的布置不要太俗套，应予以适当创新，具有良好的公益表现力和新闻性，恰当体现出庆典活动的主题。

(4)庆典程序的安排

一个组织举办周年庆典，其程序的安排虽然有一些常规内容，但也要根据组织的性质、邀请的嘉宾、庆典活动内容等予以恰当的考虑和综合的安排，最忌讳落入俗套，虎头蛇尾，或者前松后紧，要尽量做到内容紧凑但不显得凌乱，进程推进稳妥但不拖沓，保持善始善终，完美收场。

(5)礼物的设计

周年庆典中选择并设计礼物，也是策划的重要组成部分。

礼物在设计时，除了要考虑组织的标志、周年庆典的核心内涵之外，还要特别注意礼物的实用性与持久影响力，要便于嘉宾在今后对礼物的留存、对外的展示，永久性地传播组织的信息，持续扩大组织的影响。在今天科技快速发展的条件下，礼物的设计已成为嘉宾参加庆典的一个重要期待，设计的礼物能够让所有人高兴而来，快乐而去，应该算策划成功。

(6)媒体的传播与沟通

在举办周年庆典时，要及时坦诚地安排与媒体沟通，努力为组织营造十分积极、正面的公众舆论环境。对于媒体，公共关系策划部门在事先安排专人与媒体联络，比较恰当的做法是，在周年庆典之前，先召开新闻发布会，向社会公开即将举行的庆典信息，引起媒体对组织的高度关注。在举行正式的周年庆典时，邀请主要媒体到场，并安排组织主要领导者接受媒体采访，向新闻界提供充足的组织信息；在周年庆典举行的全过程中，应有专人协助媒体进行各种采访，全方位将组织的庆典活动通过媒体向社会发布，扩大组织的影响力，将庆典活动传播到更加广泛的社会层面，借此为组织营造更好的生存与发展环境。

庆典活动过程中，可安排一定的信息收集工作，为今后的评估工作做好准备。

四、庆功庆典

一个社会组织中，如果某人或某部门取得了巨大荣誉，则需要通过庆典的形式来庆祝和弘扬这一成绩。举行庆功庆典，策划其过程，一般程序可以类似于其他方面的庆典，此处不再赘述。但举行庆功庆典有其特殊性。

(一)庆功庆典策划要点

策划庆功庆典的基本内容有：

(1)确立庆功的内容，凸显该荣誉对组织的巨大价值和意义；

(2)确定表彰的功勋人员或团队及部门名单，给予功勋人员(团队成员)或部门的奖励内容，其奖励的力度保证具有足够的激励性和对其他员工的吸引力；

(3)确定庆功庆典举行的时间，一般在正常工作日，选择工作的间隙举行，时间不适宜太长；

(4)确定出席庆功庆典的嘉宾名单，主要有直属上级部门领导，与荣誉颁发有关的社团负责人，或者与取得荣誉有关的合作伙伴和单位领导等；

(5)确定参加庆功庆典的成员范围，如与功勋人员所在部门，或是全体员工等；

(6)设计具有特色的庆祝形式,包括表彰功勋人员出现和登台亮相的程序,颁奖过程的设计,庆功庆典结束的方式等,以及去其他地方进行宣传展示等活动;

(7)安排媒体宣传,包括之前的新闻稿、现场的记者采访、之后的新闻专访,以及之后成功之路的追踪报道等;

(8)确定庆功庆典的地点,一般选择在组织内部的大礼堂或会议室等;

(9)布置庆功庆典的现场,要求会场大方、庄重、质朴、喜庆,适当可增加鲜花与红地毯点缀;

(10)设计和准备与庆功相关的材料,如锦旗、奖杯、奖状等。

(二)策划庆功庆典要注意的问题

在策划庆功庆典时,容易出现三方面的问题影响庆功庆典的效果。

(1)庆典策划的形式太过简单,对内部公众的影响轻微。比如庆功庆典的举行流于俗套,变成了一般性的会议,如领导讲话、获得荣誉者经验交流、年轻的后来者表决心等,如此这般,会令参加者感觉平庸,内心没有受到触动。

(2)给予功勋荣誉者奖励太少,力度太小,则不仅让获得荣誉者积极性受到挫伤,而且,对参加者来说,也不会起到激励作用,甚至做反面的理解,对组织今后的发展无法起到应有的作用。

(3)庆功庆典表现得过于夸张,给内部公众一种华而不实的感觉,则庆功庆典的作用也会适得其反。如在庆功庆典时,过程设计过于铺张与隆重,形式过于复杂与夸张,则会让公众感到反感或难以产生认同感。

因此,在策划庆功庆典时,应注意把握分寸,将策划过程安排得既对于功勋人员有极大的激励作用,又能对内部公众产生良好的教育与启发功能,同时通过媒介宣传,也能在很大程度上对外部公众产生一定的积极影响,进一步增进对组织的信赖。

五、其他庆典

在一个社会组织中,除了举办重大节日、周年纪念活动外,还有一些事件对组织来说也十分重要,需要组织策划庆典活动予以安排。这些事件主要有:高级别领导者来访、特定政治事件的庆祝、重要会议的举办等。下面分别阐述。

(一)高级别领导者来访

在一个社会组织里,有时会有上级领导或更高级别的领导者来访,也有合作伙伴中的高级别领导者的访问。对此,为接待领导,组织需要精心、认真地策划,争取借此机会让来访的领导者满意、让重要的目标公众了解关注组织,并进而缔造组织声誉,增强组织内部公众对组织的信心与忠诚。

1. 策划接待领导者来访

(1)来访领导者名单的确定

到组织来访的高级别领导者,一般有三种情况:

①国家领导人、国家主管部门的主要负责人、国际组织官员等;

②组织重要合作伙伴的最高领导者,如外资企业的董事长、合作办学的校长、合资企业的领导者等;

③组织欲合作或加入的组织重要负责人,如某医院拟合作的香港著名医院的院长、企业需求被兼并的大公司老总等。

来访的领导者一般有人数不等的随行人员,因此组织的公共关系人员要事先确定好来访的领导者一行人数,及时安排妥当他们的吃、住、行。

(2)来访领导者活动的日程安排

来访的领导者一行一般情况下会明确告知他们的行程计划,包括到达与离开时间,期间可能的工作安排等,因此,组织的策划人员应根据来访领导者的行程计划,做好访问期间的日常安排,做出详尽的来访行程表,规定好必要的会商、谈判时间,同时安排必要的旅行与休闲时间等。

2. 策划领导者来访后的活动

在确定了来访领导者一行的日程后,就进入来访领导的活动策划阶段。具体包括:

(1)对组织的参观

虽然对组织的参观是一件看似走马观花的事情,但如何让来访的领导一行对组织留下深刻印象,却仰仗于策划的精巧。领导者的来访往往次数极少,机会难得,因此,对组织的参观是组织向上级组织、同行或合作伙伴展示自身形象的重要机会,切不可随意对待,怠慢准备。

具体准备的工作有:

①亮点的凸显

面对来访的领导,要事先进行精心策划,将组织最具优势的地方着力烘托出来。需要准备的方面有:专门的专业解说人、必要的展板说明、图片、实物展示、制作广告片等。

②员工整体素质展示

对组织来说,员工队伍是其最主要的资源,因而,当领导者来访时,员工队伍的展示是需要认真策划的。具体包括:员工礼仪表现、员工业务能力展示、员工应对意外突发事变的反应,以及面对参观队伍表现出的温和而训练有素的基本状态。

③组织整体环境的布置

整体环境的布置实际上反映出一个组织的文化导向,体现了组织文化的核心价值观与经营理念。因此,当重要领导来访时,整体环境的布置需要充分体现出组织的核心理念与经营宗旨。

④隐匿性细节的设计

领导参观时,往往见微知著,以小见大,只需管中窥豹就可以对组织的管理与经营状况做出评价,因此,在组织环境的隐匿之处,也要格外进行细节安排,不能因小失大,功亏一篑。如员工休息间、卫生间、换衣间、门口保安的接待、工具间的卫生情况等。这些方面往往不是安排中的参观之处,但却是参观者目光所能及之处。这些地方的事先考虑与设计,对组织是极其重要的。

(2)与组织的会谈或谈判

高级别领导造访某一组织,非常重要的议程是双方的会谈或谈判,因此策划富有建设性的会谈或谈判过程十分重要。

对于组织的上级领导来访,需要进行正式的会谈或会见。

①上级领导接见组织重要负责人

上级领导到访组织,会对组织领导者进行亲切接见,并做重要指示,因而要对会谈地点、会见布置、参加会谈人员等进行缜密的安排。

a. 确定会谈的地点

根据领导来访的人数与组织的规模,确定参加领导接见或会谈的人数,根据人数确定地点。会谈地点一般选择在光线明亮、空间适当、环境安静、通风良好的会议室,便于会谈。

b. 设计会议场所的布置

来访领导一般有两类,一类是政府领导,一类是本组织的上级。因此,组织可根据来访领导的情况,细心布置会场。会场整体要求整洁、大方、肃穆,台布的颜色可注意与来访领导者的身份协调,既不要太艳丽,也不要太死板,注意装饰物的摆放,使会议环境显得温馨而不呆滞,大方而不轻浮,让每个与会者感到赏心悦目。

c. 确定参加会谈的人员

高级领导的来访决定了会谈的级别与档次,也成为确定参加会谈人员情况的依据。在考察参会人员时，要注意将组织有代表性的优秀分子包括进来，并对参加人员做好礼仪等培训工作，保证会谈中本组织的人员落落大方，彬彬有礼。

②会商与谈判

组织合作伙伴或平级的领导来访，则要认真策划双方的谈判，使之具有良好的建设性，推动会商或谈判有所建树，取得有效成果。

a. 确定会商内容

当同级高级领导来访时，双方最主要的议题是会商或谈判，因此，公关策划人员要事先确定会商的内容，安排好会商的具体议程，列出会谈的内容以及重点讨论的议题等，提交双方了解、考虑，如有不周之处，再做调整。

b. 策划会商氛围的营造

双方高层会商或谈判，往往表面友好关系中包含利益的协调，平静中暗含敏感的交锋。因此，会商时的氛围营造十分重要。既要考虑典雅温馨，又要兼顾周边环境的安静与优雅，让每个人怀着友好、愉悦的心情参加会谈，使谈判渐入佳境，向和谐、合作的方向发展。

(3)题字或题词

高级领导来访，可能是组织的一项值得纪念的大事，在条件许可的情况下，可以邀请来访的领导为组织，或为有感而发的某件事情题字或题词，这有利于在更大范围内扩大组织的影响，提升组织在业界的地位。题字或题词的策划要提前准备，有的放矢，不可仓促从事、贸然提出，以免令领导者尴尬。

(二)政治性庆典

在我国，某些时候会有一些重大的政治性活动需要通过举办庆典活动进行参与或表示一种政治姿态，因此，政治性庆典也需要组织的公共关系人员在一定时候进行策划。

政治性庆典分为两类，一类是政治性事件的发生需要进行庆典，另一类是政治性的文件或会议在公开召开(发表)时举行庆典祝贺。

1. 政治性事件的庆典

当一件重大的政治性事件发生时，如果其对国家、对组织所在行业会产生重大影响时，有必要通过庆典方式表明态度。

策划庆典活动主要包括：

(1)最高领导出席参加

国家或当地发生的重大的政治性事件，是一件影响组织生存、发展社会环境的重大事件，组织应高度重视，组织领导者要积极参与，应积极向社会表明其自身的政治立场，同时，组织的其他一些干部，如老领导、中层管理人员等也都可以出席。

(2)组织的生产经营正常运行

举行政治性庆典时，不需要太多工作人员参加，组织的生产经营可正常运行，一般行政人员也可参加。

(3)对外宣传积极配合

在举行政治性庆典时，对外宣传要积极跟进。如组织大门口上的宣传标语、组织自办媒体、外界有代表性的媒体，都安排进行传播，及时将组织的庆典活动予以报道。

(4)时间短、过程简

举行政治性庆典活动，不掺杂其他内容，因而时间要短，过程要简，形式的东西要少。传播的内容要明确，把要讲的话与发言安排好即可。

(5)及时向政府部门汇报

政治性庆典的举行，是组织对政府工作的支持，因而举行庆典要向政府部门汇报，表明自身积极的政治态度。

2.政治性会议或文件的庆典

在特殊的时期，政治性会议的召开或文件的颁布，也会在全国或行业中产生重大影响，对此，有必要策划庆典以示庆祝或纪念。

(1)会议结束或文件颁发后举行庆典

如果错过会议结束或文件颁发的最佳时间，则庆典的意义就不大了。

(2)庆典过程简约而隆重

对于政治性会议或重要文件的颁发，一般情况下，均是意义十分重大、内容十分重要、对今后的影响十分深远的事件，因而有必要通过庆典形式予以突出，并表示高度的重视。因此，庆典过程与庆典内容可以十分简约，只要把会议或文件的意义突出即可；形式可以比较隆重，参加的人员最好是组织全体员工或绝大部分成员；场面可以比较宏大、热烈，但时间不要很长，以不影响组织的日常工作为原则。

(3)庆典报道及时

策划庆典时，要注意新闻报道及时跟进，并尽快见诸媒体，以便产生相应的影响力，庆典活动的时效性必须高度关注。

(4)庆典后的学习要安排

庆典结束后，要组织全体员工认真学习会议精神和文件内容，将对会议或文件的重视落在实处，不停留在表面的形式上，让其真正对组织产生积极而深远的影响。

第四节 公益性公共关系策划

一、对文艺、体育的赞助活动

(一)公益性赞助的公共关系意义

对一个社会组织来说，承担社会责任、做一个令公众认可的优秀社会公民是十分重要的，它不仅影响公众对组织的评价与接纳，更直接影响到组织自身在社会的生存与发展。没有社会责任感的组织迟早要被社会排斥，勇于担当社会重任的组织，也需要在做好社会公益事业的同时，主动开展公共关系工作，将组织的良好行为公之于众，打造组织的美好声誉。

因此，组织的公益赞助行为，对于组织具有十分深远的公共关系意义。

1. 有助于将组织的名声传播于社会公众中

公益性的赞助行为，在大多数情况下，是解人于危难之中的雪中送炭之举，一旦做出，就会受益于一方公众，组织的声誉就会深刻地烙印在受益者心中，起到商业广告无法起到的作用。因此，社会组织应积极参与公益性的赞助活动，在令公众受益的活动中，传播组织的名声。

2. 有助于化解公众对组织的不良印象

一个社会组织，如果在某些时候，因为自己的不当行为或他人的诬陷，在一定区域的公众中造成了不良印象，则做出公益之举是一种最有效、最经济、最便捷的矫正形象之举。在组织赞助的过程中，不解或误解会自然松动，甚至化解，组织可以在公众中建立十分难得的好感与信任关系。

3. 有助于协调与政府的关系

组织在社会需要、有人需出手相助时，能够积极担当，为政府排忧解难，承担解忧济困的职责，这样的举措，十分有利于组织与政府公众的关系处理，赢得政府对组织的好感，有利于组织在该地域的业务发展，为自身的生存与发展营造良好的环境。

4. 有助于凝聚内部公众之心,丰富组织文化

作为具有道德感、责任感的社会组织,能够在社会或他人需要时,勇于疏财解困,这一行为本身就具有极强的教育意义,对内部公众能够产生一种震撼的力量,员工会对组织决策层的举动表示高度的认同,无形中有助于增加组织的凝聚力,增强组织员工的自尊感与自豪感,也会一定程度上丰富组织文化,成为组织文化中的一笔无形财富。

5. 有助于在同行中胜出,提升组织的竞争力

组织在一些特定时刻,出资赞助、扶危济困,做出令社会公众关注的善举,十分有利于其在同行中脱颖而出,其行为本身就是一种十分具有竞争性的举动。如果组织长期坚持社会公益行为,则会有效地确立组织在行业中的有利地位,极大地提升组织的竞争力,比大手笔地广告费要有效得多。

因此,对组织来说,关注社会公益,策划公益型公共关系活动,对组织的健康发展具有十分重要的意义。

(二)赞助文艺、体育活动的策划

当社会组织选择赞助文艺或体育活动时,主要的目的是通过所赞助的文艺或体育活动,增加公众对其的关注度,为塑造组织良好的声誉打造一个平台或机遇。

具体策划步骤如下:

1. 选择赞助项目

组织选择赞助项目,并非是一个简单的问题。尤其是文艺与体育活动,因其有十分丰富的内容而需要组织谨慎地抉择。

文艺活动按种类分,有戏剧、话剧、电影、歌舞表演等;按文艺活动开展的区域分,有国内、国外,城市、农村;按活动的级别分,有国家级、省级、地区级、民间乡村级等。在选择赞助项目时,赞助可以根据不同情况确定特定的种类、级别或区域。

体育活动也有多种类别,按体育大类分有田径类、球类,等;按级别分有国家级、省级、地区级、市级、厂级、校级等;按层次分,有大学、中学、小学等,按程度分有专业级、业余级等。组织在选择赞助体育活动时,可以从体育运动的种类、层次、级别等方面考虑赞助的项目,同时结合组织自身所在行业、业务内容等确立其较为恰当的形式与类别。

在选择赞助项目时,组织既要考虑所帮助对象需要组织赞助的迫切性,又要考虑赞助对象今后发展对组织的传播力,努力实现通过恰当项目赞助,为组织良

好善举及声誉传播发挥积极的作用。

文艺与体育活动具有极强的感染力,对某一文艺团体、戏曲种类或体育团队的赞助,必须要考虑其可持续发展能力和对国家、社会的巨大贡献,以此赢得社会公众“爱屋及乌”的公共关系效应。

2.确定赞助金额与物品

在选定赞助项目后,社会组织开始考虑赞助的金额或物品。赞助的金额或购置、赠送的物品既要量入为出,不致给赞助造成额外的负担,又要对赞助对象起到施以援手、雪中送炭或锦上添花的作用,更要考虑受赞助的对象对组织彰显声誉的反哺能力,同时还要注意不能以纯粹功利的动机来选择赞助项目、确定赞助金额或物品,以为可以投小利取大利。这样极可能导致赞助活动的失败。

在确定赞助金额或物品后,最好通过社会公益性的慈善组织,帮助建立必要的管理与监督机制,保证有效地使用赞助金额或物品。

3.设计赞助仪式

对于数额较大的赞助行为,为了扩大组织的社会影响,有必要认真策划赞助仪式,让这一活动既对组织自身产生积极的宣传效果,又能让受益一方见证这一行动,亲身感受组织赞助社会公众的义举。

赞助仪式主要包括如下内容。

(1)布置现场

布置赞助仪式的现场,应凸显赞助活动的公益性主题,将受赞助单位或个人的基本情况予以书面介绍,体现赞助活动的必要性。现场布置简洁而又大气,热烈而又朴素,体现一种积极向上、温情关爱的气氛。

(2)确定参加仪式的嘉宾

参加仪式的来宾主要包括:赞助组织的主要领导者、受赞助的文艺或体育单位的领导者及公众代表。一般情况下,赞助仪式上赞助一方的领导者与被赞助方的领导者均要上台讲话。

(3)策划仪式的过程

赞助仪式过程应尽量不落俗套,有所创新,从中体现出社会组织积极赞助文艺或体育活动的良好愿望,同时也显示出被赞助的社会组织或团队对赞助者的感谢之情。组织可以通过正式的赞助仪式、电影资料或文体活动来影响或感染参加赞助仪式的所有人。对于出资数额巨大、赞助物品价值昂贵的赞助,在仪式现场还可通过现场奠基纪念碑、公布命名或揭牌等形式,彰显组织赞助活动的义举。

(4)确定媒体单位

社会组织开展对文艺或体育的赞助活动,是一种传递爱心、承担社会责任的善举,具有一定的新闻性,因此,有必要通知媒体予以报道。通知参加赞助仪式的媒体单位以对本次活动有较强关联度的媒体为原则,媒体数量不多,但代表性要强,个别情况下,可适当安排个人专访或组织深度报道,以期使社会组织的赞助行为被更多的人关注。

(5)发放赞助金额或物品

赞助活动是一项社会义举,必须以诚信为依托。因此在确定赞助事宜后,要认真落实赞助款或赞助物品,做到言行一致,不欺不拖,把事做好。在必要的情况下,可以当场把赞助款或物品发放到受赞助的对象手中。

4. 关注赞助款或物品的使用

赞助仪式之后,社会组织要注意与被赞助的单位或团队保持联系,关注赞助款项或物品的使用,努力做到钱尽其用,物尽其用。必要情况下,设立专人或机构管理,或者委托公益性慈善组织监督,保证让该受益者受益,把组织的良好声誉深入长久地传播下去。

二、对教育卫生的赞助活动

(一)对教育卫生的赞助成为组织最普遍开展的公共关系项目

社会组织选择将教育卫生行业作为出资赞助的首选赞助领域,其原因在于:

1. 赞助教育卫生行业受惠的面广,发挥作用持久

开展对教育与卫生行业的赞助活动,主要因为教育或卫生行业发展十分稳定,受益的公众面很广。对教育行业来说,不论是幼儿园还是中小学及高等学府,均能够持续发展,延绵不断。如赞助一个教学楼或一套教学仪器,可以被一批批的人享用,受益于广大社会公众,是一件大德之事;赞助卫生行业,主要体现在医院的医疗大楼或医疗设备方面,受惠的人群无数,发挥的效益令患者无形中铭记。而且,一套设备或一座大楼使用的时间较长,不受社会政治经济变化的影响,长者持续百年,短者也能延续三四十年,是一件功在当代、造福千秋的事情。

2. 赞助教育卫生易通过公众口碑传播,使组织社会声誉良好、印象深刻

要让公众形成对组织的口碑,最好的方式是让公众对组织有真切的了解,能够从组织提供物质条件中深受其惠。在教育行业,赞助活动一般体现为资金形式,而卫生行业也较多地表现为医疗设备。当一代代学生享受着某社会组织(较多地表现为企业)提供的资金建设的教学大楼或教学仪器,或者当一批批患者使

用医疗设备或从被赞助的大楼进出时，组织的名字自然会“润物细无声”地被公众所记忆、感知，甚至激发进一步的了解与今后的仿效，带来的经济效益是无法估量的，社会效益也是十分深远的。

3. 国家投入不足，社会需求高，赞助受到政府支持

教育与卫生行业是政府向社会提供的公共服务的主要部分。但是长期以来，国家在发展社会公共事业方面欠账较多，地区发展不平衡，有些方面缺口甚大。如很多地方幼儿园严重缺乏、小学教育设施严重不足、中学教学仪器不全、大学缺乏后续发展资金等；而医疗事业的发展也很不均衡，大城市医疗设施及其他硬件设施比较齐备，甚至过剩，而偏远农村则医疗设施严重匮乏，条件简陋，无法满足实际需要。因此，一些社会组织将一定的剩余资金投向教育或卫生行业，解社会发展之困，助社会进步之力，是一件深孚民心的大好事，会深得政府的赞赏与支持，有助于组织与政府关系的融洽、和谐。

4. 赞助项目显性，便于组织良好形象的树立

赞助教育卫生项目，一般都非常有显性，如或在学校树碑、题字，或在仪器上表明赞助单位，或在大楼上以组织名字命名，即使没有接受组织恩惠的人也会感受到组织的善举，十分利于传播组织名声，对树立组织良好的社会声誉发挥着永久性的作用，较之组织大量的广告费投入、自吹自擂的宣传方式等，效果要可靠的多、影响持久的多。因此，选择教育卫生行业作为实施组织赞助项目的领域被广泛采用。

（二）策划教育卫生赞助活动

策划教育卫生赞助活动与文艺体育赞助活动有一点类似，但也有其自身的特殊性。

（一）选择赞助项目

选择教育卫生行业的赞助项目，需要根据赞助组织自身情况来确定。主要依据是：

(1)组织从事的行业。如果组织从事的行业与要赞助的教育或卫生有较密切的关联度，则应该考虑最接近的行业。如生产文具的企业，可以选择赞助学校；生产医疗器械的企业，可以选择赞助医院。如果所在行业与教育卫生没有关联度，则可根据组织未来关注的方向来考察确定。

(2)组织的资金情况。如果组织目前的资金有限，但又很希望做些赞助活动，则可选择赞助附近本地的幼儿园、小学、中学等，或者赞助当地医疗站、医院等；如果组织目前的资金情况良好，则可考虑选择赞助大学、一定区域的大型医

疗单位等。

(3)企业家的理想。社会组织确定赞助活动,与企业家的理想有密切联系。一些企业家有深刻的教育或卫生情结,希望在能力所逮的时候为社会做出贡献,因而,社会组织在确定赞助项目时,可以考虑企业家或组织领导者的个人理想,将之与组织的性质结合在一起,来确定好赞助项目。

2.确定赞助金额或设备

组织在选定赞助项目后,就开始确定赞助的金额或设备。一般来说,要考虑两个因素,一是组织自身的财力。组织进行金额或设备的赞助,应该量力而行,不要盲目贪多,给组织今后的发展带来不必要的负担;另一方面要考虑赞助的效益,赞助的项目一定要能够取得足够的社会效益与一定的经济效益,否则不如不做。毕竟赞助活动不是仅仅花钱买好听的,而是组织战略决策中的一项重要决定。这一决定要保证为组织未来的发展发挥重要的公共关系作用。

3.设计赞助活动的仪式

赞助活动对受赞助的教育单位或医疗机构是一件十分重要的事情,甚至一项赞助活动可能对一所学校或医院的发展起到至关重要的作用,因此,举行一定形式的赞助仪式是十分必要的。

(1)确定赞助仪式的主题

在举行赞助仪式时,应该确定一个恰当的主题,体现这次赞助活动的社会意义。活动策划者要根据赞助的项目与内容、针对的赞助对象,确定一个令人振奋、让人内心认同的主题,来提升赞助活动的精神追求,影响与感染赞助者内部员工与赞助对象,使之产生积极的社会效应。

(2)布置赞助仪式现场

组织公共关系策划人员要对赞助仪式举行的现场进行认真的布置,一般要求整体格调简洁而肃穆,热烈而大方,会场根据参会人数选择合适的地点,地址最好选择在所赞助的学校或医院内,在会场内凸显赞助主题,弘扬社会正气。

(3)确定出席仪式的嘉宾

在赞助仪式上,要确定邀请的嘉宾,主要有社会公益团体的负责人、政府相关组织的负责人、被赞助者的领导与主要成员,还有本组织的主要领导与代表性员工。一般情况下,主要嘉宾现场讲话,烘托赞助仪式的现场气氛。

(4)通知媒体报道

在举行仪式前,通知相关主要媒体记者前来报道,及时就社会组织的赞助活动进行传播,发挥更大的社会效益。同时也可就被赞助单位情况、赞助单位与企业家等人，进行深度报道。

(5)设计现场活动

在进行赞助活动时，尽量不要落入俗套，毫无特色地按俗套进行，要尽量在仪式上有所创意，增加新颖性，形成具有打动人心的高潮，使之发挥社会组织最大的公关效益。现场可增加互动活动，把对教育或卫生的赞助活动落到实处，不哗众取宠，不以博取名声为目的，注意做实事、说实话，让组织良好的公益形象真实地走进公众心中。

(6)安排仪式细节

在设计仪式时要注意细节的安排，把好事做好：如关心照顾小学生、幼儿园孩子，关爱贫困学生，关注患者生存质量、孤寡老人，等，仪式上准备必要的雨伞或阳伞及生日礼物，为老年人与残疾人准备轮椅、方便座椅等，保证赞助仪式安全、顺利地进行。

三、对大众传媒的赞助活动

(一)组织选择赞助大众传播媒介的理由

现代社会，大众传播媒介承担着信息传播、文化交流、舆论监督、生活娱乐等的作用，生活在现代的人们，几乎无时无刻不受到媒介的深刻影响。媒介对人们的工作、学习与生活，发挥着十分重要的引导与影响的作用。因此，社会组织有效地利用大众传播媒介，出资赞助某一媒体中的栏目或节目，会对组织传播声誉、增进公众对其的了解、促进组织顺利发展会起到十分重要的作用。具体来说有：

1. 可以借助媒体的影响力传递组织的名声

面对社会生活中发挥重要作用的媒体，组织为扩大自身的声誉，引起公众对组织的足够重视，可以选择在某一领域具有代表性的一些媒体，赞助其中与组织从事行业或经营的范围有一定关联度的栏目或版面等，将组织的名声有效地传播开来。

2. 可以提高公众对组织的关注度

大众传播媒介对人们的工作与生活有重要的指导作用，今天人们几乎无法离开媒体，社会组织如果通过赞助某一媒体的栏目或版面，会更多地引起人们对组织的关注，在公众关注媒体内容的同时，为组织创造更多的商机。媒体作为社会公器，其独具优势的彰显性及与公众的密切性，使之成为社会组织十分青睐的赞助对象。

3. 可以为组织今后发展创造更加良好的舆论环境

社会组织赞助大众传媒，不是要大张旗鼓地做广告，也不是要影响媒体的内容与方向，而是以比较低调的方式，在媒体的栏目或版面附近，相应体现出组织的存在，以提醒性的方式，让公众了解到社会组织的发展情况，为组织良好口碑的确立以及有利的舆论环境的营造发挥一定的作用。

(二)策划赞助大众传播媒介

社会组织要赞助大众传播媒介，需要公共关系部门认真而精心的策划。不可草率行事。

1. 选择赞助的媒介

当社会组织确定要赞助大众传媒时，首先要考虑的是选择什么样的大众传媒。

大众传媒的种类主要有：

(1)纸质媒体

①报纸

报纸是社会组织选择赞助的最主要对象之一。选择赞助报纸主要针对报纸的某一栏目或某一时期设置的专栏版面。赞助报纸媒体，相对来说比较便宜，因为报纸价廉，又具有很强的传播性，也易于保存、反复识读。但在互联网普及的情况下，读报的人士锐减，报纸销量大幅减少，赞助报纸的效果明显不如电子类媒体好。

②杂志

很多社会组织会考虑选择赞助杂志。因为杂志专业性强，目标公众集中，杂志较版纸更易于保存，因此一般情况下，被赞助的杂志会定期登载社会组织的一些信息资料，并适当配合公关广告，则效果也会很好。

(2)电子媒体

①电视

电视是很多社会组织首选的赞助对象。电视所具有的可视性、生动性以及由此而形成的普及型，使其具有极好的传播性，社会组织如能选择好恰当的频道与栏目，则会收到较好的效果。但是，应该看到，在年轻公众中，越来越多的公众远离了电视而青睐互联网，使电视媒体的影响力受到很大影响。

②广播

广播的传播效果也很好，因为广播受众集中，传播效率高，广播内容可以反复播放，接受信息的时间不受时空限制。社会组织选择广播作为赞助对象，更多看重的是广播固定时间段播出的节目，通过赞助合适的节目，吸引相应的目标公众，会激发社会公众对组织的关注与好感，起到柔和与集中的传播效果。

③互联网

今天，互联网因其信息量大、查阅方便、互动性好、便于下载保存等优势，在人们生活中发挥着越来越重要的信息传播与沟通的作用，组织通过与某一网站的合作，赞助其某一方面的栏目，会易于引起组织目标公众的注意，促其进一步点击而加深了解，并可能与组织建立起一定的联系，带来与组织深度沟通的重要机会。

今天，每一类媒体的单位都很多，组织在赞助媒体时，要注意选择与组织有较强关联度的媒体、栏目或节目，通过借助优秀媒体的良好信誉，来树立社会组织的社会声誉，提高组织的知晓度与信赖度。

2.确定赞助金额

社会组织赞助大众传播媒介，一般是以较大的资金额来体现的，个别情况下，也会以赞助主持人服装、电脑、节目道具等显性物品的方式来表示。组织策划人员可根据自身情况，确定恰当的赞助额或赞助物品，了解媒体运作特点，注意规划好资金及物品的使用，真正将赞助的钱或物用好。

3.选择一定的赞助仪式

组织选择赞助媒体，本身具有极好的传播条件。在赞助方与被赞助方均同意的情况下，可举办一定形式的赞助仪式，并通过被赞助的媒体机构报道出去。但赞助活动得以被报道的前提是，赞助的仪式具有报道价值——新闻性，因而，赞助仪式的举行，需要认真策划。策划仪式时，除了具有一般赞助活动的仪式内容外，还需要注意两个方面的问题。

(1)赞助仪式上要有社会公益性内容

赞助大众媒介，没有明显的社会公益色彩，但对社会组织的形象传播具有重要的影响力，同时，赞助媒体也是组织承担社会责任的一个表现，在可能的情况下，可以帮助媒体改善工作条件，提高社会传播的质量与水平，促使媒体更好地完成传播工作。组织的这种公益性通过媒体进行有效报道，是十分必要的。

(2)赞助仪式不必铺张与高调

赞助媒体，具有良好的显性，在组织的赞助仪式上，可以便利地借助媒体进行宣传，因而，赞助仪式可以简略而讲求实际，不必铺张与奢华，表现形式点到为止，宣传报道也要低调而含蓄，重在体现社会组织对媒体赞助的诚意，而不能有借此贿赂媒体、试图操纵媒体之嫌。

4. 确定报道的视角

赞助大众传播媒介，意味着社会组织与某一媒体结成了较为长久的合作关系，在赞助仪式举行或此事确定后，媒体的报道传播是必要的，但要注意报道的视角，应重在凸显社会组织关心媒体发展、勇于承担社会责任的义举。因此，把握好报道的视角格外重要。报道的篇幅不必大，但内容要精，选点要准，重在给社会公众留下深刻印象。

5. 规划好赞助款或物品的使用

当赞助事宜确定后，组织要通过一定的制度或机制将赞助款或物品的使用妥善安排，保证善款善用、善品善用，以期今后能够与媒体保持长期友好的合作关系，为组织公共关系目标的实现做出贡献。

四、对灾变贫弱的赞助

(一)对灾变贫弱赞助的公共关系价值

在人类进入 21 世纪之后，无论是自然灾害还是人为的各种事故，各种灾难发生的频率十分密集，相应的贫弱人口也急速增加，而全球各国及社会组织面对灾难时的应对能力却显得捉襟见肘，因而灾难发生时需要国家出面、全社会出力或社会组织伸出援手的情况已经成为常态，随之对灾变贫弱的赞助也就变成众多社会组织公共关系活动的一种形式。因此社会组织对灾变贫弱的赞助，对组织自身来说，具有很高的公共关系价值。

1. 可以帮助全社会增强抵御灾害的能力

灾变的发生往往是突如其来的，尽管事先会在很长一段时间里有先兆或预示，但人们总是在灾难发生时才意识到灾害的严重性，贫弱的存在与灾害的发生联系密切。当重大灾难降临时，需要全社会动员起来，共同应对灾难的发生，减少贫弱人群，使人们尽快渡过难关。因此，社会组织在灾变贫弱发生时，能够勇于站出来出资、出力，对全社会有效抵御灾害，是十分有益的。

2. 可以赢得全社会公众的好感

在社会发生灾变贫弱时，有能力的社会组织能够雪中送炭，及时伸出援手，与政府及其他社会组织一起弥补灾害带来的巨大损失，救他人于水火之中，会让公众内心产生的极大认同，公众对社会组织的行为会予以高度评价，给受助公众留下深刻印象，这种好感可以持续很久，甚至终生。

3. 可以获得政府对组织的肯定

灾变贫弱的发生，往往被看成是政府应当承担的重要职责，但政府面对灾难，很多时候显得难以招架，无法一下子把问题全部解决，因而当社会组织勇于出手相助时，实际上是替政府履行了救助贫弱的义务，因而会获得政府对社会组织的积极回应，得到政府的肯定，这为社会组织协调与政府的关系创造了良好的契机，有利于社会组织在灾难过去后在政府管辖区域内开展业务。

4. 可以为社会组织营造良好的生存与发展空间

在一个区域发生重大灾难时，有能力的社会组织主动出手相助，救人于危难之中，这种行为是一种十分高尚的举动，会为社会组织在该区域的发展，创造一种无形而友好的社会氛围，有利于社会组织今后的生存与发展。

（二）对灾变贫弱赞助的策划

1. 在最短时间确定赞助事宜

对于灾变贫弱的赞助，最重要的是在灾变发生的第一时间确定赞助的事宜。因为时间不等人，时间就是生命，对灾变贫弱救助的延误，就等于失去赞助良机，赞助的效果会大打折扣。一般情况下，赞助事宜需要组织策划人员具有敏感的公共关系意识，及时将灾变贫弱的具体情况与组织需要赞助的地区、人员、内容等确定清楚，以便组织决策层及时进行战略决策，尽管决定赞助的时间很短，但对赞助的策划却丝毫不能慌乱，而应该有条不紊地进行。

2. 确定赞助的金额或物资

赞助事宜确定后，要相应确定赞助的金额或物资。社会组织可以根据组织的财务状况确定恰当的赞助金额或者赞助物资，以最大可能帮助受灾地区或人群解决困难。赞助的金额应该通过社会公益组织来实现，赞助的物资应该是灾变贫弱的地区及人们最需要的东西，而且特别要注意的是，提供的物资一定是质量过关的优质产品，绝不能将伪劣产品提供给受灾的人们。

3. 最快时间将赞助款或物资送达赞助地区

社会组织在条件允许的情况下，可在最短时间里将赞助款或物资送达到受灾地区，赞助款虽然要通过公益性组织来完成，但也要注意把握时间，绝不拖延，以此表达社会组织对灾变贫弱的关心与救助。赞助的物资，可通过当地政府或公益性组织直接送达到需救助者的手里，将赞助的效果快速发挥出来。

4. 在所赞助地区举行赞助仪式

如条件许可，社会组织可以在救助现场举行赞助仪式，由组织的主要领导亲自出席，召集当地受灾群众共同参加，仪式可以简单，但赞助仪式的安排要认真而一丝不苟，充分体现社会组织的社会责任感。特别是不能在赞助仪式上流露出财大气粗与临危施舍的傲气，一定要体现出真诚而义不容辞的无私气概。

5. 媒体及时予以报道

在社会组织进行赞助的过程中,应及时协调媒体予以跟踪报道,随时反映组织在灾变贫弱救助过程中的表现,不吝笔墨,予以真实报道。组织要有专人开展赞助活动的传播工作,以新闻发布会和举办赞助仪式等方式,将组织的赞助活动进行及时的报道和传播。

6. 关注赞助款或物的使用

当完成赞助活动的各项工作后,社会组织还要关注赞助款或物资的发放与使用,监督赞助款项或物品的有效管理,保证社会组织的善款、善物真正发挥出雪中送炭的良性作用,让需要救助的人确实获得救助,也使社会组织的良好声誉走进公众心中。

五、对公共设施的赞助

(一)社会组织赞助公共设施的必要性

社会组织在一些公关活动中,常常会选择公共设施进行赞助,如植树造林、建立街心公园、设置方便坐椅、搭建凉亭等。这些公共设施为社会公众的生活带来了很大的方便,也为社会组织在公众中的声誉传播创造了有利的条件,其必要性是十分明显的。

1. 社会组织赞助公共设施可以为当地公众创造一定的生活或学习环境

组织出资赞助公共设施,一旦建立,一般会保留很长一段时间,短则一年,长则数年,这些设施可以为当地人们的生活创造一定的便利,营造有益的生活、工作或学习环境。组织公共设施的无偿赞助可以在显眼处标明社会组织的名字与标志,使人们在享受公共设施便利的同时,赞誉组织的这种行善之举,如此,赞助公共设施有利于组织在当地的经营与发展,会易于形成比较良性的人文环境。

2. 社会组织赞助公共设施可以帮助组织拉近与当地政府的关系

社会组织出资赞助公共设施,解决公众生活与工作上的一些不便,实际上是在帮助政府解决问题,因而,自然会得到政府对组织的好感,拉近了组织与政府之间的关系,易于赢得政府对组织的信任,也有利于创造组织在当地的生存与发展环境,甚至可能获得政府政策上的倾斜与支持。

3. 社会组织赞助公共设施可以彰显组织的社会责任,增强组织竞争力

社会组织对公共设施的赞助,是一种社会责任的体现,在全体社会公众面前,会体现出组织较高的道德觉悟与理想追求,对社会组织员工也是一种很好的教育,有利于增强自身的凝聚力,同时,也有助于组织在社会竞争中脱颖而出,成

为一种强有力的软实力,赢得公众好感,扩大组织的影响力,击退竞争对手的攻击。

4. 社会组织赞助公共设施可以吸引媒体目光,传播组织的名声

社会组织对公共设施的赞助,可以吸引媒体的注意力,使之主动地对组织的公共关系举措予以报道,通过媒体,组织可以传播名声,扩大影响,吸引更大范围社会公众的关注,有利于组织营造未来生存与发展的空间。

(二)策划组织对公共设施的赞助活动

组织对公共设施进行赞助,需要做好以下几项工作。

1. 确定赞助内容

社会组织在开展对公共设施的赞助时,首先要考虑的是“赞助什么”。社会的公共设施,范围比较广阔,只要涉及人们公共场所活动的设备或环境构成,都可以成为社会组织赞助的对象,大到河道治理、房屋建设、公园设置、城市美化等,小到桌椅安置、果皮箱设置、自动饮水机安装等。在确定赞助内容时,可以考虑以下两个原则。

(1)赞助内容与组织经营业务或从事的工作有内在密切的联系,可以让公众在享受组织赞助的成果时,自然对组织所在行业、业务或工作产生好感甚或敬意,如造纸行业主动出资营造公园中的生态林等。

(2)赞助内容便于组织利用自己的技术或工作优势操作。对大部分生产民用产品的企业来说,生产的产品均会与公众的日常生活发生联系。如钢铁企业可以为社区公众建造公交候车厅、交通岗亭、安全岛等。

在这两个原则之下,组织的赞助工作就容易产生良好的社会效应与今后潜在的经济效益,赞助工作才不至于成为组织的累赘,而是组织发自内心愿意从事的活动。

2. 确定赞助金额

赞助金额的确定根据组织自身的财力,可以有两种支出方式,一种是一次性投入,如在固定地点安装城市雕塑,或设置自动饮水机等,还有一种是分期投入,如分期分批在一些公共空地设置自行车遮雨棚,城市绿化带等。公共设施的赞助,是组织根据自身公关需要与所在区域发展的进程而自发做出的行为,因而,金额的考虑依财力而定,不必一次性进行大额支出。

3. 协调赞助事宜

赞助工作的开展,一般都需要与政府有关部门进行协调,这方面工作是赞助活动的重要内容之一。如与市政规划部门、绿化管理部门、交通部门等协调有关

赞助事宜。虽然社会组织主动进行公共设施的赞助工作,但也要明确,所有的活动都需要在法律范围内、在政府的统一规划下进行,不可擅自行动。其次,在赞助工作中,如涉及其他社会组织,则也要进行专门的沟通协调工作。如在公园中设置饮水机,则要与公园主管领导沟通;在学校附近设置遮雨棚,则要与学校进行一定的沟通,以便安排得更周到、合理。

4. 落实赞助工作

在确定赞助事宜后,社会组织要把这一工作进行认真的落实,保证在一定的期限内,有条不紊地把赞助工作做好,实现好事产生好效果。赞助工程或事项一定要保证质量、保证安全,使其能够长久发挥作用,一旦发现有安全隐患,要及时排查,绝不能发生任何不良后果,否则会对出资赞助的社会组织产生恶劣影响,留下沽名钓誉的坏名声。

5. 彰显赞助业绩

在开展赞助活动时,要特别注意在赞助的公共设施上,体现组织的名声,标明赞助的具体情况,如赞助时间、赞助事项、赞助规模或范围等,甚至就赞助项目以组织的名字或企业家的名字来命名,以此彰显组织的业绩,引起公众对组织的关注,激发公众对组织的了解与好感,发挥赞助活动的公共关系效益。

6. 保证赞助效果

对公共设施的赞助,是一项十分显性的公共关系活动,社会组织在开展这项活动时,一定要注意保证赞助效果,如赞助事项的质量、安全性,赞助实施过程的规范性、赞助后期的效果维护等。在赞助项目完成后的几年里,仍然要注意监控赞助的公共设施情况,保证其始终能泽被后人。

7. 适当的媒体宣传

赞助公共设施,是一件公众欢迎,得公众心的大好事,因而适当时候通过媒体做些介绍性宣传是必要的。组织的公共关系人员应主动联系媒体,将赞助事宜告知有关记者,在恰当的媒体上,把组织的赞助情况传播出去,以影响更多的社会公众,对组织产生良好的印象,最大范围内彰显组织的社会责任感与善行善举。

六、对进步理念传播

(一)公共关系推动进步理念的传播

社会在发展,历史在前进,人类文明在反复中艰难地进步,在进步中战胜着落后。进步的思想需要传播,文明的行为需要推动,这一过程中,主体既可以是企业,也可以是媒体,更可以是政府。回顾改革开放30余年的发展历史,中国全社会的文明与进步,快速地赶超世界上先进的国家与地区,确实离不开各类社会组织做出的巨大贡献与努力,而进步理念的传播及文明的行为,绝大多数是通过成功的公共关系活动实现的。自然这也是一种公益型的公共关系策划。

1.进步的理念需要社会组织——公共关系主体的发起与推动

文明的进步从来不是自然而然实现的,需要外在强大力量的推动,因为落后的思维习惯与行为具有巨大而顽固的惯性。回顾“不随地吐痰”这样的文明习惯,直到今天仍然难以普遍养成,可见旧习惯的顽固。因而,在社会发展的一定时期,总会有一些组织如企业、学校、医院、媒体以及政府,登高疾呼,成为传播文明思想与行为的发起者,号召公众参与到文明的思维与行为中来。

2.传播进步理念最有效的方式是通过大众媒介

大众传播媒介在推动社会进步的历程中发挥着无可比拟的重要作用,因为媒介面向社会大众,传播信息的面广、速度快、信誉度高,对于公众的思维与行为具有强大的影响力,效果往往立竿见影。公共关系活动中均运用大众传播作为最主要的沟通手段。因此,进步理念的传播、文明习惯的建立,都是公共关系主体借助大众传播媒介实现的。

3.公众信任于从事进步理念宣传的组织

在正常的社会环境下,公众是欢迎并积极接受进步的思想与行为的,他们对发起与推动进步理念的组织会产生一定的好感,并能较快增进对其的信任度。在以恰当的方式传播进步理念的活动中,如方式得法,公众会富有热情地参与,社会进步的步伐因此而加快。

推动社会进步,传播先进理念,不是简单地喊喊口号,宣传的方式方法需要得当,传播的过程要认真策划,活动的安排要让公众深得其益。

(二)进步理念传播活动的策划

1.确定现存问题

一个组织拟发起一项公共关系活动传播进步的理念,首先源于发现存在的问题需要解决。但在确立问题的具体情况时,需要进行深入、全面的公共关系调查,以准确地把握问题的实质,并努力寻求解决问题的途径。进步理念的传播,一般来说,社会公共问题偏多,可能涉及与传统文化的冲突或对习以为常习惯的改变,看似微不足道,实则意义深远,因此,确立问题的核心,也有很大的难度。如中央政府提出宣传“八荣八耻”理念时,主要针对的是社会上令人极为忧虑的价值观混淆问题;牛奶企业在推广牛奶前,首先面临要解决的问题是,中国人长期以来形成的理念:健康的成人是不需要喝牛奶的。因此,公共关系策划人员在调查人员提供的数据面前,要进行专业的分析,经过严谨的研究,最终确立问题,明确解决的思路。

2.明确传播主题

当确定通过传播进步理念来解决面临的问题时,策划人员要认真筛选、提出传播的主题。与其他策划活动一样,主题的提出应该十分鲜明、语言简略、内容明确,具有口号式的上口易记特点,能够有深入家喻户晓的通俗性。同时,因为这一主题是要对几乎全社会的人进行一种观念的教育或良好习惯的培养,因此,主题必须具有较强的冲击性,并有极强的靶向攻击力。因此,主题的设计需要深思熟虑。

3.创意传播形式

面对传播进步理念的艰巨性,在传播形式方面,需要下很大功夫。这类的公共关系活动不似其他活动可以有一定的随意性或滑稽趣味性,而是具有严肃性和长期连贯性,形式可以活泼,但不能随便诠释其含义;内容可以多彩,但却要维系其长期不断的理性效力。因此,传播形式可以着手从以下两个方面进行创意与创新。

(1)大众传播媒介

充分利用大众传播媒介进行全面、及时、普及的传播。在传媒的选择上,要特别注意针对性与传播的表现力,把握目标公众的收视特点,发挥专业传播机构的作用。如运用央视媒体、中国之声、《读者》、《南方周末》、新浪微博等有影响力、权威性的媒体,以及一些地方核心媒体,多管齐下,发挥深入人心的作用。

(2)人际传播媒介

为把传播工作做到位,要善于发挥人际传播的作用,如派出一些精干的宣传队伍,深入街道、菜市场、社区、公园等地,通过各种方式、人与人之间面对面的沟通,起到深入、持续、及时反馈、富有针对性等的独特优势效果。

4.时间与场地选择

一场有关进步理念的公共关系活动,在开展宣传工作初期,先要确定基本的活动时间与范围,时间的选择一般为休息日为好,当然应避开重大公休日,活动的主题如能与国际纪念日有关,则最好选择国际纪念日作为启动日。如宣传青少年戒烟活动,可选择在国际禁烟日启动等。活动场地的选择根据活动影响的范围及组织自身人力的条件决定,以实现最佳影响效果为考虑的标准。

5.邀请公益组织参加

在大部分情况下，公益活动的组织方应该邀请社会公益组织一起参加。因为宣传有利于社会进步的理念，是为提升全社会文明程度所做的努力，自然是一件赢得人心的善事，能够唤起尽可能多的社会公益组织及人员参加，必然会有利于活动的顺利进行。如果活动需要进行启动仪式，则可请公益组织的代表参加，如有重大活动的举办，也一定要邀请公益组织的成员或志愿者加入。

6. 监测传播效果

在传播活动的整个过程中，一定要注意监测活动的效果，将之作为策划活动的重要组成部分，发现效果偏差，及时矫正传播方式与内容，使这一活动不致出现明显错误。毕竟，传播进步理念是一件影响全社会公众思想与行为的大事，在操作过程中，决不可掉以轻心，一定要谨慎处事。

第五节　展会型公关策划

一、展览活动

（一）大型展览创造组织公共关系价值

无论是国家、大中型企业，还是一般事业单位等，为增进社会公众对组织发展情况的了解，都有可能在特定时期运用专门的展览形式，将组织的某一方面情况展示给公众。组织开展的各种展览因此成为社会公众了解组织的一个窗口，可以为组织创造重要的公共关系价值。原因在于：

1. 展览的公开性，可以使公众对组织的情况有全面了解

一个组织举办的展览，是向社会公开展示组织的某一方面情况，尽管不一定十分全面，但却能够成为一个极为重要的契机，使公众管中窥豹、一叶知秋地了解到组织较为全面的情况，如科技发展展览、历史进步展览、风光摄影展览等，都能够让公众知道组织目前的发展态势与良好状况，因此，组织举行的某方面展览必须要很好地将组织的具体发展情况全面、客观地展示出来，不能褊狭地理解一些专业性很强的展览，以为仅仅只是一个展览而已。

2. 展览的可视性，可以为公众认识与感知组织创造条件

组织的展览一般具有非常鲜明的图画性或可视性，即使文化水平很低的人也能够从图片或实物方面看明白或基本了解，这样的特点为公众深入认识或感

性了解组织，创造了很好的条件。组织在举办展览时，要注意加大宣传，让更多的人知晓展览、争取走进展览室观赏展览，借此机会让公众关注组织，增加对组织认识的深度。

3. 展览的互动性，可以为增进公众对组织的信任提供可能

作为展览，一般均会设置讲解员或现场导引员，公众在观看中，讲解员或导引员会将展览中的很多相关情况或不明白的问题，进行现场讲解或解答，这种自然的互动性为促进公众对组织的深度了解、增加对组织的信任度提供了可能。在公共展览处进行全面、真实的展览，胜过组织平时连篇累牍的商业广告，公众对组织的质疑或陌生会烟消云散，其对组织产生的声誉传播效果是无可比拟的，因而，展览对于组织具有十分重要的公共关系价值。

(二)策划展览的步骤

1. 策划展览主题

当组织确定举办展览后，首先要做的事是确定展览的主题。无论是科技成果展，还是风光摄影展等，主题的确定必然是要鲜明地体现主办方举办展览的初衷与要实现的目标。展览主题要求：

(1)立意高远

举办展览对组织来说是一件重要的公共关系活动，主题确立尽量不要直白地使用展览的具体内容，如“大型技术设备展览”或“某某汽车展览”等。而是站在较高的立意角度，提升本次展览的深远意义，给关注展览的公众以积极的预期与升华的境界，吸引公众将脚步移向展览场地。如 2010 中国上海世界博览会，主题为“城市，让生活更美好”。

(2)内容简约

主题的表达一定要简单、明白，不故弄玄虚，要让所有人能够清楚地识读，内容清楚、易记，不会发生歧义理解。一般来说，主题表达不超过 20 个字。

(3)紧扣主办方理念

在确定主题传播的视角方面，应从主办展览方的角度出发，紧扣主办方意欲宣传的主题，凝练语言，精心打造主题词。

2. 谋划展览内容

这是展览的核心部分。一个组织要在某一时段进行展览，展览的内容必须要先行谋划，仔细安排。一般来说，展览内容应按时间、事件、种类或地域等方面进行分块排列，在条件允许的情况下，可分不同的展室进行展览。每一部分再按照文字说明、图片、实物陈列等方面予以顺序展示。文字要求表述准确，用词正

确;图片应该图像清晰,标识清楚;实物要恰当说明,富有说服力。在可能的情况下,分块内容要有小主题,这样更有利于参观者全面了解情况。分展览的主题设计要用心考虑。

注意:展览要在内容的安排上,创造一些悬念或故事,导引公众有期待地将展览看到最后。

3.设计展览的顺序

展览的顺序安排,体现了公共关系策划人员拟实现的公共关系目标。在展览主题的指引下,展览顺序的安排,一般要由浅入深、由广而专、由粗而细,由静而动,如剥茧抽丝般将画面展开。根据不同的展览内容,顺序的安排可以各具特色。

4.安排展览的时间

大型展览时间的安排,主要根据组织与博物馆的档期情况考虑,一般可长可短,最好覆盖周末或重大节日,使目标公众有空闲时间安排参观。在条件容许的情况下,时间上可以尽量与目标公众的特定节日相同步,便于参观人数的扩大。如新式农用机械的展览可放在元宵节前后,既便于农民公众的参观,又与即将到来的农业机械使用旺季有很大关系。

5.筹备展览的过程

一旦展览的内容与时间安排确定,展览的筹备工作就开始了。展品的运输、展板的安放、展物的摆设、灯光的安装与测试等需要紧锣密鼓地进行。当展品全部设计摆放完毕后,展览才可能正式开始。

6.准备展览的预警

在举办展览时,要注意预警传播工作。在提前做好防火、防盗等安全工作的前提下,注意保证参观通道的便利与通畅,设置好参观过程中危机事件可能发生的应对策略,特别是应对媒体采访等的传播手段,保证展览工作的顺利进行。

二、举办会议

(一)举(承)办会议要具有公共关系意识

今天,各种会议的召开已变得十分频繁,在一定的情况下,组织需要或被邀请举办或承办一些重要会议。在会议举办时,来自国内外或各阶层的会议代表齐聚组织的所在地,接受组织的会议服务,可能会参观组织的重要场所,如实验室、展览室、车间、办公地点等,同时接触组织领导与相关部门的工作人员,直接感受组织对会议的接待与安排,对组织的基本情况会有一个直观的了解与感受。

因而,会议的组织者一定要具有明确的公共关系意识,抓住这次机会,开展公共关系沟通活动,增进公众对组织的了解,主动展示组织最亮丽的一面,把会议组织好、安排好,通过组织承办会议,实现本组织的公共关系目标。

(二)举办会议的策划步骤

对组织来说,承办会议是一次十分重要的公共关系机会,借会议之机,交流信息,十分有利于提升组织的社会声誉。因此,重要会议的承办,必须要保证其成功与精彩,这需要公共关系策划人员精心的策划。

1.确定恰当时间

确定会议举行的时间,尽管往往由会议组委会确定,但一定会充分照顾到组织(承办方)的情况,因而,组织一方面要与会议的委托方进行充分的磋商,另一方面组织也要考虑好自身的工作安排,使之尽量不影响正常的工作运行。

2.确定会议主题

毋庸置疑,重要会议的论题内容是提前确定好的,但会议的主题却可以体现承办方的一些理念与诉求。会议的主题是指会议从主旨到内容所体现出的一种思想或精神,是留给参会者对会议主办者及承办方的总体印象。因此,在举办会议时,必须提前确立会议主题,所有的策划工作在这个主题下次序展开。

3.安排会议接待

承办会议,极为重要的是会议的接待工作。会议的参加者天南海北,差异极大,会议接待工作某种程度上成为会议是否成功的重要标准。

会议接待主要包括:

(1)迎来送往

迎:如果能够策划富有创意的欢迎参会代表的形式,一定会给参会者带来愉悦感受与深刻印象。今天,绝大多数的会议组织者都会因循旧例派人到机场或车站去迎接参会者,如果会议承办方能够策划比较新颖的迎接来宾方式,将会是一个会议成功的良好开端。

送:在欢送会议代表时,按照惯例,可由会议代表自行安排离去或组织统一送别。但承办方如能精心策划,让每个会议代表携带上心仪的礼物,依依不舍地离去,就能为会议的成功召开画上一个圆满的句号。

(2)安排食宿

组织重要会议,吃与住是一件丝毫不可懈怠的大事。要让每个参会者满意,吃与住的问题就应该精心安排策划。如在吃的方面,要考虑参会者的国籍、民族、地域甚至生日等,吃饭的地点要干净、典雅,环境清新、宽敞,大厅可布置一定的会议标志或欢迎标语,会议工作人员应该热情、礼貌、善解人意、服务周到。重要会餐可安排歌舞表演或赠送小礼物。在住的方面,更要用心布置与安排,如参会代表的国家或民族禁忌要特别注意回避,代表的语言特殊性要事先进行专门培训,入住酒店可安排水果、点心赠送或烛光晚会等,并且可为参会代表的休闲时间安排富有创意的联谊活动等,努力使参会者有满意、舒心、宾至如归的感觉。

4.创意会议议程外的活动

在会议固定安排的议程之外,承办方的策划人员可以用心策划议程外的一些活动,增加参会者的意外惊喜与满意度。

常见的议程外的活动有:

(1)大型文艺演出

请专门的文艺团体表演与会议主题相符的文艺节目。

(2)旅游景点的游览

联系旅行社对著名风景区进行观赏。

(3)参会人员的联谊活动

包括舞会、卡拉OK表演、户外舞会等。

对于承办方的组织来说,可以通过事先的调查,精心策划一些新意而参与度高的活动,给所有参会者留下深刻的印象。

5.设计会议交通路线

一般情况下,大型重要会议参会人数多、级别高、活动区域相对较大、会议用车较多,因而会议交通问题是要认真对待的。策划者要事先设计好行车路线,有专人事先协调好交通部门,保证出行安全、顺畅,不影响会议各项议程的顺利进行。

6.媒体的报道

重要会议的举行,需要媒体的配合。承办方组织的策划人员要与一些媒体记者进行联系,确定媒体宣传主题,拟定记者招待会的主要内容,确定专人撰写新闻稿件,把握媒体报道视角,注意突出组织的声誉与形象,使会议的召开获得最大的良好社会效应。

7.策划会议礼物

重要会议,主办方及承办方一般会有礼物相赠。恰当的礼物会给与会者留下长久美好的记忆,而选择不当的礼物,则会影响对会议的美好印象,甚至给主办方及承办方留下不好的印象。因此,举办或承办会议,也要认真考虑礼物问题。一般来说,选择会议礼物需要把握这样几个原则。

(1)礼物轻薄便携

尽量不要给与会者赠送厚重的礼物,使之成为携带的负担,增加对方不必要的麻烦。如几年前,有个承办会议方送给每个会议代表一台饮水机,给参会者带来很大的不便。

(2)与会议的内容或主题有一定的关联度

如果礼物的品质或内涵正好与会议的主题或内容有关,就会起到锦上添花的作用,给与会者留下美好的印象。如低碳会议上把太阳能电脑散热器作为礼物就比较恰当。

(3)礼物反映承办方的特色

如果会议所赠送的礼物恰到好处地反映了承办方组织的某方面特色,使之成为一件体现组织文化、塑造组织声誉的载体,则礼物的选择也是比较恰当的。

(4)礼物实用而具有表现力

如果礼物对参会者十分实用,并且具有外显性,则礼物会受到与会者的真心欢迎,也有利于延伸会议的影响力。

(5)礼物新颖而令人惊喜

会议礼物需要甄选,也需要精心设计。如果会议内容或主题能够融入礼物之中,参会者的个人信息能够在礼物中得到反映,获得礼物能够让参会者惊喜等,这样的礼物就会给与会者带来长久的美好印象,会议的作用自然会持续很久。

三、展销会活动

(一)产品展销会的公共关系效应

对于生产产品的企业或制造商来说,销售产品是一个永恒的主题,企业会在一定的时候,通过参与或举办产品展销会的形式,创造一些与目标公众接触、沟通的机会,以此扩大产品销路,增进产品的销量,因而展销会既是市场营销的重要手段,又具有一定的公共关系效应。

1. 产品展销会上企业工作人员可与目标公众直接交流

一般情况下,产品展销会是企业展示产品的最佳机会,企业生产经理、技术人员、厂长等都会到场参加,利用展销会之机,组织可以不再依赖中间商而直接从消费者获得对产品的反馈,也让消费者有了可以直接对话企业人员的场合,也必然会增进目标公众对组织的直接认识,留下长久的深刻印象,这对于企业产品的销售和在更大市场范围内的拓展,带来了良好的铺垫,更有利于企业未来的生存与发展。

2. 产品展销会可让目标公众在与同类企业比较中捕捉企业特色

在产品展销会上，同类型的竞争厂家齐聚一个平台，彼此亮出自己的看家本领吸引参观人群，公众借此可以对企业有了十分清晰的定位，捕捉到一些企业独有的长处。这对于一些平时默默无闻在公众中较低知晓度的企业来说，具有非常显著的公共关系效益，十分有利于确立组织在公众心目中的稳定印象。

3. 产品展销会提供给企业多角度表现自己的舞台

通过产品展销会，企业可以精心策划，设计公共关系策划活动及一些产品促销活动，表现企业经营宗旨，体现企业文化，让公众在活动中感受企业魅力，加深对企业的了解，在购买企业产品的同时，认识企业、了解企业。

(二)展销会策划步骤

产品展销会上，在各家企业竞相推出的花样翻新的促销活动中，如果企业独树一帜地策划公共关系活动，则会令人耳目一新，吸引众人眼球，引起媒体的报道，因此，如何把公关活动策划得富有新意自然十分重要。具体策划步骤如下。

1. 确立展销会的宣传主题

企业要想在高手云集的产品展销会上，推出富有组织特色的公共关系活动，使展销会成为新闻事件，首先要确立的是展销会的主题。只有确立鲜明而恰当的主题，才能让所有活动围绕主题有序展开，集中企业产品优势特点，形成富有竞争力的促销亮点。公关活动主题应既成为展销活动开展的中心，又成为公众关注企业的核心。主题要简洁、清晰，富有特色，醒目易记，过目不忘，如此才是成功的主题。

2. 设计展销会上的公共关系活动

在展销会上，各家企业层出不穷的手法基本上都是促销技巧，参观者往往见怪不怪，并不买账。如果展销会上设计、策划富有特色的公共关系活动，以真诚的沟通工作来赢得公众的认同，则往往会起到出奇制胜的最佳效果。因此企业要提前安排策划团队进行策划，努力设计出令其他企业难以复制的公共关系活动。

常见的展销会的公共关系活动有：

(1)公益活动

主要是针对产品的目标公众，选取特定、有代表性的人群，对他们进行公益资助，帮困解围，雪中送炭，赢得社会公众的内心认同。

(2)沟通活动

主要包括以学术会议、艺术表演、产品说明会、短期培训班等形式与目标公众进行互动了解，让公众在接触、了解企业人员的同时，了解产品、感受产品。

(3)公众参与活动

主要包括公众答题、微博投稿、游戏参与等，使公众能够在快乐享受中获得对组织的好感，加强对组织产品的认知，赢得公众对组织深度的了解。

3. 安排媒体予以报道

一般来说，展销会的各种促销活动难以成为新闻报道热点，只有具有公共关系意义的事件才可能吸引媒体与参观者的眼球，特别是社会公益事件、企业真诚奉献事件等。企业对此要注意把握时机，选择新闻点，及时安排相关媒体进行报道，包括举办新闻发布会，争取成为媒体与公众关注的对象。

4. 有机结合促销手段

在开展公共关系活动中，企业应该贴切地将公共关系活动与产品的促销结合起来，增进公众对企业、企业品牌、企业产品等的了解，提升公众对产品的信任度，扩大产品的销量，充分利用好展销会的良好氛围。

但要注意的是，开展促销活动时，不要表现出明显的功利性，应更多地关注公众对企业的了解与感受，体现出企业真诚沟通的态度。

5. 设计完美的收尾活动

企业在展销会的期间，要善于设计高潮与收尾，始终把与目标公众的沟通作为核心目标，在展销会后期，通过一些小型沟通活动，让公众感受到温馨与真情，留下对组织的永久回忆。

第六节　危机型公关策划

一、公关危机分析

(一)公关危机的形成

1. 公共关系危机

公共关系危机指社会组织在遭遇某种危机的时候，引发公众对组织信任度与社会声誉的巨大怀疑，进而导致组织陷入更大的生存困境之中，这样的危机，就是公共关系危机。公关危机是一种存在普遍的危机，组织甚或社会的任何不良的事件都可能导致组织公关危机的发生，如自然灾害、人为诬陷或自己的过失等。

2. 危机的一般类型

在社会组织的各种危机中，主要表现为以下三种类型：

(1)社会性伤害

社会组织在任何情况下都可能遭遇一些不可预知的社会性危机，如地震、泥石流、雪崩、火灾、水灾、风灾、海啸、台风、火山爆发、雾霾、飓风、车祸、传染病、环境污染、战争、贸易制裁、法律新规、政治牵连等。这些灾害尽管影响的区域广，遭遇的范围可能有除了组织以外的其他组织或人群，但其对组织的打击可能是沉重的、甚至是毁灭性的，组织从危机中摆脱出来的难度要大、时间要长。

(2)他人诬陷

在某些时候，社会组织及其领导者可能会遭遇他人诬陷，使组织突然陷于被动或窘迫的境地。来自他人诬陷的情况主要有：竞争对手的陷害、过去宿敌的攻击、曾经同事的揭发、周边公众的流言、组织领导者的绯闻、媒体的捕风捉影等。这些事件引发的危机，有些可能很快予以澄清而化解，有些则可能导致组织遭遇巨大的压力，甚至破产，如组织领导者被害、企业产品被投毒、媒体不实报道等。

(3)自身过失

在社会组织遭遇的所有危机中，最不应该出现的就是自身的过失。但是，由组织成员失误导致的危机却是经常发生。如产品质量问题、工作人员态度问题、组织领导者不当言行问题、员工低水平工作质量问题、员工操作失当导致的组织重大事故等。这些危机对组织造成的危害往往是致命的。如果组织在遭遇社会性伤害的同时，又因为自身失误而招致他人诬陷，则这样的打击常会使组织难以招架，陷入绝境。

因此，危机对于组织来说，需要引起高度重视。

3. 危机转化为公关危机

当社会组织遭遇某种危机时，在什么情况下可以转化为公关危机？

严格地来说，任何危机，只要影响到公众对组织声誉的评价，都可能瞬间转化为公关的危机。但是，公关危机最常存在以下三种情况。

(1)组织成员与公众发生利益冲突

由于组织成员在操作上或态度上的不当，造成与公众利益上的冲突，这样的情况在通过媒体报道后，最容易引起社会公众对组织的不满，也就极可能迅即转化为组织的公关危机。

(2)组织领导者言行举止不当被媒体曝光

当组织领导者有不当的言行举止、被媒体捕捉而曝光后,有可能很快被其他媒体大量转载,这样的负面新闻会对组织产生十分不利的看法,由此很快形成组织的公关危机。

(3)组织发生伤害公众的重大事故

如果由于组织管理不当,造成严重的伤害公众的事故,带来十分严重的社会影响,则组织的公关危机就与组织重大事故相随而来,组织曾经经年累月打造的好名声与声誉,可能在瞬间消失,组织的重新崛起就变得异常艰难。

(二)公关危机的特殊性

作为社会组织,无论是政府也罢,企业也罢,还是任何一个单位,都有可能在某一时刻遭遇危机,当某种危机成为公关危机时,其表现出来的特殊性如下。

1. 对组织看法的改变

当组织发生重大危机时,大众媒体会连篇累牍地予以报道,组织长期以来打造的良好口碑会迅速遭到质疑,通过传媒,无数的公众会重新审视组织,并怀疑自己对组织的信任,对组织的评价很快会从众而改变,不信其无、宁信其有地接受媒体的导引,对组织的全部行为产生怀疑,这样的信任危机,比组织现实的危机更可怕、更深刻。

2. 对组织行为的抵制

面对组织的重大危机,公众会在产生信任危机的同时,自发地加入到抵制组织的行动行列中去。如不再买企业产品了,不再走进商场购买任何东西,销售单位将企业产品下架,大量产品被退货、该银行发生挤兑、大量学生从该校退学,主要国家不与该国家发生任何贸易往来、任何游客不再光顾该景点,以及网上出现压倒性的舆论攻击,等,特殊情况下,公众会自发地联合起来,向组织发起示威抗议活动,导致组织陷于严重的舆论压力之下。

3. 对组织持久的排斥

组织在发生危机后,当费尽周折将危机挽救过来准备重新振作时,公众对组织的恶劣印象难以短期消退。即使危机过去,事情有所好转,甚至完全脱离了危机,公众仍然会在很长一段时间里对组织的危机记忆犹新,甚至产生敏感性,几乎难以恢复到以前的好印象,这样的看法会导致组织的重新恢复显得异常艰难。当然,如果组织处于垄断性或非市场化的环境中,那么危机的重新崛起会变得容易一些。

二、危机型公关的策划

(一)危机型公共关系策划的难度

危机型公共关系的策划,较之其他的策划来说,具有巨大的难度。

1. 危机型公关策划的事后性

日常型公关、交往型公关、公益型公关、庆典型公关、展会型公关等策划类型,均为事前策划,即在开展公共关系活动时,策划人员会进行长时期的酝酿与准备,公共关系活动是在组织精心策划与安排的情况下开展的。但是,危机型公共关系策划则一定是在事后策划与应对的——不论事前做过怎样的预防。这种事后性,增加了公共关系策划的难度,使策划处于条件设定、被动应对的不利局面之下。

2. 危机型公关策划的复杂性

危机型公关策划是在组织遭遇突发危机的情况下开展的公共关系活动,危机的发生是组织事前无法预料或预料不到其严重程度的,危机发生后,对组织来说,常常容易陷入极度混乱与无序的状况,通过策划使组织尽快从舆论的攻击与信誉的危机中摆脱出来,是一件十分复杂而困难的事情,组织需要投入大量人力查清问题、理清头绪,把事态扭转到有利于组织的方向上来,这是一件十分不易的事情。

3. 危机型公关策划的高投入性

在组织发生危机的时候,拯救危机需要巨大的投入,这也是在事前无法预算的,危机对组织生存的考验,让组织面临着是否不惜一切代价予以挽救的抉择,一旦确定,就需要巨大的投入,这样的投入远高于平时一般公共关系活动的策划预算,对组织来说是一件举足轻重的大事。

4. 危机型公关策划与实施的同时性

发生危机,公共关系的策划与实施需要同时进行,策划人员不可能去从容策划,然后再开展实施工作,而只能是面对危机,快速策划并立即实施,实施中发生误差,再及时调整策划方案,保证实施的有效性,这是危机下公共关系策划的特殊性。

(二)危机型公共关系的策划

虽然危机的发生形形色色,组织面对危机,应对的手段各有不同,但一般来说,危机型公关策划的常规步骤是基本一致的。具体如下。

1. 新闻传播领导机构的确立

当危机来临后，出现的结果会令人震惊或诧异，公众与媒体迫切希望了解事情发生的具体情况，对组织来说，则不能惊慌失措、仓促应对。首先，组织要做的是尽快成立新闻传播领导机构，或者启动危机应急小组的传播机构功能，在最短时间制定应对危机的公共关系沟通方案。领导机构的成立需要明确其工作的目标——为组织最高领导者及新闻发言人服务，吸纳组织中与危机有相关性的部门领导者参加，尽快协商危机应对之策。

面对危机，事情"是什么"，远不及"说什么"与"怎么说"重要。因为危机事件的发生会在极短时间导致遭遇危机的组织成为媒体关注的焦点，舆论会在发生危机的几个小时之内形成，如果组织保持沉默，舆论的导向会最大可能地指向负面评价，因此，在危机发生后组织通过认真研究，确定"说什么"与"怎么说"是拯救组织的战略举措。

新闻传播领导机构的成立在危机发生与解决的全过程中，都发挥着重要的作用。在这一时期，任何对外、对内的传播策略，都需要通过这个领导机构来讨论与确定，任何人擅自决定传播的内容与表述的方法，都可能给组织带来巨大的不良反应，因此，对组织来说，新闻传播领导机构的成立及其工作，对组织摆脱危机，具有极为重要的意义。

2. 第一时间发布危机真相

危机的发生突如其来，应对危机需要极高的效率。危机发生后，组织必须要抢在他人猜测与谣言形成之前发布组织方面的真实信息。组织发布消息时间的延误，是失败公共关系的开始。由组织真实信息发布而形成的公众舆论，会极大地倾向于组织，否则，会形成负面的舆论。而负面舆论极可能会致组织于死地。大量实践证明，公众的负面舆论才是组织遭遇的真正危机。对此，组织新成立的新闻发布机构应高度关注组织危机详细情况，在第一时间将危机情况发布出去，丝毫不得懈怠。

危机真相的发布可以通过三种方式或渠道完成。

(1)紧急召开新闻发布会

在危机发生后的最短时间，召开新闻发布会，向媒体及公众发布危机的真实情况。组织的公共关系人员应该知道，在最短时间内将危机发生后遭受的损失与组织的现实情况如实公布是明智的，任何试图隐瞒或制造谎言的行为，都是极为愚蠢的；面对媒体对危机损失的矫饰、含糊其辞、甚至轻描淡写，也是十分不明智的。不要以为媒体或公众可以欺骗，这样的想法极可能导致组织做出自欺欺人、最终自取其辱的低级行为。

(2)委托重要媒体发布声明或新闻

如果组织认为召开新闻发布会的条件不具备,则可通过重要媒体在危机发生的第一时间向全社会发布组织危机的消息,消息的发布可以是新闻,或是重要声明。消息内容必须是真实可靠的,包含有具体数字与情况表述,并体现出组织对相关责任的承担与对受害方的深切关心,体现出态度坦诚、勇于担当的姿态。

(3)通过组织网站等形式发布

重大危机的发布,特别是源于组织自身失误而导致的内部危机,还可以通过组织网站及微博等来完成,也可通过在公共网络上发布信息来告知公众。虽然网络带来了便捷的信息传播形式,但也要高度关注网络的灵活、多样性反应,以及网络覆盖的有限性。组织应设有专人回应网络质疑,对从其他渠道获得的组织危机信息,应有充足的资料来支持组织提供的危机事实、并反驳负面或不实的传闻,保证能够在危机发生后的第一时间发布信息。

3.将事故的情况与调查的结果随(及)时公布

当危机事件发生以后,组织的传播人员要建立新闻发布的基本制度,每天或固定时间来发布新闻,因此,新闻发布会的举办就变得十分重要。组织应及时对外宣布所确定的新闻发言人、新闻发布时间、地点等,通知媒体参加,并安排信息采集人员能够保证在固定时间里提供具有新闻价值的信息。新闻发言人要具有应对媒体的经验,面对记者提问,要准备翔实的事实资料来说明,不得以"无可奉告"来搪塞,更不能用具有个人感情色彩的表述如"不管你们信不信,反正我信了"①等来应付。组织面对媒体的追逐,应本着实事求是的态度,坦诚地向全社会告知危机事件发生的情况与组织调查的结果,掌握舆论的主动权与事件的解释权,使组织在危机事件中处于有利的地位。

4.直面媒体与公众——将公众与公共利益放在首位

在组织处理危机事件时,应有一个基本的价值取向,即直接面对媒体、直接面对公众。新闻发布会虽然创造了与记者面对面沟通的机会,但绝不是组织沟通的全部,而仅仅是刚刚开始。组织的相关领导及与事故有关联的责任人或处理事故的负责人,都要有面对媒体坦诚沟通的态度,都要准备随时接受媒体的采访、解答媒体的疑问,告知事故处理的有关细节以及所有记者想要了解的信息,而不能把记者简单推向新闻发言人了事,而漠视记者的采访要求,或生硬拒绝记者的提问,最后导致记者只能以猜测或听信所谓"知情者""业内人士""旁观者"

① 2011年7月23日杭甬高速铁路发生列车追尾的严重伤亡事故,铁道部新闻发言人王勇平面对记者提问,如是回答。

等的评论,发表出对组织十分不利的信息。另一方面,危机事件的发生,往往会出现受害者,组织要在第一时间走到受害者及其家属的身边,承担起组织应有的职责,组织领导者要亲临现场,慰问受害人及家属,解答受害人及家属的疑问,抚慰受伤者及死难家属,尽组织之力把受害人、家属及社会公众的利益放在组织自身利益之上,在公众中构建起组织负责任的社会形象。

5. 策划沟通活动,增进公众对组织的了解

在策划危机型的公共关系时,具有挑战性的活动就是策划富有吸引力、与影响力的公共关系沟通活动,使组织能够在公众高度关注的情况下,把组织的真实情况或家丑亮给公众,这既需要勇气,更具有风险。具有典型性的沟通活动主要有:

(1)参观组织或举办开放日活动

当危机发生在组织区域时,不论是外在客观原因、还是内在主观因素引起的危机,都可以在第一时间策划组织参观日或对外开放日的活动,参观的人员主要是媒体,有时,一般公众也可以参观,特别是涉及社区、顾客、消费者利益或社会公共性利益时,也要主动邀请公众代表或社会民间组织(又叫非政府组织,NGO)代表参加。参观或开发日活动的最大优势是,可以让媒体与公众亲眼看到事情的真相,这较之连篇累牍的辩解说辞要有效得多——眼见为实。需要把握的重点是,组织在开放日时,决不刻意地去修饰现场,而是完全真实地展示组织的全貌,对危机造成的灾害,要注意保护现场,把事实留给公众,让事实说话。

(2)面对面座谈(对话)会

如果危机发生的地点是在某一公共场所,如公路上、机场、医院、学校等地,则可以举办现场座谈会或对话会,组织主要负责人亲临现场,与受害公众面对面谈话,了解情况,听取意见,创造直接的接触机会,增进彼此的认知,面对问题,积极解决。召开座谈会或对话会的地点,应该要事先调查过,现场有所修饰,要制作必要的宣传物,努力营造坦诚沟通、真诚对话的氛围。

(3)领导者巡视活动

在危机发生的现场,组织领导者第一时间赶到事发地点,与受害者见面,慰问受害者,与受害者嘘寒问暖,表现出极大的关心之意,让受害者感受到组织直接的关怀与温暖,同时要了解灾情,指导赈灾情况。这样的沟通活动需要媒体的及时报道。当然,巡视活动也使组织领导者冒着极大的风险,因为灾难现场往往仍潜伏着新的危险,如地震后的余震、毒气泄漏后的残留、动乱后的不安定等,这是需要组织公共关系人员高度关注的。

6. 把事故处理结果告知公众，将组织责任进行到底

当危机趋向结束时，组织要注意积极的收尾。首先要继续保持定期将危机处理情况告知公众的程序，尽管后期的信息会不断减少，但关于公众，尤其是受害公众的情况仍应及时向社会说明，显示组织负责任的姿态，甚至事情发生后的相当一段时间，如一年或两年后，仍然有所报道组织妥善危机处理后的情况，有助于组织真正从危机中将不良的声誉扭转过来。切忌组织在危机后期置公众于草率处理的境地不顾，努力摆脱自身责任、不顾及组织今后发展的需要，只做表面文章，以敷衍的态度应付记者，最终会落得危机没有击垮组织，而自己的拙劣表现导致公众的负面评价将组织毁于危机之中，这是一定要避免的。

（三）确立危机公关的处理原则

面对突发的危机事件，社会组织在开展危机公关时，要把握如下一些原则。

1. 组织声誉至上原则

组织公共关系人员应该十分清醒地明白，在处理危机带来的所有事宜时，都应该以保护组织声誉为最高原则，一切均服从于这个原则，任何与此原则发生的冲突，均应予以让步，而绝不能为了一时小利，牺牲组织的声誉。

2. 危机信息公开原则

危机的发生，常会带来一些不为人知的内幕的曝光，令组织处于十分尴尬的境地。为避免这种情况的发生，在应对危机事件时，组织应该以十分明朗的态度主动公开危机涉及的所有信息，绝不故意拖延、试图掩盖、甚至伪造事实，否则势必要为此付出沉重的代价。

3. 快速发布信息原则

危机发生后，信息发布最重要的原则是“快”，即第一时间将情况发布出去，抢在所有非组织信息渠道发布之前发布。信息的发布可以通过组织网站、微博、新闻发布会或新闻稿形式。如果组织人员拖延发布甚至故意沉默，那么，组织遭遇到的一定是谣言满天、信誉扫地，真正的危机就形成了。

4. 直接沟通公众原则

当危机来临时，组织的全体人员应该以高度的责任心来面对公众，无论是组织的领导还是公共关系人员，抑或参与危机处理的人员，都应该真诚地面对公众，与公众进行面对面的沟通，倾听公众的诉求，绝不回避与公众的直接接触，积极地解决问题，把危机带来的负面影响稳步地控制住，以赢得最快的起死回生机会。

总之，面对危机公关要处理的十分复杂的情况，组织要本着一些基本的工作

原则，冷静、有序地应对与解决，努力化危机为转机，将危机事件妥善地处理好，并努力使危机成为组织今后更大发展的契机。

三、危机公关管理

（一）树立组织危机的公关意识

在今天，危机的发生虽然不是常态，但出现的频率较之以前是大大增加了，很少有组织能与危机绝缘。因而，危机意识已经在很多人的思想中确立。但是，危机发生后，面对危机应当如何传播，怎样来应对公众的质疑，这样的意识，很多人可能还没有明确而正确的认识。

1. 危机发生后第一时间的公关意识

一个组织中的每一名成员都是组织完全意义上的公共关系人员，这是“全员公关”的核心内涵。当危机发生后，在第一时间组织的工作人员应该怎样做？

（1）组织的每名成员应该意识到，挽救组织的声誉高于一切

当危机来临时，遭遇最大危机的，不仅仅是组织的财产损失，更重要的是组织在社会公众中的声誉。声誉是组织多年缔造的公众对组织及其产品的信赖，而长期优质品牌的产品对公众来说，已经构成了其日常生活中的一部分，一旦组织遭遇巨大危机，则可能导致相关组织（尤其是企业）的连锁不良反应，会给大量公众的生活带来一定的心理冲击，致使其产生心理恐慌与信任危机，严重的话还会带来一定区域公众日常生活的紊乱。因此，危机的发生绝不仅仅是一个组织自身的问题。组织的每一个人员都要意识到，危机的发生并不可怕，可怕的是公众对组织信任的坍塌，维护组织的社会声誉，应该是危机发生后组织的每一个成员都要明确意识到的问题。

（2）危机责任人员应该意识到，公布事实真相是最智慧的选择

危机的发生不以人的意志为转移，但正确应对危机却是危机责任人员必须高度重视与妥善处理的。危机责任人员要始终清醒地意识到，不论危机来自何方，坦诚公布事实是最为智慧的选择，去除谎言、公布真相是必须恪守的公关信条，绝不能在危机发生的第一时间，试图自作聪明地去掩盖事实，甚至毁尸灭迹等。面对危机，自欺欺人等于自掘坟墓，组织的公共关系人员及危机处理的主要领导，一定要确立这样的意识：把真相公布，让公众知道发生了什么比其他任何事情都重要。

（3）组织公共关系策划人员要意识到，公众与社会利益高于组织利益

面对危机，公关策划人员要冷静地意识到，尽管危机受损的最大方是组织自

身，但是，在挽救危机时，关注公众利益与社会利益是组织应该首先做出的抉择，只有把公众的利益维护好，才可能谈得上组织自身利益的维护；只有为社会长远利益的考虑，才能够让社会公众接受历经危机而伤痕累累的组织还是可以信任的这一事实。如果在危机发生时，组织强调自身利益，或者刻意去维护自身利益，那么，势必会看轻公众及社会利益，就会在危机的处理上，半推半就，不全力以赴，最终导致责任失守，令公众失望，遭社会批评，结果只能是在危机中被公众湮没或唾弃。

2. 危机处理中的公关意识

(1)组织领导者的沟通意识

在危机发生，组织面对要立即处理的复杂局面时，组织领导者应确立十分明确的公共关系沟通意识，即面对媒体与公众，积极地迎上去，主动沟通，不回避问题，不逃避责任，将事故发生的真实情况向社会公布，在这种意识的指导下，组织领导者才能够去指示组织的公共关系人员具体落实与公众沟通的事宜，安排组织的全体人员，面对危机，正视危机，给社会公众一个明朗、诚信的良好印象，以便在危机中寻求生机。如果组织领导者没有公共关系的沟通意识，则危机下的组织可能做出错误的行动选择，带来的组织公共关系人员与内部公众的行为表现，就可能给社会公众造成逃避责任、隐瞒真相的坏印象。

(2)组织公关人员的新闻意识

在组织处理危机的过程中，公共关系人员要随时注意新闻稿的撰写及新闻的发布，确立鲜明的新闻意识。危机的发生，会激发媒体与社会公众对组织的极大关注度，组织公共关系人员应在第一时间向新闻界提供新闻稿，发布新闻，这是基本的公共关系应对反应，如果组织的公共关系人员自己不去撰写新闻稿、主动发新闻，则新闻记者就会利用他们自己的渠道或处理问题的方式去撰写新闻，那么，组织的公共关系工作就会陷于被动，组织的话语权就可能失去，对新闻事件的报道就可能失实，其后果则难以预料。

(3)组织接待人员的信息反馈意识

在危机发生时，大部分情况下会出现一些伤亡情况。当处理这些伤亡人员时，组织需要配备一定数量的接待人员参与其中或全程介入，组织的接待人员应该有十分明确的信息反馈意识，有关伤亡情况的任何变化，都应该在第一时间向组织的决策层反馈，并在之后的过程中，随时向上级报告伤员与死难人员的情况，绝对不能隐瞒实情或延误报告，因为这样的反馈对组织的正确决策发挥着至关重要的作用。组织接待人员的这种公共关系意识，直接影响到组织危机发生与处理中公众对组织的印象,也最终决定了组织能否尽快从危机中求得生机的质量。所以,这个意识是组织的接待人员必须要具备的。

3. 危机结束时的公关意识

(1)组织对公众的尊重意识

当危机结束的时候,组织的全体人员应普遍确立对公众尊重的意识,即公众至上,对公众的各种善后要求要在法律与道义的范围内予以最大限度的满足,把危机善后的事情做完整。绝对不能在危机结束的时候,置公众的利益于不顾,认为危机已处理完毕,该赔偿的已经赔偿完了,其他的事情与组织无关,因而对公众最后的利益诉求于不顾,草草收尾,匆匆收兵,让人觉得虎头蛇尾,令公众认为组织在前期的种种承诺与表现仅仅是在媒体上作秀而已,在内心中并没有把公众的利益放在首位,如果是这样,就可能导致组织前期的公共关系工作前功尽弃,这是非常危险的。

(2)组织经营的长远意识

在妥善处理危机之后,组织的每一个人员都要意识到:危机的发生对组织是一个重大考验,组织所以倾其全力挽救危机,是因为组织的发展是一个长久的事业,不是一个短期个牟利的过程。每个成员都应该与组织的经营者一样具有长远的意识——组织挽救危机的每一个行为,都是为了组织长远的经营与发展,而不是仅仅为眼前利益考虑,组织遭遇的危机是经营发展中可能遇到的必然问题,不是例外,对公众负责、对社会负责,这是一个组织健康发展必须具有的职业品德。组织只有确立长远眼光、长远意识,才有可能战胜危机,在发展中走得更久,否则,面对危机,目光短浅,则必然不堪一击。

(3)组织发展的品牌意识

通过危机的挽救过程,组织恰恰可以教育全体员工更加懂得珍惜组织的品牌,确立牢固的品牌意识。通过危机的洗礼,应该让所有成员认识到:在组织品牌打造的过程中,经历风雨是一种正常现象,只有在这样的过程中,品牌的确立才更显得不易与值得珍惜。品牌的保护是要付出昂贵代价的,任何对品牌的不负责任的行为,都可能导致组织陷于危机之中,而重新赢得公众对品牌的认可,需要组织全体人员以高度的责任心来呵护与争取。由此组织的全体成员才能在心中确立起至高无上的品牌意识。

(二)建立公共关系危机的预警机制

有效地应对公关危机,最好的办法是防患于未然,提前建立对危机的预防措施。危机公关的策划,是公共关系策划类型中唯一事后策划的类型,事后策划的仓促性与被动性是导致危机公关难以周全的重要原因。因而，建立一套预警机制，有效地防范公共关系危机的发生，是一个十分重要与必要的。

建立公共关系危机预警机制至少需要有以下三个系统。

1. 建立环境信息监控系统

对于一个社会组织来说，要将危机控制在萌芽阶段，对组织生存与发展的社会环境应该有一个基本的信息监控。组织应建立起对所处环境的信息监控管理，在任何时候都应该对组织的内在环境与外在环境有一个清晰的了解。因此，组织的公共关系部门要定期开展对所处环境的调查与反馈工作，及时收集组织的内外各种信息，设立信息库，调查、统计分析组织的各方面信息，系统分析可能影响组织生存与发展的多方面因素，将潜在的不利因素及时向组织决策层汇报，提供相应的参考数据，及时引起决策层对可能发生危机的警觉，以便能够提前制定相应的防范措施。

(1)内部重要信息监控

组织公关部对组织内部所有的情况进行信息收集，尤其是对特别容易发生危险的重要职能部门建立定期的信息收集与分析机制，同时对内部员工的各方面情况进行全面的调查，对组织领导者的言行进行必要的了解等。

(2)外部信息监控

组织公共关系人员对与组织有高度依存性的合作伙伴或公众进行信息的调查，随时了解与分析重要公众的基本情况；对与组织有密切关系的公众，建立即时信息反馈制度，消除投诉公众或意见领袖的极端情绪反应；随时了解与组织有合作意向的公众情况，发现新情况及时反馈。

了解社会可能存在的各种危险因素，如自然灾害、恐怖活动、环保事故及其他突发事件等。

2. 建立日常信息沟通系统

在组织内部，应建立一套完整的日常信息沟通机制，信息的发布与反馈保证流畅而及时；在发现问题时，能够在第一时间反馈至组织的决策层，使组织的决策层在最短时间内了解到基层的一些重要变化，以便将计划及时做出调整；同时，也要保证基层人员在信息发布的第一时间收到组织的重要信息，及时做出必要的反馈，激发员工的自觉沟通意识。

组织信息的沟通，重要的不是发布及传达信息，而是反馈信息，组织应尽量建立较少的层级关系，保证信息的快速流动，对于重要的信息，特别是可能具有重大隐患的信息要做到在最短时间里送达到组织的决策层。

内部信息沟通一般有两种渠道。

(1)正式沟通渠道

在一个组织中,正式沟通渠道往往有由上而下的信息传达与由下至上的信息反馈。

①由上而下的信息传达

这在组织中是十分正常的信息沟通方式,主要通过组织的文件、报纸、刊物、网站、广播、电视、领导者实名微博、手机短信、电子邮件等渠道传达。传达的速度快、覆盖面广、效率高,但是大部分情况下效果不好。因为组织中有很多人对正式渠道的信息有一种本能的懈怠或逆反,常常不去认真学习与了解组织的一些重要信息,仅借助于道听途说、他人转述,因而对组织信息的知晓片面与浅显,因而常成为内部危机的温床。

②由下至上的信息反馈

在一个组织中,对正式信息的反馈需要专门人员的收集整理。今天,内部公众对组织正式渠道发出的信息反馈主要有座谈会、员工投诉、领导谈话、手机短信回复、电子邮件回复等渠道。但这些反馈并不是十分充分,有些意见也未必真实,在收集整理信息时要注意甄别与核实。

(2)非正式沟通渠道

也分为两个方面,信息的传播与信息的反馈。

①信息的传播

非正式沟通渠道信息的传播一般范围很小、速度较慢,但效果很好,其主要形式有:领导与员工聊天、部门负责人对个别员工进行政策的解释、领导者实名微博、手机短信回复等。对于一些信息发布部门,如果善于运用非正式沟通渠道进行信息的传播,常会有较高的传播效果。

②信息的反馈

通过非正式渠道获得的信息反馈,虽然意见零散,信息量有限,但真实性高,价值大,对政策的调整与内部公众意见动态的把握有很大帮助,有利于及时发现一些潜在的危险因素,便于组织防患于未然,未雨绸缪。

3.建立危机信息发布系统

组织在日常管理工作中,应该设立危机信息的发布机制,对于任何可能的危机情况及时予以危机预告,并保证危机到来时信息发布的及时与通畅。

危机信息发布系统重点要明确的是:

(1)危机发生的第一时间,组织的新闻发布人员常规反应机制;

(2)如何设置统一的新闻发言人;

(3)一般工作人员在危机发生后应该如何面对新闻媒体的采访;

(4)具体负责新闻稿写作的人员有哪些;

(5)一般的危机新闻稿如何撰写;

(6)如何应对新闻记者的非正式采访;

(7)新闻发布会如何召开等。

在危机信息发布的管理机制下,这些工作均需要事先的演练,人员需要提前培训,员工需要日常的教育,组织的全体人员需要有居安思危的警觉意识与自觉维护组织声誉的公共关系意识。

实施篇

第十章　公共关系活动实施产生的影响

公共关系策划活动完成以后，如果策划方案获得了组织的批准，那么，策划活动就开始进入实施阶段，在正式将公关策划方案付诸实施之前，组织应充分预估和分析公共关系活动的实施带给组织、公众和社会的影响。

第一节　公共关系活动实施对组织的影响

公共关系活动实施不论成功与否，都对组织自身有相当大的影响，因为一个公共关系活动在经过策划过程之后面对公众实施，总是会引起公众对组织看法的改变：成功的公共关系活动带来的是正面的、积极的公众反映，对组织声誉有良好的效应，也会激发组织内部更大的活力，带来连锁推动作用；不成功的公共关系活动，会对组织产生负面、消极的影响，要挽回这一影响则不是一件容易的事情。因此，在公共关系活动实施前要认真分析实施的影响因素。

一、对组织近期工作的影响

在不同的组织里，公共关系工作在组织中的重要程度是不一样的，但是，一个公共关系活动对组织目前工作的影响，却是大致相当的。

(一)公共关系活动的准备期

当公关策划活动已经批准实施，各项准备工作全面铺开之时，组织近期的工作必然受到这次活动的影响，需要进行一定的调整或让步，以协助公共关系活动顺利开展，尤其是大型公共关系活动，如举办年庆，可能提前半年就开始准备，但这样的让步或妥协，仅仅是原来工作日程时间上的推迟或工作节奏的变化，尚不会对组织的其他工作造成较大的冲击，基本上还可使其他工作继续进行。

(二)公共关系活动的进行期

这一时期对组织的其他方面工作可能会造成较大的影响,公关策划人员及实施人员应预先对此有所准备,将某些工作进行必要的调整。这时,组织的各项工作应以配合的姿态,支持公共关系活动的顺利进行,特别是对于大型公共关系活动,更是如此。在公共关系活动开展期间,可能要动用一定的人力、物力、财力,这会使组织的某些正常工作陷入停顿状态或者拖延一些日常工作,但为了保证活动的顺利进行,这样的影响也是正常的。公关策划与实施人员只要事先安排妥当,对组织的全面工作也是不会有太大影响的。

(三)公共关系活动结束后

当公共关系活动如期完成后,组织的各项工作恢复正常,活动对组织的影响,就是这次公共关系活动的效果了。如果这次公关策划活动实施顺利,赢得了良好的社会效益和一定的经济效益,那么,它对组织的各项工作无异会起到巨大的推动作用,会使组织有一个更好的社会环境,组织今后的工作可能会突飞猛进地发展;反之,如果这次活动的实施不够顺利,没有取得应有的效果,甚至带来了一定的副效应,那么,组织的各项工作,特别是与外在发展环境紧密联系的,就可能会出现不该有的障碍,会使组织的生存环境变得不尽如人意。

由此可见,组织公共关系活动的实施对这个组织的近期工作有着重要的影响,公共关系活动的实施必须要尽最大努力保证其顺利进行,活动一旦开始,就应该保证只能成功,不能失败,只能比预料得要好,不能比预料得要差,否则组织的下一步工作就会因之而陷入不顺利的境地。这就对公共关系活动人员,以及上推至公关策划人员有一个高标准、严要求。要让每一个公共关系活动人员清楚,公共关系活动的实施是一场没有失败的战争,只能打胜,不能打输。

二、对组织远期工作的影响

(一)成功实施情况下

在公共关系活动顺利而成功的实施后,总会给目标公众留下永久、深刻的影响,尤其是那些直接受惠者,可能影响的时间会更久一些。这样,第一,造成组织良好的印象在目标公众中得以建立、强化、巩固;第二,为组织的其他各项工作打开了绿色通道,使组织的发展环境更令人满意。对组织的各部门工作成员来说,他们不仅可以借公共关系活动的成功实施而一鼓作气,连创佳绩,而且还可以将这次活动作为重要的宣传资料,向其工作对象进行宣传,影响和感化新的客户或公众,将这种良好的效应不断地扩散出去。

(二)失败实施情况下

如果公共关系活动的实施没有取得应有的效果,甚至于因为活动安排不当而带来了严重的负面影响,那么,它对组织的长远工作也会相应带来负面的影响。首先,会使组织声誉受损,使重要的目标公众对组织产生疑虑和不信任,并连带组织其他方面工作如销售额等下降,严重影响组织各方面工作的进行,而且“好事不出门,恶名传千里”,不好的事情往往比成功的事情被人们记忆更久,事情可能过了许多年,一些公众仍会对组织那次不成功的公共关系实施活动记忆犹新,这会令组织的业务发展受到长久的负面影响。其次,会在组织内部形成令人沮丧的工作氛围,影响内部公众的战斗士气,可能会令组织的工作人员在外部羞于启口承认自己是这一组织的一员,或回避谈及这次公共关系活动,在全体员工的心理上,产生一定的负面压力,事情长时间过去之后,也还会留下一点阴影。

第二节　公共关系活动实施对公众的影响

公共关系活动的实施是直指目标公众的,因而活动对公众的影响是直接的、快速的。公共关系活动的实施,其目的是完成社会组织的公共关系目标,在公众中缔造良好的声誉、营造组织适宜生存发展的社会环境。由此,公共关系活动实施的成功与否,其影响对组织十分重要。

一、实施由浅入深的公共关系目标

公共关系活动的实施是为了通过这次活动,使目标公众对组织的印象由对原来的不知道、不清楚、不了解变为知道、清楚和了解,亦即由原来组织的浅印象,变为活动后的深印象。如果能够实现这一目的,公共关系活动的实施,可以说是成功的。但是,如果通过公共关系活动实施,没有达到加深印象的目的,甚至使原有印象的变得模糊不清,原来对组织情况很清楚的,由于公共关系活动定位不准、实施不佳,反而变得不清楚了,那么,这一公共关系活动实施就可以说是失败了。因此公共关系活动实施要实现的,基本上是一个增进公众对组织了解的工作。在一般情况下,它不会是一个飞跃的过程,而是一个渐进的过程,组织能够通过公共关系活动,使目标公众对组织由浅层了解变为深层认知,这就实现了公共关系活动的圆满实施。

二、实现由坏而好的公共关系目标

这一方面主要针对危机型公共关系活动。当组织陷入突发的不测灾难时，成功的公共关系活动实施要针对目标公众，把对组织的不实之词推翻，把组织的失误主动展示出来，赢得目标公众的了解或谅解，努力转变目标公众对组织的不良看法，重塑组织形象。这一工作难度大，对公共关系活动的实施要求也高，如果能够经过努力实现这一目标，就是组织最期望的。但是，最不希望看到的是，组织良好的形象因为不当的公共关系活动实施，变成了不好的印象。这也是有发生可能的，组织公关策划与实施人员必须防患于未然，杜绝这类事情的发生，努力做好公共关系活动实施，把组织形象由不好变好，由好变得更好。

第三节　公关活动实施对社会的影响

组织的公共关系活动，在实施中不可能脱离社会现实，它必然对活动所涉及的区域产生一定的影响，影响的深浅与公共关系活动实施的效果有密切的联系，这些影响的累计有时会对社会造成深远的影响。

一、对社会精神领域的影响

一个组织的公共关系活动，是一种信息的传输，是组织以自己的观念来影响公众看法的宣传活动，因而说到底，这一活动的实施，主要是在精神领域。表面看来，一个组织的公共关系活动实施，仅仅是一次影响有限人群的传播沟通活动。但是，当许多组织都在如法炮制，在用比较近似的理念来感化公众的话，公众精神领域的看法就不能不有所触动，甚而发生重大改变，直至革命性的变革。例如，瑞典的爱立信公司最早发起对西藏可可西里自然保护区的保护资助，结果国内很多大公司纷纷跟进，在很短时间内就使可可西里地区的生态环境发生了根本性的改变，也影响到整个西藏对自然生态的大力保护，并激发更多国内外公司对各地自然生态的资助保护意识，结合各地政府和教育部门对生态保护的大力倡导与宣传，我国近年的生态环境因此发生了巨大的变化。有人认为这是时代的自然进步，思想的与时俱进，实际上，不应该忽视其中商业的力量，正是越来越多企业主动地将目光转向公益，以公共关系的手法增进公众对自身的了解，才使我们的社会变得更加和谐、更加平安。

公共关系活动的实施要求组织讲求应有的社会道德和社会责任，不能仅仅从组织的功利角度出发为组织利益服务。在面对组织公共关系宣传的浪潮中，公众往往是被动的、无力的或最初是无戒备的，而组织是主动的、有明确目的并能预见后果的，因此，公共关系活动实施必须要顾及社会后果，审慎考察活动实施可能带给某些群体的负面影响，或者对社会未来发展产生的不良后果，因此，公关策划人员和公关实施人员必须拥有高度的社会道德观、民族责任感。在传播新信息中，传播内容是健康的、有益的、负责任的，如此才符合公共关系精神。

二、对社会物质领域的影响

人们的物质生活必然是在精神观念的指导下进行的。因此公共关系活动的实施，很自然地就会影响到社会的物质生活领域。公共关系活动的成功实施，在充分实现社会效益的同时，也在实现着组织的经济效益。而经济效益的实现必然是组织传输观念对公众物质消费的影响结果，这样的活动不断累计，公众在不知不觉中逐渐形成了组织所期望出现的消费模式、消费格调、消费倾向甚至偏好，进而影响社会物质生活的发展向某些方面偏倾。如一些出国留学的中介公司，每一年在高考后都会组织大规模的留学宣传活动，刺激收入状况较好的家庭送孩子出国就读，很多家长受此影响，纷纷送孩子到国外读书，没有几年就形成了小留学潮。当然，激发公众对物质生活的某种追求，可以带动组织(尤指企业)更快地发展，但是，如果组织通过公共关系活动引导公众追求自身物质生活享受，轻视对家庭成员(特别是孩子)的精神投入；追求奢华与显摆，轻视简朴生活习惯；追求即时消费，忽视节约和积累，则最终可能对社会的文化生活、文明进步或者对未成年人的成长带来一些不良影响。

公共关系活动的实施，在物质领域的倾向性要有更长远、更负责任的考虑，不能仅仅短视地为组织眼前的经济利益所左右。当组织的公共关系活动实施在物质的观念与行为引导上，顾及人类、国家、民族的未来利益时，这不仅不会耗减组织多少经济上的收益，反而会赢得社会更多目标公众及其他公众的心理认可，组织会有更长远、丰厚的利益回报。

第十一章　公共关系活动实施过程

再完美的公关策划方案，也不等于成功的公共关系活动实施，活动的策划与活动的实施是不同的两个概念，纸上谈兵与实战推进毕竟有着清晰的差别。在公共关系活动实施中，要安排好实施步骤，把握实施原则，也要防范突发事件。

第一节　公共关系活动实施原则

公共关系策划方案的实施是一项复杂的工作，在实施过程中，要遵循一些基本原则，否则难以保证公共关系活动的顺利完成。

一、有序原则

一些大型的公关策划活动，内容烦杂、活动多样，实际工作进行起来千头万绪，极易陷入杂乱无章的境地。因此，公关活动的实施要讲究有序原则，即事情的安排，应有秩序、有步骤地进行，按照公关策划方案的安排和实际事情的进展，按部就班，不能胡子眉毛一把抓，见什么、做什么，一件未完，又操起另一件事情。在重大活动中，人多事杂，要求公共关系活动实施人员具有高度的组织性、纪律性，服从命令听指挥，每个人把自己的事情做对、做好。要进行合理分工、相互有序衔接，做好一件事，再做下一件事，全局一盘棋，如此，才能把各方面的工作完成好。

二、计划性与灵活性统一原则

计划的周全性永远赶不上实际情况的变化性，在按照公关策划方案予以实施时，实施人员要把握计划性与灵活性统一的原则。既要按照计划认真贯彻实施，又要善于根据实际情况灵活处理；同时，既不能呆板地按照计划生硬执行，也不能随意改动计划，擅自另行一套。公关策划方案在制定时，已经充分考虑了实际情况，完全允许在实施中根据情况予以灵活应变。但是，无论怎样，都必须以计划为主，在主体内容上不能有大的变动，否则影响整个公关策划方案，同时，以灵活性为次，在具体环节的执行上，可以根据情况，进行调整。调整的情况，必须向公共关系活动实施领导组汇报，以便相机把握其他环节的实施情况。实施工作既要有序，又要尊重实际、随机变化，既要把握原定方案，又不拘泥方案，适时灵活处理。如能这样，大型、复杂的公共关系活动的实施，才能处在动态有序和计划之中。

三、核算原则

公共关系活动策划方案的实施，是按照事先经费预算来开支的，但实际情况可能由于预算偏少，而使实际经费的使用大大超出预算。因此，在实施公共关系活动时，有必要强调核算原则。这一原则要求：在实施过程中，每一笔大的开支，均应进行合理的核算，不乱花一分钱，在必要的情况下，引入审计机制，减少财务漏洞的出现，杜绝以公营私、损公肥私的现象。在实际工作中，有一种误解认为，大型公共关系活动精打细算被认为是小气的事情；大手大脚，一掷千金被看成潇洒、时髦的做派。俯拾即是的浪费现实被人们熟视无睹，结果，活动不出现浪费反成怪异，预算不超支成了稀而少之的事情。在大型公共关系活动中，金额开支往往比较巨大，因此，其中的水分和漏洞是难以避免的。在活动实施中，要努力贯彻核算原则，减少浪费现象，节约不必要的开支，杜绝吃回扣、发公财的现象，更有益的是，清廉的做事风范，可以使公共关系活动的实施有更高质量、更好的效益，在目标公众中赢得好的口碑。

四、效率原则

公共关系活动实施必须引入效率原则，从效率中出效益。效率是单位时间里的劳动产出。公共关系活动是特定时间的重大活动，不能有可替代或随意拖延的可能性，活动举行往往讲求时间的准确性、工作的快捷性、处理问题的整肃性等，亦即全体实施人员的高度效率性。效率原则是对懒惰的批判。人类天性均有懒惰的一面，如果不加以督促和压力，则做事情的效率就会大大降低。面对大型或日常公共关系活动，要在许多目标公众面前，展示组织的形象，如果办事效率高，在短时间里做有效、有意义的事情，会因此而获得公众的赞誉。反之，如果办事效率低下，作风拖沓，安排好的时间随意拖延，说了不算，算了不说，有事的时候，互相踢皮球，推诿责任；无事的时候，闲逛游荡，不坚守岗位，遇有紧急事情处理，不慌不忙，轻描淡写，显示组织的管理稀松，最终结果只会使目标公众望而却步，敬而远之，就算公共关系活动策划方案再精彩，无效率的实施工作也会葬送掉公关策划人员的心血。

五、广泛性原则

指在实施公关策划方案时，组织要通过各种媒体，通知尽可能多的公众参与，在活动中努力营造公众参与的氛围，让更多的公众走进组织、了解组织。公共关系活动的实施除了危机公关之外，均是讲究现场性的活动，在公开场合，应该欢迎更多的公众去参与，参与的人多，说明活动具有一定的社会意义，也就有可能使公共关系活动实施成功；反之，如果活动中参加的公众寥寥无几，只有远远的几个看热闹的，组织只是自娱自乐，那么活动实施的失败是注定的。因此，公共关系活动的实施其难度亦在此。成功的公共关系活动实施工作，要吸纳尽可能多的目标公众参加组织的活动。目标公众在与组织共娱共乐之中，能对组织产生了解的欲望，并通过接触，加深对组织的印象，与组织建立起永久性的联系，实现组织的公共关系活动目标。

六、充足性原则

这里主要指公共关系活动一些设施配备问题。如记者招待会的桌椅应充足、餐厅的座位要配备充足，赠送的礼品要数量足够，讲话的话筒不能欠缺，还有用水、用电及使用其他一些相关的工具、设施，均应配全配足，在这方面千万不能准备不足。有时一点小的欠缺或不足，就可能引起许多目标公众的不满，也会影响公共关系活动实施的正常进行以及活动效果，给目标公众留下不良的印象。同时在活动实施中，物资或设施的配备常会因实施者的经验不足而发生欠缺。所以，活动实施人员在这方面必须贯彻充足性原则，提前把物资配全备足，将事情安排得宽裕一些，留有一定的机动数量，避免出现捉襟见肘的情况，这在预算时，就要充分考虑到。

从另一方面来说，实施人员也要对物资设备予以良好管理：发放礼品、领取设备或工具均按计划进行，有章可循，有备可查，不要让目标公众接受礼品或馈赠时显得不太在乎，很随意；同时对组织自身人员也要予以适当管理，对可再使用的设施要注意回收、保管、登记、注册，物物做到心中有数、件件都要记录在册。这样，在公共关系活动实施结束时，不至于形成“胜利大逃亡”式的狼藉景象，能够物归原主，物资有序整理，归仓入库，遵规循章，以备下次活动时再用。如此，也为内部公众和外部目标公众留下整洁廉明的印象。

第二节　公关活动实施步骤

如上所述,公共关系活动的策划方案有较宽的范围,既有日常型、喜庆型,还有公益型、展会型及危机型等。每一类型的公共关系活动策划方案,具体的步骤都有不同。不过,从一般情况来看,活动实施中普遍都具备如下这些内容。

一、设立领导组或指定负责人

不论是大型的公共关系活动,还是一般日常的小型公共关系活动,在进入具体实施时,首先需要解决的问题,恐怕就是确立领导机构。每一项公共关系活动,不论大小都必须要有专门领导来负责。大型活动需要成立领导组,从最高决策层、到公关策划人员、再到相关部门的管理人员,均要参与进来,以便调动需要的人、财、物;小型活动则要指定专门的负责人,如公关部部长等来具体负责。只有如此,才能保证公共关系活动有条不紊、按部就班地进行,得力的领导班子是公共关系活动成功实施的前提。

二、落实专项经费

几乎没有一项公共关系活动的实施不需要经费,而经费问题往往也是比较敏感的问题,对于大型活动来说,专项经费如果落实不了,则活动的实施就成了一句空话。而对于公益型公关策划活动的实施,经费更成为活动的中心内容,经费的到位,就是活动的圆满实施。因此,在活动实施之前,必须先将经费问题落实。对于大型的公共关系活动来说,组织在实施工作中,要始终对组织的财务状况有清醒的认识,并有通畅的调动资金的渠道。

三、进行人员培训与安排

在实施公关策划方案时,要先行对实施人员进行培训。培训的内容包括:对这次活动意义的认识、要求、具体的工作规模等。公共关系活动实施的质量如何,直接依赖于人员培训的情况。人员培训不好,则队伍稀松懒散,公共关系活动实施的效果就可想而知;如果培训后的队伍纪律严、令行禁止,就能充分体现社会组织的整体风貌,代表了组织良好的形象,基本保证了公共关系活动的成功实施。所以,队伍的培训十分重要。培训结束后,就要对实施人员进行工作安排,并告知专门岗位的规范要求。在公共关系方案的实施中,一般要求实施人员进行统一标准、完全规范地执行任务,不能个性化或随意性。要让所有实施人员给目标公众以统一和一致的印象,从中体现出组织高度的组织化和纪律性,保证公共关系活动方案的成功实施。

四、公共关系活动的预演和展示

每一个公共关系活动策划方案都有具体的活动内容,如喜庆型公共关系活动的节目、公益型公共关系活动的仪式,甚至日常型公共关系活动如领导者个人形象设计等,因而,在公共关系活动实施时,需要进行事先的预演。有些国家级、要求档次很高的活动,对演练会达到苛刻的地步,如国家领导者来访等,礼宾服务要求会极为精细。预演对于成功举行公共关系活动十分必要,预演过程的管理,是公共关系活动内容的组成部分,通过预演既获得了展示活动时的经验,又强化了活动参加者的印象,并能及时对方案中的一些不周全地方进行调整和完善。预演的规模和次数根据活动策划方案的复杂程度而定。有一点可以肯定,预演进行得越成功,实地表演的成功率就越高。

预演之后是真正的活动展示,这与预演有着很大的不同。在众目睽睽之下,面对许多领导、来宾、记者等,公共关系活动的实施者,尤其是实施的指挥者,需要具备良好的心理素质,娴熟的指挥应变能力,镇定自若的调度、协调手法,保证使公共关系活动方案如期实行。在这方面,既需要经验积累,也需要反复的磨炼。只有活动方案的成功实施,才能追求公共关系活动的高质量水平。

五、指派专人与新闻媒体联络

新闻媒体方面的问题在前述诸章中,均进行过不同角度的论述,在公共关系活动策划方案实施时,新闻媒体自然要给以格外关注。对于要邀请的新闻媒体,组织必须指派专人进行联络,必要时安排接送,保证高效率地将这件事情做好。在公共关系活动中,新闻发布会、媒体开放日等已经成为组织基本活动内容,所以,对新闻媒体的安排必须十分重视,新闻媒体毕竟是组织重要的目标公众,在公共关系活动的实施中,媒体的对外宣传发挥着重要的功能,指派专人去联络他们,更能照顾、安排好媒介公众的特殊要求,创造更方便的条件让他们对组织的公共关系活动进行全面报道,使活动的实施完成得更好。

六、准备必要的设施

在进行较大型和重要的公共关系活动时，设施的安排和配备是不可或缺的。需要的设施主要有会场布置的设备、会议资料、展览的设施等。

(一)会场布置

布置一个会场需要搭设舞台或讲台、标语、灯光、幕布或大屏幕、桌椅、场内装饰物、指示标牌、音响设备、话筒、投影仪或幻灯机等，同时还要讲究布置风格、氛围等。在现在这已经不是一个专业的技术工人可以完成的了，它更需要高级的专家来统一设计和安排。

(二)会议资料

在各种公共关系活动中，会议需要的资料包括新闻稿件、宣传活页、讲话稿、资料介绍、海报及一些相关资料等，在活动举行之前，这些内容需要准备充分并分类装袋，不能有差错。在活动进行中，宣传资料的发放要讲究方式方法，努力提高宣传的质量，并保持场内的清洁卫生。要格外注意会议资料不要掺杂太多广告活页资料，令出席活动的嘉宾感到商业味道浓厚。

(三)展品的布置

在很多公共关系活动中，都可能有一些展览活动，实物展览可以生动地说明组织的情况，给公众一个切实的影响，而展会型的公共关系活动更把商品或纪念价值的物品进行展览，因此展览的布置可能需要较长时间，并要求有专门的场地、展板、图片、文字说明、实物陈列装置等，每一个细节都应该考虑到，如此才能完成策划方案的要求。

(四)礼物的准备

公共关系活动往往少不了礼物，尤其是大型的公共关系活动。礼物不需要贵重，但一定要有纪念意义，礼物的事先设计十分重要，同时，备足礼物是要格外注意的。在活动开始前，要充分估计来宾数量，保证礼物的完好无损和人手一个，万不可发生礼物欠缺的笑话，否则会为公共关系活动实施增加不和谐的因素。

第三节　防范突发事件

在公共关系活动实施中，各种各样的情况均会发生，尤其是一些较大的突发事件，应当格外注意防范。

一、在准备工作中

在公共关系活动的实施进入准备阶段时，主要涉及三个方面内容，即人员、设施和舆论营造。

（一）人员准备

对人员来说，首先要进行各方面的准备工作，安排参加活动的团队、负责人、需要的服装、物质补给，还要予以各种培训。在准备工作中，人员可能会发生缺席、生病或意外伤害等，也会发生负责人更换等人事变动；在公关策划方案上，也可能会及时发现一些考虑不周全的工作，需要做大的调整等等，这些问题，在实施中难免会发生。人员上的意外事件，组织的负责公共关系活动实施的领导者要尽量提前预防。人员短缺，要及时予以调换，对安全问题及时提醒注意，出现问题，以积极的态度进行救治，保证准备工作的顺利进行。对于准备期的领导者事变动，也要服从安排，从大局出发，一切为了公共关系活动的实施。

（二）设施准备

在另一方面，公共关系活动需要的设施，也要相应准备、配齐。在这一过程中，防止出现引入假冒伪劣设施，因而埋伏下活动正式开始后可能发生的隐患。设施的安装、调试也要有序进行，避免在这方面发生不应有的事故。在购买、运输一些必需的物资方面，要谨慎小心，杜绝事故的发生。总之，不论是在人员上，还是设施上，公共关系实施人员既要积极防范各种意外的发生，又要对发生的意外事件进行全力救护，避免事态扩大，以保证公关策划方案的顺利执行。

（三）舆论准备

在舆论方面，要预先进行一定的造势活动，但格外需要防范的是不利舆论的出现或重大活动信息的泄露。某些情况下，即将举行的重大公共关系活动，如周年庆典、大型营销传播活动等，被意外的负面消息所冲击，导致出现被动情况，容易出现负面消息的主要有:领导者个人生活的传言、产品质量问题、个别员工服务态度问题等等。对此,组织必须予以高度重视,在最短时间内把负面消息处理好。既不要大张旗鼓地高调宣传组织的纯洁或无辜,以免冲淡即将进行的公共关系活动,又要找到信息来源,掐断源头的影响,让不实之辞慢慢淡出人们的视线。另一方面,重大活动最怕事先泄露消息,造成活动开始时的被动,甚至严重影响活动的效果。在今天传媒发达的环境下,任何人都可能成为新闻发布机构,互联网与手机微信等正将信息以难以令人相信的速度的扩散,一些精心策划的活动如果被提前释放或招致有意恶搞,则后果不堪设想。

二、在实施工作中

公共关系活动的实施比较复杂,尤其是大型活动。对于某些可能发生的意外事件,要提前有所准备,避免临时措手不及。

(一)在活动实施的时间上

正式活动的举行,均要求准点准时开始,不得拖延。在这个问题上,难免会发生意外事件:堵车或车祸使主要领导者不能及时到场,有些重要事宜没有准备好,突发气象情况、参与人员突发意外,等,在这些情况下,实施人员要以灵活性为主,随机应变,或推迟,或准时举行,但有一点,不论发生何事,实施者均要沉着冷静、从容应对,不要自乱阵脚。

(二)在活动实施的地点上

这里主要指会场或会议室,也会有意外事件的干扰。如,破坏者或示威者的闯入,沙尘暴的袭击,会场布置上的失误,会议室的某些设施发生意外,等。为防范这些意外的发生,实施者要做好以下几方面工作。

1.会议室或会场要有基本的保安队伍,维持会场秩序;

2.对天气情况要做好事先的预防和准备;

3.在正式活动开始前,要对活动实施的地点进行仔细的检修,保证万无一失;

4.对会议所在场所里预先检查各项设施,排除安全隐患;

5.对户外会议场所的容纳量予以充分估计,遵守国家或当地市容管理的各项法律和规章制度;

6.备有机动的会场,以便进行必要的调整等。

(三)在实施人员上

对公共关系活动的实施,工作人员在其中起着重要作用,因此要对实施人员可能发生的突发事件进行防范。

1. 实施人员既要身体健壮、训练有素，又要意志坚定、吃苦耐劳，能够坚持职守，抵御艰苦的实施工作，不因身体方面原因发生意外，特别是在应对危机事件时，需要特别能战斗、特别有耐心的队伍来挽救危机于水火；

2. 实施人员要注意安全，并全力维护好目标公众的安全，不允许在实施活动中发生任何不安全、不愉快的事情，对于大型活动人员密集的情况，实施人员都要把整体环境安全工作放在首位。

(四)在实施设施上

对于大型活动的实施，最担心的是设备的突然坏损，以及一些组织不可抗因素的影响，如停电、停水、停气、交通管制等。为此组织必须事先有所考虑。

1. 准备重要设施的充足备件，以应付万一；

2. 准备必要的可替代设施，以备不时之需时能够完成公共关系活动的实施；

3. 在有条件的情况下，与某些主管部门(如电力局、供水公司、煤气公司、公安局等)联络，请求予以支持。

(五)在公众方面

重在防范公众参与活动的安全性，保证各种安全疏散通道的畅通；特别要高度关注网络环境的安全，不要让流言或谣言扰动人心，造成公众不必要的恐慌，对于公众参与度高的活动，要安排专门人员进行导引与指导，既要防范恐怖暴力分子进行破坏，更要关照整体活动的顺利进行。对老人、孩子要优先保护，并准备充足的饮食、座位等相关设施，在公共关系活动无安全隐患的基础上，追求公众的满意度。

三、结束工作中

公共关系活动的实施追求的是善始善终，在活动结束工作中，仍然要防范某些意外的发生。

1. 在整理会场时，注意轻拿轻放，不可野蛮装卸，保证物资完好；

2. 对滞留现场的公众，要配合公安交通部门，保证其通行顺畅，让其平安离开；

3. 实施人员要注意自身安全、交通安全，保证全体人员安全撤离实施现场。

第十二章　影响公共关系活动实施的因素

在公共关系活动的实施过程中,来自影响活动实施效果的因素始终在发生着作用,归纳起来,主要有两个大的方面:一个是内部因素,一个是外部因素。

第一节　内部因素

完成公共关系策划方案,主要依靠的是内部工作人员,内部实施人员的整体素质如何,直接决定着公共关系活动方案的实施质量。公共关系活动实施的内部因素主要包括观念、态度、自制力、团队士气和行动。

一、观念

公共关系活动实施人员的观念问题是影响组织公共关系活动成功实施情况的深层次因素。每一个现实中的人,均在其成长过程中受到周围环境和特定社会氛围的长期作用,从而逐渐形成了对社会、对他人、对自身的世界观、价值观和人生观。观念是左右一个人行为的重要因素,不同观念的人对事物的看法不同,行事的方式也就不同。观念往往分为新观念和旧观念,或开放的观念与封闭的观念。观念一旦形成,不易快速改变,但某些事物的刺激,可以加速观念的转变。在开展公共关系活动的组织中,实施公关策划方案的人员可以有各种不同的观念,但在实施活动的进行中,组织实施者却要求实施人员有着相近似的观念和看法,因为观念的差异,会带来了对策划主题理解的差异,会直接影响对目标公众开展活动的工作质量差异。因此公共关系活动实施的领导者,要先行对实施人员进行观念上的教育培训,对某些不符合活动理念的旧的观念要进行批评和及时管理,让努力保证全体实施人员在这方面有一个基本一致的看法,以便在实施工作中具备一致的行动反应。

二、态度

态度是人的心理倾向性。从内在来说,它是人对外界事物的看法。每一个人的行事,均有一个心理的倾向。各人态度的不一,会带来不同的行事效果。态度具有较强的随机性,随人的心态和某些事情的影响而变化,态度的持久性很难保持。态度的大起大落,往往是人心情的反映。态度多区分为善意和恶意,亦可分为积极和消极。对于公共关系实施人员来说,态度的表现十分重要,实施人员善意的态度,可以化解目标公众心中的烦闷,令其转忧为喜;恶劣的态度可能会让目标公众乘兴而来,败兴而去,对组织产生永久性的不良印象。因此不论公关策划方案如何安排,具体的执行人员——公共关系活动的实施者,发挥着直接的作用,他们的态度状况,会强化或转化着目标公众对组织的态度,因此,对实施人员工作态度的要求丝毫不可松懈。

实施活动的领导者对实施人员应有较高的态度要求,绝对不允许实施人员在公共关系活动实施期间,以恶劣和消极的态度来对待目标公众。因为目标公众对组织印象的好坏,大多数情况下是从实施人员的态度上得出的。所谓"听其言,观其行":听的是组织的宣传承诺,观的往往是实施人员的态度表现。态度的表现是比较细腻的,有时尽管工作人员没有一句话是服务忌语,却会让目标公众心寒齿冷。实施人员的一个眼神、一个表情、一举手、一抬足,都会将组织精心策划的公共关系活动效果击个粉碎;同样,实施人员的一个微笑、一声赞赏、一个道谢、一声告别也能及时弥补策划方案的一些不足,让目标公众如沐春风、暖意融融、印象深刻,所以有必要在公共关系活动实施之前,对实施人员进行态度培训。每个实施人员应该在正确观念的指导下,坚持始终以善意和积极的态度对待目标公众,而做到这一点则需要正确观念的指导和坚强的意志力。

三、自制力

在一般的情况下自制力是指自我控制能力,是个人意志力的表现,实施人员自制力的强与弱也是影响组织公共关系活动实施状态的一个因素。

每一个人都有自制力,但自制力的强与弱却因人而异。意志力强的人,自我控制能力强,可以在一段时间里保持饱满的工作状态;意志力薄弱的人,自制力自然就弱,在工作中就会萎靡不振、拖沓随意。公共关系活动开始后,实施人员面对的是形形色色的公众,这些公众有着各自的性格脾气和不同的文化修养。在语言和行为上,难免与实施人员有冲撞,对此,自制力强的实施人员就能和颜悦色、对答如流,态度上不受其影响,工作中满腔热情。但自制力弱的实施人员,则容易怒发冲冠、怒形于色,即使不发火,也会恶言相向,将心中不快转嫁到其他目标公众身上。这会严重影响公共关系活动策划方案的实施。从另一方面来说，在公共关系活动实施中，由于组织内部活动安排上的欠缺，或大型活动所具有的复杂情况，会增加实施人员的工作难度或劳动强度，这样，自制力强的实施人员能毫无怨言，始终如一，以高质量的工作水平将活动完成好。但是，自制力弱的实施人员就会过早显出倦色，口出怨言，态度和行动均会大打折扣，甚至说出或干出有损组织形象的事情。因此公共关系活动实施的领导者，在选拔实施人员时，要留心注意其自制力的素养，尽量选择自制力比较强的人员。因为勤能补拙，但是自制力的培养却是早期教育的结果与长期形成的习惯养成，很难在短时间补上。因此，组织要精选那些能吃苦、勤奋、有坚定意志能力的人来充当公共关系活动的实施者，以便保证公共关系活动实施的质量。

四、士气

这是社会组织在实施公共关系活动时应具有的团队精神。人的情绪是可以感染的。高昂的士气可以影响组织中的每一个人，使所有的实施人员团结一心、互相配合、不计个人得失、勇于奉献，最终以令目标公众赞赏的团队精神，赢得组织良好的声誉。反之，组织内部由于管理不善，弥漫着消极、沮丧的气氛，面和心不合、流言盛行、互相拆台、各怀心事，则公共关系活动的实施就会与公关策划方案成了两码事——完全变了味。则这样的实施队伍就可能成了“成事不足，败事有余”的破坏者。但造成士气的低落，绝不能埋怨公共关系活动的具体的实施者，主要的责任应该在领导者身上。只有领导者身先士卒、体恤下情、全力以赴、事必躬亲，才可以带出一支打不烂、摧不垮的钢铁工作队伍——他们能以高昂的工作热情、真诚的协作精神、负责的敬业态度、坚定的耐劳意志把实施工作完成好。在面对公众开展公共关系活动时，要让目标公众看来，实施人员团结得就像一个人一样，全体实施人员要以良好的状态在公众心中构筑起坚定的信任感，并凝聚成对组织持久的声誉看法。

五、行为

在上述诸种影响公共关系活动实施的因素中，最直接的体现就是行为，即公共关系活动实施人员在完成工作时的表现。行为是一个人内在观念、主观态度、自制力控制和团队士气的集中体现。在公众面前，实施人员行为的表现主要分为负责任和不负责任两大方面。负责任的行为，是因为公共关系实施人员有明确的组织形象意识、积极的工作态度、较为坚定的自制力，以及整个团队的高昂士气，这使他们能够毫无顾虑地将应有的责任承担起来，工作认真负责，态度亲切和善。而对敢于承担责任、勇于负责任的实施人员,组织理所当然应对他们进行鼓励、支持;不负责任的行为表现为公共关系实施人员无组织形象意识、工作态度消极、缺乏足够的自制力、组织内部管理松懈、士气低落等,这些源自于组织对于负责任的行为没有应有的制度保障而造成的。组织如果不能对勇于承担责任的人给予足够的支持和制度保证,则组织的实施人员就只能产生不负责任的行为,这对一个组织的声誉来说,是致命的打击。

从社会道德角度来讲,每一个人(18 岁之后)都应该为自己的行为承担应有的责任,每一个社会组织也要对其行为承担应有的社会责任。我国社会由于长期缺乏法制管理,人们的深刻观念中没有明确的责任意识。一些人的道德观念中,把逃避责任、推卸责任作为智慧的经验;把勇于担当责任、主动负起责任的行为看成是愚蠢的事情。这导致了经济生活中不负责任的行为随处可见,最终的受害者是这个社会、这个国家及国家的公众,这使得我国的整体国家声誉受到侵害。如这些年来,中国游客每年有近亿人去国外旅游,个别游客的不文明行为对这个国家形象造成了恶劣影响。

小而言之,对于一个社会组织来说,在公共关系活动的实施中,绝不能容许实施人员做出不负责任的行为。组织在制度建设上,要有鲜明的社会责任意识,对每个实施人员的负责任行为应给以鼓励、支持和制度保障,促使每个工作人员在公共关系活动的表现上都要对广大公众负责任。同时,要以必要的责任制度对不负责任的实施人员给以应有的制约与惩罚,杜绝不良行为的存在或产生,对整个社会、对目标公众应树起一个负责任的深刻意识,让目标公众产生对组织的真诚信任和永久支持。组织的实施领导者要从小处着手、防微杜渐,要求每个实施人员以规范、良好的行为对待社会公众,将公共关系策划方案的实施不折不扣地贯彻下去。

第二节　外部因素

与影响公共关系活动实施的内部因素相对的是活动实施的外部因素,主要是公共关系对象公众的因素。在社会组织开展公共关系活动时,公众的反应是实施人员极为关注的。他们的文化、风俗、观念、心理及个性特征,都会使组织认真思考,以恰当的方式来实施公共关系活动。

一、文化

组织公共关系活动策划方案的设计，总是透射着文化的内涵，策划方案实施时，这一文化的内涵必须与目标公众的文化影响相一致。

文化是一个区域的人们历经长期交融逐渐形成的一种精神信仰、价值观念和道德标准等，文化对人们的影响极为深刻。文化一旦形成，就具有了非常稳定的状态，尊重和顺应文化比试图去改变文化要容易得多。因此公共关系活动实施人员，在开展公共关系活动时，首先要尊重公众所遵从的文化，顺应和融合公众的文化特性，使公众在自然、平和中接受组织公共关系活动的影响。特别是公共关系活动的主题内容应符合公众的文化精神，不能试图去反抗或冲击公众所依从的文化思想，否则公共关系活动的主旨就难以成立，公共关系活动的实施就会令公众拒绝。

在公共关系活动策划和实施中，活动内容的文化意义应该是明确的，是与目标公众一致的，是主流性的，即活动所体现的文化应是公众所尊崇的文化中积极的、健康的、具有推动社会文明向前发展的意义，绝不能试图迎合某些公众中的文化糟粕，即低级的、腐朽的、不健康的。如在今天，很多组织（尤其是企业）常在公共关系公益活动中，把先进的理念或消费习惯嵌入到活动的主题中，这一主题如果有利于社会进步与文明的普及，则会赢得公众、包括媒体的赞赏和响应，如果有悖于当地文化和道德，则会遭到社会的抵制。因此，一个成功的公共关系实施活动，从本质意义来说，一定是有利于社会主义精神文明建设的，是与这个社会所倡导的价值观念、文化内核相一致的。这是公共关系活动实施人员应明确把握的。

二、风俗

风俗常与习惯在一起，具有鲜明的民族性和地域性，不同的民族有不同的风俗，不同的地域也有不同的风俗习惯。

公共关系活动讲究入乡随俗。在公共关系大型活动策划中，常有利用民族节日、节气、风俗习惯而举行公共关系庆典活动的事例。因此，在实施公关策划方案时，必须充分尊重当地公众的风俗习惯，并能够主动、巧妙地与这些风俗习惯相结合。实际上，尊重这些风俗习惯就是尊重目标公众。不论这些风俗习惯有哪些不合理、不能让人接受的东西，但如果想试图无视或忽视这些风俗习惯，则是自取其辱的事情。尤其是对于具有宗教色彩的风俗，更要小心对待、慎重处理，切不可不了解当地风俗，贸然出击，自以为创意精彩、策划周密。而实际上，对宗教风俗的任何一点违逆，都会迅即引起所有目标公众的强烈反感，导致活动全盘皆失。因此，在公共关系活动实施中，对风俗的尊重和巧妙利用都要认真对待，不能对这一问题轻视和随意化，特别是利用风俗习惯，不能让目标公众看出明显的功利性，因为，目标公众中深层而神圣的文化情感是不容玷污的，如遭商业利用或轻视，他们会立即弃组织而去的。

风俗习惯也是民族归属感的重要体现，因此组织在公共关系活动中，要带着对民族风俗的尊重情感而主动弘扬，要通过活动让传承风俗习惯的老年人得到人们的敬仰，让年轻人回归乡俗、了解风俗，感悟民族历史，尊崇本民族的辉煌业绩，要努力把公共关系活动变成为一种焕发人们心中民族情结的文化沟通活动，那么，公共关系活动不成功也难。

三、观念

观念既是影响组织实施人员开展公关活动的因素，也是左右目标公众看法和行为的重要内容。观念很多时候是目标公众文化与风俗的外化，只不过观念更外显和不稳定一些。

如前所述，观念是可以改变的。组织的实施人员可以通过一定的教育培训，将封闭落后的观念改变得开放和先进一些，但是，目标公众的观念却是不易改变的。如果组织试图通过实施公关策划活动，让目标公众按照组织所期望的观念去接受组织的公关宣传，则往往是以卵击石、事倍功半。

在公关活动实施中，组织更多的是要俯就目标公众的观念状况，采取目标公众观念允许的一些做法和活动形式来影响目标公众，尽量避免活动实施的主旨及形式与目标公众现有的观念发生冲突。从原则上讲，公关策划活动的主题内容，应该尽量不超前于目标公众的观念，这样便于目标公众的接受，利于推行公关策划方案。目标公众观念的改变靠的是社会发展的大趋势，是时间的冲击，而不是一两次公关活动实施。

四、心理

每个人在任何时候均有着一定的心理反应，心理反应受观念和周边事物的多种影响。心理的变化是敏感、微妙且快速的，捕捉人的心理是一件复杂和困难的事情。

在公共关系活动的实施中，实施人员期望营造一个诚信、友善的公共关系宣传氛围，使目标公众的心理处于一个开放、接纳、信任的心理状态中。心理的反应是可以通过人的面部表情、口头语言和身体姿态反映出来的。公共关系实施人员要善于发现和捕捉目标公众的心理变化，引导目标公众了解组织、信任组织。有时，目标公众的心理反应比较隐秘，则公共关系活动的实施人员必须耐心启发、细心发现，找准公众的心理状态，以便有的放矢地开展沟通活动，将公共关系活动的实施内容有效地贯彻下去。

在目标公众的心理反应中，心理定式对公共关系活动的实施会造成较大障碍。面对某些公众或竞争对手的流言、造谣及猜测，先入为主的心理定式会严重阻碍公共关系活动的实施。特别是一条看似不经意的网络流言，会对一个精心制作的公共关系活动造成毁灭性的冲击，而面对毫无表情的公众状态，实施人员有时会显得手足无措。因而，实施人员在开展活动时，要先了解目标公众的心理状态，“让他们说出来”，让公众的心理的反应展示出来，这样，实施人员才能根据目标公众的心理情况，开展针对性的公共关系工作，实施工作才能有效。

五、个性

个性特征每个人均有，它是人特有的行事方式。尽管人的个性千差万别，但是个性的倾向性还是有规律可循的。

随着社会的发展、科技的进步，大众传播媒介、个人传播媒介无孔不入，追求个性特征成为这个社会的时尚。但是，这个时代又是一个淹没个性的时代，在大众舆论的引导下，某一种个性模式，常成为众多人群争相仿效的例子，仿效的结果是每个人都如一个模子里出来的，而身在其中的人，却往往还不曾领悟。公共关系活动的实施可以标榜对个性的尊重，但更注重的是，要对每个人的生活习惯、行事方式及个性的尊重，只有这样看待公众，才能根据每个人的不同情况，开展不同方式的公共关系实施活动。在这里，公共关系实施人员应该做千面人，即要具有宽广的胸怀、包容的心态去对待每一个独有个性特征的目标公众，满足他们的要求、回答他们的问题、理解他们的行事方式、把握他们的行动趋向、适时传递组织的信息、输送公共关系活动的实施内容、追求最大工作效率、圆满完成公共关系实施任务，如此，才会在最短时间内取得最大的价值回报。

做到这一点，公共关系活动实施的领导者要对实施人员进行相关的培训，也需要实施人员自身艰苦的磨炼，更需要一定的制度予以鼓励和保障。对于那些善于快速把握目标公众个性特征的实施人员，组织可以树立其为榜样，让其他人向其学习。组织要让实施人员始终清醒地认识到，目标公众不是铁板一块的群体，而是一个个鲜活的个体，尊重他们每一个人，就是尊重实施人员自己，就是以组织自身高质量的表现把组织声誉送进每一个目标公众的心中，就是为组织营造更适宜成长和发展的社会环境，因此，对目标公众个性特征的把握就显得十分必要，公共关系活动实施人员应该掌握这一能力。

评估篇

第十三章　公共关系活动效果评估的必要性

在公关策划方案被实施完成后，组织就进入了公共关系四步工作法的最后一步，即公共关系的评估。对公共关系活动效果进行评估，是公共关系活动十分重要的步骤。

第一节　公共关系评估的含义与特点

一、公共关系评估的含义

评，即评价，估为估量，评估之意为对某事某物的切实评价、估量。近些年来，评估的使用频率很高，在城市文明评比、大学教学工作建设、建筑质量、环保部门评级等方面均普遍使用评估的手段。

公共关系评估指的是对公共关系活动的全部内容予以实际的衡量，测定公共关系活动的真实状况。它有广义与狭义之分。广义的公共关系评估，指从组织的公共关系活动初始，就引入评估机制，在公共关系调查、公关策划、公共关系活动实施等每一步均进行测定，亦即：将公共关系评估贯穿于整个公共关系活动的全过程。狭义的公共关系评估，指的是针对公共关系活动的实施效果进行评估，由此看出公共关系活动的最后影响。由于在公共关系调查和公关策划中，笔者专门进行了类似内容的论述，因而，本篇所说的评估，主要指的是狭义上的公共关系评估。

二、评估与总结

评估与总结是两个近相似，易混淆的词汇。二者相近似的地方在于，均是对已经发生过的事情的回顾,并从中引出一些规律性的东西;不同在于,二者的着眼点完全不一样。

(一)评估重点,总结重面

评估在对事物的回顾时主要关注的是“发生了什么事?”“细节如何?”,而总结在对事物回忆时主要关注的是“发生了多少事?”“情况怎么样?”所谓评估,是把每一件事情罗列出来,对每件事情进行细致的测定、考察,不放过一个细节。评估的过程实际上是确定、考核每一个点的过程,然后对这些点进行归纳;而总结则是确定所发生事情的基本情况及其影响,然后从中获得一个结论。总结重视的是事情的全过程以及后果。因此可以说,评估重点,总结重面。

(二)评估重事,总结重人

评估看重的是事情的发生,注重发生事情的诸要件的情况;总结着重在于人在事情当中的作用,每个人的表现如何。因而评估比较干巴巴、乏味,而总结则直接涉及到人,易引起人们的关心,显得生动得多。在过去,我们更看重总结,通过一件事情的发生,使每个人自我总结,从中得出结论,如很多组织召开的总结大会,还直接加入了奖优罚劣的工作,即通过总结,推出先进、批评落后,起到重要的激励和制约作用,有力地促进本部门的工作,由此总结在各种组织的工作结尾,往往会普遍使用。

随着社会的前进,人们观念的成熟,许多经营性的组织开始更加看重事情的发生,希望通过对一段时期发生事情的评估,来了解其中的具体情况,从而得出一些切实的规律性东西,以指导以后的工作,因此,评估逐渐被引起重视。

(三)评估重量,总结重性

开展评估工作,评估者说明问题的材料是数字,评估过程就是用数量或者数字说明问题的过程,而总结则是在说明问题时,更主要的体现事情的性质。换句话说,评估偏重定量,总结重视定性。在对一件事情、一个地域或一个人进行梳理时,既不能仅仅依靠定量来说明问题,也不能靠定性来下结论,因为定量未必能全面地认识问题,定性也会出现结论下得过早的弊端。一般来说,重定量的评估更在乎于过程,重定性的总结更关心结果;评估对事物的考察更细致一些,总结对问题的看法更宏观一些。在需要以不同的角度关注问题时,组织可采取不同的方式,对事物做出正确的评价。

(四)评估重实,总结重虚

在不同的时期,组织可以恰当发挥务实与务虚的作用,因为二者各有所长。

由于评估偏重于点,重视事情本身,对数字敏感,因而评估的内容往往比较务实;而总结看重事物的面、注重人在其中所发挥的作用,善于对事情的性质下结论,能够及时看出事物发展的态势,因而总结的内容较重视理论层面的分析,显得比较务虚。不过务实的评估有时使人难以清晰事情的轮廓,对事物的看法显得有些零碎,而务虚的总结也有缺乏精细、妄下定论的弊端。二者各有千秋,如果互相补充,则相得益彰,十分利于对事情的全面评价。因此,在公共关系评估中,如果同时吸纳总结的长处,加入一些务虚的成分,对于总结经验、指导今后工作是有十分重要的意义的。

三、公共关系评估的特点

公共关系评估,相对于一般的公共关系总结来说,有着鲜明的优势,往往成为各组织中优选的工作手段。

(一)客观性

在公共关系实施工作结束之后,怎样来评价实施的效果是一个问题。比较恰当的方式,就是以客观实际为依据,能够脱离人为因素的干扰。根据上文的分析,公共关系的评估注重事实,看重数字,能够以实际公共关系活动的具体情况来判断活动的效果,因此这样得出的结论是客观的,而非主观的。在各种公共关系活动中,特别是一些大型活动,内容庞杂繁复,耗资巨大,需要调动大量的人力、物力,那么最后的效果如何,自然不能凭一些人的印象或片断性的观察来得出,而必须靠事实说话。公共关系评估能够恰当地完成这一工作。开展公共关系评估,可以通过实施效果的考察、归纳、分类以及最后的分析,由此比较客观地得出令人信服的结论,充分说明活动实施的效果。

(二)真实性

当公共关系活动结束以后,评价活动的成功与否靠数字说话,较之实施人员的总结报告自然要真实得多。很多时候,站在社会组织自身的角度来观察和判断一个公共关系活动的实施效果,往往容易高估实际的收获,对活动的成功情况往往容易夸大或感性,得出的结论难免有失偏颇。而在一些组织中,还盛行报喜不报忧的行事作风,对好的一面易于夸大其词,对不良的一面易轻描淡写,结果,总结活动实施效果,总是乐观有余、真实不足,甚至连最高决策者也不相信是真的效果,也只能姑妄听之而已。但是公共关系评估则一切来源于第一手资料,处处用数字说明,不加主观粉饰,具体的结论清晰而明确,令人信服,其真实性自不待言。

（三）准确性

在对组织公共关系活动实施效果下结论时，不能说组织自身的总结就完全脱离了实际，有时，总结报告也具有一定的客观性和较大的真实性，某些结论甚至是极为中肯和精彩的。但是，定性的分析，毕竟不如定量的评估来得准确，在这个讲求信息和数字的时代，数字恐怕是无可替代的说明材料。只有依据准确的数字材料，最终推出的结论才能够站得住脚。

我们平时用描述性的语言来表达准确的数字概念，如形容时间会用“一袋烟功夫”“月上柳梢头，人约黄昏后”，而不会用几点几分。在人们的观念中更喜欢总结性、结论性的评价思维结构，而疏于评估性的精确思维模式。但是，对于大型公共关系活动来说，评估关系着组织重要的未来发展前景，没有精细的对活动效果的估计，组织就难以预估目标公众对组织看法的转变情况，无法制定组织下一步活动方案，会严重影响组织未来的决策。公共关系评估很好地解开了这个结，为组织未来发展创造了科学而客观的依据。

（四）科学性

科学是讲求规律的。尊重规律、顺应规律、讲求实际、实事求是，这就是科学。公共关系评估之所以具有科学性，是因为它客观，尊重事实；它真实，符合实际；它准确，不妄下论断；更重要的是，从公共关系评估中得出的结论更具规律性，更有指导意义。社会组织的公共关系活动实施，也是一个公共关系人员不断总结和丰富经验的过程，活动效果的评估，可以从中得出客观、真实、准确的结论，由此总结出科学的规律，便于指导社会组织今后的公共关系活动。对于这一点，公关策划和实施人员，尤其是领导者更应引起高度重视。如果公共关系活动效果得出有所偏差的结论，并以此来指导下一次的公共关系活动，则会造成进一步的误差，或者重复犯错，这样，给组织造成的损失就难以挽回了。科学的公共关系评估，虽然乍看可能有些领导者不愿意完全信服，认为仅靠几个数字，恐怕说明不了问题，因而还是习惯于对问题定性。但如果坚持使用公共关系评估来评价公共关系活动效果，则会逐渐总结出符合客观实际的规律，这种科学的结论，对今后工作的指导就会带动组织正确的决策和求实的工作作风，最终有利于组织长久、稳定的发展，会让组织之舟航行得更加稳定。

第二节　公关活动效果评估的现状

公共关系在20世纪80年代初期正式登陆中国，在短短30多年的发展历程中，公共关系事业有了极大的进步，速度之快也令全世界瞩目。各种公关公司如雨后春笋，纷纷成立，公共关系业务也随之展开。比较规范的公共关系调查活动已成常规工作，各种类型的公共关系策划活动也精彩纷呈，普遍成为组织与公众沟通的自觉行动，公共关系实施活动也能够按部就班进行。但是相较之下，公共关系评估方面，工作往往开展得迟滞而艰难，评估工作滞后已成为公共关系业界及开展公共关系活动的组织普遍存在的问题。

一、国内业界的冷寂

在我国30多年的公共关系进步过程中，公共关系评估工作无论是在理论界，还是业界，均未见大的起色。

(一)公共关系理论界

从中国第一家中外合资酒店成立公关部算起，公共关系理论也毫不示弱地紧随其后，如星星之火，迅即成燎原之势。没有几年时间，许多大中专院校、理工农医等专业纷纷将公共关系学作为基本素质课，放进了课堂，高校的教学人员和一些相关专业的研究人员开始对公共关系进行卓有深度的研究，这些年来，公共关系学的学术论文、专业书籍等已是层出不穷、汗牛充栋。

理论界对公共关系学的研究，这些年来，主要集中在与我国改革开放和深化改革相同步的主题上，如公共关系与改革开放、公共关系与经济体制改革、公共关系与精神文明、公共关系与经济社会发展、公共关系与经济建设、公共关系与企业策划、公共关系与名牌战略、公共关系与形象设计，这几年学者们研究的重点集中在公共关系与危机应对、公共关系与民主协商、公共关系与海外文化传播等。而在公共关系学的专业理论方面，在基本承袭西方公共关系学框架的基础上，开始逐渐形成有中国特色的公共关系理论，如关于协调公共关系[①]、生态公共

① 李道平编：《公共关系学》，经济科学出版社2003年版。

关系[①]、对话公共关系[②]等。但令人遗憾的是，在公共关系评估方面，各种教材或著作尚没有什么新的进步。

(二)公共关系业界

在公共关系实务操作领域，对公共关系的模仿与学习蔚然成风，无论是政府部门、事业单位，还是企业，各种公关策划活动花样迭出，充分体现了各种机构管理者西学中用的能力。公共关系调查虽然起步略晚，但专业调查公司也奋起直追，渐成规模，唯有在公共关系评估方面，虽然也多有实践，取得了一些进展，但专业的公共关系评估公司尚未寻见踪迹，公共关系评估工作距离专业化、科学化的水准，还有很远。

二、组织高层的轻视

公共关系评估工作的弱化，与社会组织高层领导对公共关系评估工作的轻视是分不开的。之所以形成这样的情况，原因有二：

(一)对公共关系评估工作重要性认识不足

在传统观念中，一件工作的完成，管理者往往习惯用总结结束，即偏于定性，重于看人，弱于在量上的归纳和对事情本身的数据分析，尽管在这方面决策层的领导已经开始关注数据的变化，但下层管理者的惯性思维，常常会引导事后的评价朝模糊的方向发展。在公共关系活动方案实施后，对活动效果的追究看重宏观和定性方面多一些，对微观、定量方面的变化看重的少一些。

同时，一些公共关系活动操作人员，也对于评估工作有一些抵触，因为开展评估工作往往事情多、要求高，需要前期做好大量准备工作，如果一开始没有准备评估的资料，到后期再开展评估工作时就无从着手。公共关系人员对评估重要性认识不足，使评估工作迟迟难以展开。只有领导者、管理者与基层工作人员均能够高度重视公共关系工作，认识到其对组织今后工作的重要性，组织以严格的正规标准要求策划人员和实施人员，那么组织公共关系的评估工作水平才会不断提高。

(二)评估工作基础薄弱

组织高层对评估工作轻视的另一个原因，就是评估工作没有专门的管理部门负责进行，长期以来，公共关系评估工作不正规、基础较差，公共关系活动实施

---

① 陈先红:《公共关系生态论》,华中科技大学出版社 2006 年版。

② 胡百精:《公共关系学》,中国人民大学出版社 2006 年版。

后资料零碎散乱，没有完整的信息汇总工作，最后的数据收集工作质量不高，因而难以从中得出令人信服的结论，无法以此指导今后的公共关系工作，同时，公共关系评估在业界方面的仿效例子不是很多，没有形成一个通用的评价标准，因而，评估工作长期在低层次徘徊，于是，领导逐渐淡化了对这方面的要求，在公关活动中更强调策划和实施，最后的效果评估，基本上满足于总结报告。

三、实施人员的疏懒

公共关系活动效果的评估，主要依靠的是实施人员的配合，如果实施人员对这方面工作比较懈怠，则评估工作就难于进行。

(一)实施人员无实施记录

公共关系活动效果评估依据的是对实施情况的登记、记录，从中归结出事情发展的详细情况，并进一步推出基本结论。如果组织没有相应的要求，实施人员自身又疏于记录，在短短几天或十几天的公共关系活动实施中，大量事务蜂拥而来，迅即而去，没有相应记录的话，基本上就如过眼烟云，依靠以后的回顾，就只能是个概况了。这样，在开展评估时，没有准确的第一手资料，评估的科学性就难以保证。

(二)实施人员无反馈回应

从另一方面来说，如果实施人员没有随时进行实施记录，但能及时反馈的话，组织管理层也能随时收集到某时某刻的情况，及时进行记录汇总，归档保管，则某种程度上，也可以替代实施记录，用于以后的公共关系活动效果评估。但是，如果组织管理层疏于管理，注重活动的实施和进行，不注重反馈和调整，活动铺开来，就只往前行，不进行相应的记录和反馈，则最后实施结束时，成功不知为何成功，失败不知哪个环节失败，原始数据随事而去，追忆难以细化、精确，公共关系的评估工作就只能流于形式了。

由于公共关系评估工作要求高，内容繁复，前期需要充分准备，事情的内在联系紧密、有较高的技术性要求，因此，多年来，业界对此工作一直畏之如虎、见之绕道，致使这一工作陷于荒疏，只有形式摆在那里，四步工作法，最后一步被虚化了。

然而公共关系评估工作在实际生活中，作用又极为重要，有着关键性的承前启后的意义，公共关系评估搞不好，成绩在不断累积，失误被反复重复，组织的整体工作都会进步放缓，公共关系水平的提高就难以真正兑现。

第三节 公共关系活动效果评估的意义与作用

面对公共关系评估的重要性和我国公共关系评估工作的现状,发展中国式公共关系活动效果评估工作,势在必行,时不我待。如果再不将公共关系评估工作赶上去,将会影响我国公共关系事业的顺利发展。

一、发展中国公共关系评估工作是国际公共关系事业的要求

在国际上,由于公共关系发展的历史较长,在理论研究和实际操作方面都走在前面,因而有着较高的专业水平。在公共关系评估方面,美国、英国均有着专业的评估杂志,以进行深入的理论探讨,公共关系评估的专业著作屡见不鲜,一些专业的公共关系评估公司也在实际操作方面做出了骄人的成绩。高水准的公关策划方案,要求高标准的公共关系活动实施,也要求正规化的公共关系活动效果评估。面对国际公共关系事业的快速脚步,中国公共关系事业岂能落后,奋起直追、自强不息,向来是中国人的个性,公共关系评估工作,必须尽快赶上来。

二、发展中国的公共关系评估工作是国内业界对公关运作的要求

四步工作法中,公共关系评估工作的弱化,是中国公共关系事业发展的瓶颈,调查与策划、实施与评估是公共关系这架马车上的四个轮子,前两者注重案头工作,后两者重视实践演练,如果评估工作立不起来,则这架马车别说跑起来,甚而立起来都是不稳当的。因此,公共关系评估工作的发展,是整个公关业的必然要求,公共关系活动的完美运作,就看这四个轮子转得协调不协调,如果有的过快,有的过慢,则不利于公关的奔驰。要在 21 世纪将中国公共关系事业推向世界,公共关系评估工作任重道远。

三、发展公共关系评估工作是组织公共关系水平提高的要求

对于社会组织来说,公共关系评估工作是督促组织公共关系水平提高的重要因素。组织公共关系调查怎样、创意如何,策划方案是否精彩,实施活动是否完美,不是组织自身标榜说出来的,而要靠实打实的数字和事实,只有用评估获得的结论,才是靠得住的,才能真正反馈出组织工作中的问题和漏洞,才能有助

于组织今后工作的扬长避短。没有高效、科学的评估工作,公共关系水平就难以上到一个较高层次,就无法通过公共关系活动的开展,不断提高组织的市场竞争力,组织工作中存在的痼疾就难以被发现以及克服,组织的进步将成为一句空话。因此,在组织的公共关系活动开展中,做好评估是一个不可或缺的重要工作。

四、发展公共关系评估工作是提高组织公关人员素质的要求

公关人员是公共关系活动的主力军,在公共关系评估工作弱化时,公关人员的工作水平和业绩无法精确考察,公共关系工作的真实质量难以用客观的标准来衡量,这不仅严重影响公共关系人员的工作积极性和潜能的发挥,而且,对于整体公共关系人员队伍的素质提高,也带来了不良的影响,平均主义的隐忧,会使从业队伍鱼目混珠、良莠不齐。公共关系评估工作的正规化,会十分有利于检验公关人员的工作质量,考查其工作水平,甄别其工作才能,最终督促其提高公共关系工作效率,锤炼其成为有真才实干的高素质队伍。因此,公共关系评估工作是必须大力强化的重要工作,它的进步,对推动中国公共关系事业的发展有着重要意义。

第十四章　公共关系活动效果评估的开展

公共关系活动效果评估是一个严密而复杂的过程,既要关注评估步骤,又要遵守评估原则,最终需要建立较成熟而完善的组织评估体系。如此,才能保证评估工作的高效、实用。

第一节　公共关系评估原则

在整个公共关系评估工作中,要把握三个原则:尊重原始数据、核定科学标准、提出准确结论。

一、尊重原始数据

对原始数据的尊重,是指不能擅自改动、编造或省略原始记录中的数据,这是评估工作中科学精神的体现。

在实际的评估工作中,有些公共关系评估人员为了获得有利的结论,会"自认为合理地"增加或减缩原始数据,让数据为我所用,这是十分不合适的。评估工作前就应该让每个人都清楚,原始资料的状态是不可人为改动的,公共关系评估人员有义务使原始资料更接近事实,但如果做不到,就要保存其原始状态,给原始资料以应有的尊重。这样做,最有利于社会组织今后的公共关系工作。具体要注意以下方面。

(一)如果资料不全,就宁缺毋滥,不要凑数字,缺失的资料无法说明公共关系活动的效果,也就只能留下遗憾了,今后作为教训督促公共关系活动的实施人员更注意资料的保存。

(二)如果活动的数据反映就是如此,则不要擅自改动,由这样的数据得出的结论可以令评估人员感到踏实,也更具有说服力。

(三)如果数据导出的结论有明显偏差,则对公共关系评估工作本身就是一次考查,有助于提高公共关系评估的水平。

总之,评估人员在评估工作中,要在原始资料的面前,建立起基本的评估道德原则,为今后评估工作水平的提高开辟良好基础。

二、核定科学标准

在评估工作中,用什么作为评估标准,这是评估中最难于确定的。由于公共关系评估工作毕竟还处于建设和初步发展的阶段,在世界上尚未形成一套成熟和通行的定量标准,因此,社会组织只能根据组织自身的基础、公共关系活动类型、目标公众情况等来核定提出恰当的评估标准。

在标准提出时,公共关系人员要慎重斟酌,一旦确定,就应该保持较长时间的稳定性,不可轻易更改,并将之作为今后公共关系活动实施效果评估的参照物,使组织的公共关系活动水平稳步提高,如果在标准确定上不慎重,擅定擅改,则公共关系活动实施效果的评估就会流于形式,评估的作用就无法真正发挥。

三、推出准确结论

这也是公共关系评估人员在评估工作中要把握的一个重要原则。在评估工作后期,面对最后的数据汇总,从其中得出比较准确、客观的结论,也不是一件轻而易举,随随便便的事情,它需要进行缜密的推理,寻出其中重要的逻辑联系,结合与之相关的定性总结,然后提出基本的评估结论。在结论提出后,要重新审视结论的科学性、准确性和合理性,在此基础上,对活动结论做进一步的修正,最终将公共关系活动成功与失败、好与坏的结论确定下来。

准确、切实的评估结论,会对社会组织的公共关系工作有重要的指导意义,既能从中获得有益的经验和足资借鉴的教训,又可以帮助组织为下一次的公关策划和实施工作提出更高的努力目标。更重要的是,它使公共关系工作的领导者员能够用平实的心态去看待公共关系活动的开展,着眼点放在“事情上”,而不是“人”的方面,扎扎实实地为组织的公共关系工作的进步而努力,这同时也可以带动组织的其他工作像公共关系评估工作一样,予以必要的检查和考核,使组织的各项工作均能有更大的发展。

第二节　公共关系评估步骤

进行公共关系活动效果的评估,一般来说,有五个步骤。

一、收集原始记录

即对公共关系活动实施开始后的所有记录予以收集。即这一工作不是在公共关系活动实施结束后进行，而是在公共关系活动方案开始实施时就同步进行了。

原始记录的收集有三个渠道。

(一)组织自我记录

主要指组织的公共关系实施人员所进行的最基础工作。实施人员要对每天的工作进行记录、整理，如果条件允许的话，可以是边工作边记录。具体包括：

1. 接待目标公众人数；
2. 发放宣传资料的数量；
3. 发放礼品的数量；
4. 接待特殊或重要目标公众(公众领袖)数量；
5. 回答目标公众咨询数量；
6. 出现目标公众提出异议或投诉的数量；
7. 采访或观察目标公众现场表现情况；
8. 工作人员参加活动的数量
9. 工作人员出现意外情况数量；
10. 基本工作内容完成情况；
11. 实施人员工作时间、路程、语言、行为的详情等。

公共关系活动实施人员的自我记录实际上是一种自我总结和自我督促，如果实施人员在整个公共关系活动期间能够坚持这样记录，那么就会为组织的公共关系评估保留基本的一手资料。这些基本的原始记录是公共关系评估工作中最重要的素材，如果没有实施人员自身工作的情况记录，则公共关系活动效果的评估，基本上难以深入进行。

其次，组织实物资料的收集也是原始资料和记录的一部分，需要将之做基本统计，主要包括：

1. 活动的使用设备；
2. 活动使用各种材料频率、时间；
3. 活动消耗材料；
4. 活动发放礼品每日数量、频率和总数；
5. 活动散发宣传品的每日数量、频率和总数；

6. 活动散发宣传品每日区域和总覆盖区域；

7. 活动张贴宣传物及区域；

8. 活动动用的车辆、每日行程里数、区域；

9. 活动使用的服装、工具情况；

10. 活动现场装饰物使用情况等。

这些物资使用的记录，也是佐证公共关系活动实施情况的极好资料，需要了解和全面收集使用这些设备的信息，有时，实施人员的活动记录会因为疏忽或遗失而不能保存完全，则实物资料的出入记录，是一个重要的补充，并在某种程度上验证实施人员的原始记录资料的准确性。

最后，评估人员还需要确定一些总的原始资料数据。主要有：

1. 参加实施活动的实施人员数量；

2. 接受这次公共关系活动宣传的目标公众数量；

3. 实施活动具体开展的有效宣传数量；

4. 实施活动中发生与活动方案相左的情况数量；

5. 实施进行中无法实地展开活动的数量；

6. 实施活动中出现的意外情况等。

通过对这些大量有关活动实施情况的原始记录的分析，就可以基本把握整个公共关系活动的实施细节，明晰活动进展的脉络。

(二)公众舆论的反映

这是来自组织之外的媒介记录。主要有两大方面，一方面是组织公共关系人员主动联络新闻媒体而发表的一些消息、报道、专访、通讯，甚至公关广告及其他文章，另一方面是大众传播媒介自动登载、报道转载的一些消息、报道等。

在这方面需要收集这样一些资料。

1. 重要媒体发表的重要消息数量，包括：

(1)领导者到场的消息；

(2)举行仪式的消息；

(3)相关活动介绍；

(4)活动专访；

(5)组织领导者的介绍；

(6)社会组织的专题报道；

(7)配合活动实施的专题论文；

(8)活动实施的媒介评价；

(9)活动实施的后续报道;

(10)活动实施的不利消息等。

2.普通媒体发表的一般性或相关性消息,包括:

(1)一句话新闻;

(2)被引用为例子;

(3)在生活性或理论性文章中提到相关内容,或作为案例借来分析;

(4)公关广告;

(5)在相关消息的回顾中被提到。

3.在其他不相关的媒体转载,包括:

(1)被国外或港澳台转载有关活动消息;

(2)被外省的报纸、杂志转载;

(3)被文摘类的报刊上转载等。

通过收集大众传播媒介的舆论反映,可以从一个侧面反映社会组织这次公共关系活动实施的状况、影响力、成功度及社会评价等。很多情况下,媒体的声音比较客观地体现了组织公共关系活动方案的实施情况,给了组织的评估人员一种比较清醒冷静的评判观点,有助于评估人员的正确判断。

(三)目标公众的反馈

公共关系活动方案的实施情况如何,最公允的评价者,应该是目标公众,他们是组织实施公共关系活动的对象,公共关系活动实施成功与否,关键是目标公众的反映。由于目标公众与组织之间没有直接的利害关系,目标公众对组织的评价和反映往往不掺杂什么个人思想,他们的看法直接、无顾忌、清楚、简单,很容易切中组织活动的要害,语言中肯,十分有利于发现问题,因而对公共关系评估工作有较大的推动作用。

对目标公众的反馈收集可以有两个渠道。一个是无意性地观察获得;一个是专门性地调查收集。不管哪个渠道,公共关系评估人员只要认真和留心,都能得到宝贵的反馈资料。

1.从不知道到知道

指在公共关系活动实施之前,目标公众对组织完全陌生,而在活动实施之后,情况改变的程度。具体包括:

(1)由完全不知晓到略知道一点的目标公众数量;

(2)由完全不知晓到基本了解的目标公众数量;

(3)由完全不知晓到比较信任的目标公众数量;

(4)由完全不知晓到非常信赖的目标公众数量;

(5)由完全不知晓到仍不清楚的目标公众数量。

通过在公共关系活动后对这方面公众情况的了解,评估人员获得公共关系目标较低级水平达到程度的情况,把握公共关系活动实施情况的真实反映。

2. 从知道到信任

指对于原来已了解组织的目标公众,通过活动实施所出现的变化,具体包括:

(1)由一般知道到更多知道的目标公众数量;

(2)由知道到比较好感的目标公众数量;

(3)由知道到转为信任的目标公众数量;

(4)由知道到十分信任的目标公众数量;

(5)由知道到转为忠诚的目标公众数量;

(6)没有变化的目标公众数量;

(7)由知道而转变为疑虑的目标公众数量。

通过这方面的了解,可以使评估人员估计出公共关系活动实施情况的成功度的情况,同时也要了解关于公共关系活动负面情况或者失败度的情况。

3. 从信任到忠诚

这是公共关系活动目标的高级阶段,通过收集这方面情况,来评估公共关系活动的最大成功度。

(1)从信任到继续信任的目标公众数量;

(2)从信任到开始忠诚的目标公众数量;

(3)从信任到十分忠诚的目标公众数量;

(4)从信任到不信任的目标公众数量等。

对于公共关系活动的实施,评估人员应该清醒地看到,由于某些难以尽善尽美的控制因素影响,总会使有些目标公众不甚满意或产生不良情绪,对此,不可能期望一次公共关系活动就能达到多高目标,也不可能令所有人满意,但对因公共关系实施的不当作为,引起目标公众不满的,组织必须在最短时间,尽最大努力让他们转变看法,消除不良影响,达到基本满意。在公共关系活动的操作中应该有一条基本信条:组织不可能让所有公众满意,但不能让一个公众不满意。

二、归纳各种相关资料

当大量繁复、零碎的原始资料放在评估人员面前时,当务之急,是将他们归类、整理。

归类的依据，可以根据社会组织实际和公共关系评估人员的情况及公共关系活动类型来把握。对于大型公共关系活动，可以根据活动进展程度来归类，如分为前期、中期、后期；对于日常公关活动，则可以根据活动实施后期活动的内容来分类；对于危机公关这种特殊的公共关系活动来说，可以根据危机发生的脉络、原因等来分类。

但是，不管怎样分类，关键是把各个零散的看似不相干的资料珠子，用一条内在联系的线，将它们串起来，从中看出所评估的公共关系活动的基本走势，得出公共关系实施效果的正确评价结果。

三、提出评估标准与指标

这是公共关系评估工作中最难的内容。迄今为止，尚没有一个通行的标准，来评判公共关系活动实施效果的优与劣，故而，公共关系人员难以用通行的、有说服力的数据来说明自己所实施的公关活动的效果如何。

而实际上，公共关系人员可以通过一定的比例数据来确定公关活动实施效果的情况。如果活动完成得圆满，原来设定的指标全部达到，那么100%是“最好”；指标达到83.3%，就是“很好”；指标达到66.7%，则是“较好”；指标达到一半，则是“中等”；指标达到33.3%为“较差”；指标为16.7%，则是差；0%为“最差”。从一个数轴可见(如图14-1)。

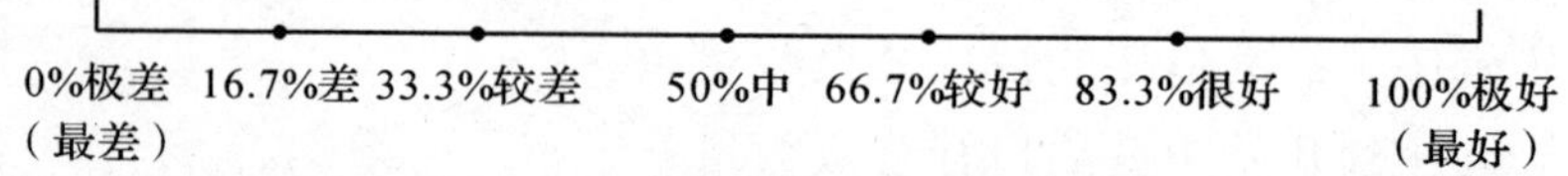

图 14-1

在一个公关策划方案的实施过程中，其实施的效果如何，我们可以从以上体现的比例数来进行基本的推断，接近这个比例数据，可以推断属于相应的档次。

在用于实施效果的具体评估时，有一些指标是构成评价活动实施效果的最不可或缺的因素。

(一)覆盖区域

每一个公共关系活动，必须有一个基本的覆盖区域，考察组织开展公共关系活动情况，首先就要在划定的目标公众的区域范围内，了解参加这次公共关系活动的目标公众数量，如他们的来源和参加情况，明确公共关系活动实施所影响、辐射的区域。

(二)接待公众数量

指公共关系实施人员,人均接待的目标公众人数。这是对公共关系活动实施效果的重要考察,从实施人员在活动期间每人每天接待目标公众的情况统计中,可以看出这次公共关系活动较为具体的一些工作内容和工作成绩,但这还仅仅是初步的。

(三)施加影响数量

主要指现场或上门发放宣传资料、通过各种媒体进行传播影响等情况。这是组织针对目标公众开展公共关系活动可衡量的因素。在公共关系活动实施过程中,目标公众会同时接受多种宣传信息的刺激,如参观、观看、听讲、参与活动、收听广播、阅读报纸、观看广告、新闻报道、专题报道等。组织在公共关系活动期间,动用全部传播工具针对公众进行的工作,在这个指标里应该可以反映出来了。

将接待目标公众人数与对目标公众施加影响两个指标结合起来,可以比较好地看出组织实施人员的工作绩效了。

(四)一般消息数量

在一个公共关系活动,特别是大型活动中,新闻媒体报道的数量具有无可争辩的说服力,反映活动在社会上的影响力。一般消息指通过大众新闻媒体以新闻报道的形式反映公共关系活动的情况。大众传播媒介的消息报道会体现这次活动的新闻性、时效性、真实性,这样的消息往往主题鲜明、内容集中、针对性强,能够吸引公众高度关注。在评估公关活动实施效果时,消息报道的数量是一个重要的评估指标。

(五)专题报道数量

新闻媒体集中进行的深度报道是组织公共关系活动成功的重要体现,因而了解专题报道的数量可以充分说明公共关系活动实施目标达成的情况。因而这方面的报道数量是对公共关系活动效果较好的辅助说明,也是衡量评估公共关系活动实施效果的重要指标。

(六)媒介引用次数

如果组织的公共关系活动实施比较独特、突出,有一定影响力,它自然会被某些媒体进行关注并引用,因此,媒介引用次数可以从一定程度上看出这次公共关系活动策划方案和效果在业界的影响力,唯一不足的是,媒介的引用时间可能滞后,短期内可能难于显示,只有在相当长的一段时间后,引用的次数才能有明显的增加。

(七)增加的知道数量

通过对公众反馈的了解,可以获得目标公众由不知道到对组织知道的数量,从直接的对象上明了组织实现公共关系活动初级目标的情况。

(八)增加的了解数量

这是实现公共关系活动较高一级目标的指标,对这方面数量的掌握,可以看到活动实施效果的重要进步。

(九)增加的信任数量

了解目标公众由一般了解到信任组织的转变情况,是公共关系活动高级目标的重要指标,这方面数量的变化,会充分体现组织公共关系活动实施的效果。

(十)增加的忠诚数量

忠诚是公共关系活动的最高目标,测定这一方面的数量变化,会展示社会组织公关活动实施效果的最佳状态,对组织今后的公共关系工作有重要意义。

总之,这十个重要的因素是基本判断组织公共关系活动实施效果的指标,它们的状态,可以集中反映出公共关系活动实施的效果,对组织有重要意义。(见表 14-1)

表 14-1 公共关系活动实施效果评估标准表

评估标准 / 评估要素	100%最好	83.3%很好	66.7%较好	50%中	33.3%较差	16.7%差	0%极差
覆盖区域							
接待公众数量							
施加影响数量							
一般消息数量							
专题报道数量							
媒介引用次数							
增加知道数量							
增加了解数量							
增加信息数量							
增加忠诚数量							
合计							

在这十个要素中,评判它们的基数分为三个方面,第 1—3 个要素以公关活

动策划方案的预定指标为标准；第 4—6 个要素以策划方案和业界通行惯例为标准；第 7—10 个要素，以公共活动实施之前的状态为基数。如此来评估公关活动的实施效果。同时，除了这十个要素外，其他原始资料进行相应补充、进一步充实、完善，只不过这十个要素不可或缺罢了。

四、比较实施效果

在提出公共关系活动实施效果的标准和要素后，公共关系评估人员该做的就是认真比较预期与实际实施效果之间的差距。在比较差距的过程中，重要的是寻找发生差距的原因。如前所述，在提出评判的标准时，必须先找到一个基点，以这个基点的数量为准，来衡量实际的情况。当然，这个基数并不是无可挑剔的，有时，这个基数的提出就可能有偏差，特别是对于以公关人员的策划方案提出的预定指标为标准，这样公关评估既是对公关策划方案实施效果的评估，也是对公关活动的策划方案本身的评估，这对今天的公共关系工作有积极的意义。

同时，通过比较，评估人员可以在大量原始记录和数据中，仔细搜索和考查发生差距的原因，撇去主观人为因素的影响，更多地从客观的角度去审查原因的产生，这样，从中提出的看法，会更有助于改进今后的公共关系活动。

五、得出评估结论

通过对资料的考察、标准的审定和差距的分析，评估人员最终会提出一个基本的结论，这个结论虽然没有太多表述性的定性论断，但却以大量数据无可辩驳地证实实施效果的结果，这实际是真正意义上的总结。

一般来说评估结果往往要形成评估报告，在评估报告中，重点在于形成评估结论，即以事实说话，提出公共关系活动实施效果的评价，其次要提出产生问题的原因，对原因进行切实分析，要进一步论述克服缺欠的解决办法。评估报告是对整个公共关系工作的全面归纳，亦即总结，它必须提出一些有建设性的意见，供决策者参考，以便有效归纳类似问题，到此，公共关系活动才算全面结束。

第三节　公共关系效果评估体系建立

为了使组织的公共关系活动实施效果的评估常规化，有必要在组织中建立公共关系评估体系，把公共关系工作内容提升到一个更高的水平。

一、建立实施记录制度

为了让公共关系活动实施效果的评估成为正常的工作内容，对实施人员建立实施记录制度十分必要。如前所述，如果在公共关系活动实施中，没有相应的记录制度要求，则实施人员面对纷繁复杂的场面，就会疲于应付，不进行留心的观察和归纳，实施工作结束后，留下的仅仅是模糊的印象，在需要回顾时，许多数字就会发生混淆和偏差，这为随后的评估工作带来很大困难，如果大部分的实施人员均是如此，则评估工作的质量就难以保证。

而且，在物资的使用上，也要有相应的记录制度：如进出数字与时间频率等，对之均要记录在册，从中看出活动进展的情况，不能对货物的流动情况只关注概数，而不记录其相应准确数字和时间，那样的话则在评估工作中，就难以看出物资流转使用的脉络，不能从旁佐证公共关系活动的发展情况。

实施记录制度的建立必须在组织的内部引起高度重视，在制度保证的情况下，加强监督检查，真正将之落实下去，坚持下去。

二、建立信息反馈机制

信息反馈机制是社会组织公共关系活动实施中的重要辅助内容。在活动实施之前，就对组织每个人员提出相应要求，其目的是：既便于公共关系实施活动的顺利进行，又便于后期公共关系评估工作的开展。如果说实施记录制度是组织公共关系实施人员的自我督查；信息反馈机制则是公共关系实施人员与外界(包括横向、纵向)关系的互动反映。信息反馈机制包括两个方面，其一，及时了解实施人员工作的进展情况，让组织管理部门随时根据情况进行工作推进或调整，以保证整体工作的顺利进行；其二，对目标公众的各种反应予以全面监控，便于决策机构汇总情况，快速调整修正。信息反馈机制对组织实施活动和最后评估工作都有重要意义，这一机制的建立，会使公共关系实施工作和效果评估更加有效率。

在建立信息反馈机制时要注意克服两个不良倾向：第一，拖延反馈，不在第一时间把情况向相关部门进行通报，只在要求反馈的时候才把情况说出来，这种情况会严重影响公共关系实施工作的质量，甚至导致最后决策的失误或整个活动的失败；第二，隐瞒不报，把出现的意外情况默默压下来，导致隐患潜伏，最终可能引发重大危机。信息反馈机制不仅是一种制度要求，更应该成为工作人员素质养成的一部分，使一个组织内部信息自由流通，问题共享以谋求解决，团队整体工作高效而富有战斗力。

三、建立组织评估标准系统

在评估工作中，评估标准的提出最恰当的是根据组织自身情况建立。事无定制，适合即可。在评估标准的确定中，如前文所述，需要根据各方面因素，综合提出一套自身的指标，在每一次的、对不同类型的公关活动实施效果的评估中，逐渐将之完善，最终建立起组织的评估标准系统，为今后公共关系活动的评估工作打下坚实的基础。使评估工作完全走入日常化、常规化、正规化的管理中，推动组织的公共关系工作质量向更高标准看齐，使四步工作法的内容各具优势和特色，互相交融形成合力，提高组织公共关系工作的竞争力。

REFERENCE | 参考文献

[1] 格伦·布鲁姆,艾伦·森特,斯各特·卡特里普.有效的公共关系[M].8版.明安香,译.北京:华夏出版社,2002.

[2] 弗雷泽·P.西泰尔.公共关系实务[M].10版.潘艳丽,陈静,等,译.北京:清华大学出版社,2008.

[3] 丹·拉铁摩尔,奥蒂斯·巴斯金,苏泽特·海曼,等.公共关系:职业与实践[M].朱启文,冯启华,译.北京:北京大学出版社,2006.

[4] 安妮·格里高利.公共关系实践[M].张婧,幸培瑜,王嘉,译.北京:北京大学出版社,2008.

[5] 艾伦·森特,帕特里克·杰克逊,斯黛西·史密斯,等.森特公共关系实务[M].7版.谢新洲,袁泉,刘畅,等,译.北京:中国人民大学出版社,2009.

[6] 朱迪·艾伦.活动策划全攻略[M].卢涤非,译.北京:旅游教育出版社,2010.

[7] 明安香.塑造形象的艺术——公共关系学概论[M].北京:科学普及出版社,1986.

[8] 王乐夫.公共关系学[M].沈阳:辽宁人民出版社,1986.

[9] 居延安.公共关系学导论[M].上海:上海人民出版社,1987.

[10] 熊源伟.公共关系学[M].合肥:安徽人民出版社,1990.

[11] 刘佳环.企业公共关系案例精选[M].太原:山西高校联合出版社,1993.

[12] 龚荒.公共关系——原理·实务·案例[M].北京:清华大学出版社,2008.

[13] 大龙,王庐霞,尹涛.中国式公关[M].北京:中信出版社,2006.

[14] 朱传贤,童炽昌,郭惠民.中国优秀公关案例选评——首届中国最佳公关案例大赛获奖案例集[M].上海:复旦大学出版社,1995.

[15] 郭惠民.中国最佳公共关系案例选评(之五)[M].上海:复旦大学出版社,2003.

[16] 陈向阳.最佳公共关系案例(第六届)[M].合肥:安徽人民出版社,2005.

[17] 陈向阳.最佳公共关系案例(第七届)[M].北京:清华大学出版社,2007.

[18] 陈向阳.最佳公共关系案例(第八届)[M].北京:中国市场出版社,2009.

[19] 陈向阳.最佳公共关系案例(第九届)[M].北京:企业管理出版社,2010.
[20] 林汉川.公关策划学[M].上海:复旦大学出版社,1994.
[21] 赵驹,王小玲.公关策划[M].北京:北京大学出版社,2006.
[22] 余明阳.公共关系策划学[M].北京:首都经贸大学出版社,2006.
[23] 蒋明军.公共关系策划[M].上海:上海中医药大学出版社,2008.
[24] 谭昆智,汤敏慧,劳彦儿.公共关系策划[M].北京:清华大学出版社,2009.
[25] 阿尔·里斯,劳拉·里斯.公关第一,广告第二[M].罗汉,虞琦,译.上海:上海人民出版社,2004.

POSTSCRIPT | 后　记

2003 年,在非典型性肺炎肆虐的那段特殊的日子里,我闭门在家,用两个月完成了我的第一部专著:《公共关系四步工作法》。经过出版社的一番“打磨”,该书在 2004 年 1 月正式出版。如今十年过去了,《公共关系四步工作法》(修订版)终于出炉,都说“十年磨一剑”,我却是“十年磨旧剑”。

十年过去了,中国的变化是巨大的,综合国力显著增强,国家公关令世界刮目相看,公共关系教育和理论也在以自己的节奏前进着。我也有自己的梦想,多年来一直希望能把《公共关系四步工作法》好好修订出版。历经十年,如今该书终于再得新生,心中颇有点感慨。尽管这本书的质量距离我心中的标准还差得很远,但毕竟是对我这些年来在公共关系学领域苦苦跋涉的一个小结吧!

公共关系四步工作法的提法及体系,引自美国斯科特·卡特里普等人所撰的《有效的公共关系》一书,但书中的全部内容则是我这些年来的心得体会,撰写书稿时,几乎都是先写在稿纸上,然后逐字敲到电脑上的。原来不足 20 万字的小书如今已成为 30 多万字的专著,我对公共关系学的理解与感悟也增加了许多。今天,年轻一代公共关系学者在成长,他们带来了留学或访学的新成果,给了我一些新的启发,尽管我很少在书中引用其他人的成果,但他们的贡献会让受益的人长久铭记。

改革开放以来,中国公共关系事业被一代代前辈实践与传承,尽管现在还未能清晰地看到其独特的模样,但中国文化深厚的底蕴必然会为中国公共关系理论与实践提供难以估计的能量,厚积薄发,定能有所成就。我相信,所有与我一样长期坚守在公共关系教学第一线的同人和工作在各个行业的公共关系从业人员,会在他们有生之年为中国的公共关系事业做出更大的贡献。将来,中国的公共关系理论及创新一定不会输于任何其他国家的学者们。

该书最终得以出版,要特别感谢浙江工商大学出版社白小平大姐和刘颖小学妹,她们为这本书付出了很大心血,前后做了大量工作,点滴浇灌,始成枝干,感激之情难以言说!唯有放在心里,在阅读这本书时,随之回忆起与她们交往的点点滴滴……

感谢一直关注我进步的最亲爱的母亲，老人家在遥远的故乡以八旬之躯、拳拳之心一直思念和祝福着她的女儿，成为我坚强前行的强大动力；感谢我最亲爱的儿子，尽管他远在国外，但他一直用温和的话语、俏皮的反讽，毫不动摇地支持着我追寻梦想，他的信任与鼓励成为我坚守公共关系事业的力量源泉。更多的亲人和朋友就不列举了，我知道，我的进步和成果是送给他们的最好的礼物。

蒋 楠

2015 年 10 月 15 日于杭州下沙